L'islam au pluriel

Foi, pensée et société

Sous la direction de
Ali MOSTFA et Michel YOUNÈS

L'islam au pluriel

Foi, pensée et société

Ce livre rassemble les actes du 1er Congrès international de PLURIEL (Plateforme universitaire de recherche sur l'islam en Europe et au Liban) qui s'est tenu à Lyon du 6 au 9 septembre 2016.

© L'Harmattan, 2018
5-7, rue de l'Ecole-Polytechnique, 75005 Paris

http://www.editions-harmattan.fr

ISBN : 978-2-343-14951-6
EAN : 9782343149516

Remerciements

Cet ouvrage n'a pas pu voir le jour sans la participation de plusieurs acteurs, de l'organisation du Congrès en septembre 2016 jusqu'à la relecture des contributions en janvier 2018. En tant que coordinateur du réseau PLURIEL, qu'il me soit permis de remercier la Fédération des Universités catholiques en la personne de son actuel président, Thierry Magnin, ainsi que les membres de la coordination de cette plateforme, Leïla Babès, Thom Sicking, Valentino Cottini, Gonzalo Villagran, Ali Mostfa, Paolo Branca, Emmanuel Pisani et tout particulièrement, pour le suivi organisationnel, Vianney Vendrely et Lorraine Guitton. Je voudrais aussi remercier chaleureusement les auteurs des contributions, notamment Ali Mostfa qui a accepté de codiriger cet ouvrage et Marguerite d'Huart qui a fait sa relecture pour chasser les imperfections stylistiques. Nombreuses sont les personnes et les fondations à remercier pour leur soutien financier du Congrès, en particulier l'Œuvre d'Orient, la Fondation Cèdres et la commission Recherche de l'Université catholique de Lyon. Ma gratitude va également à Antoine Fleyfel, directeur de la collection « Pensée religieuse et philosophie arabe » chez L'Harmattan qui a facilité sa publication.

Michel Younès

Introduction

La question de l'islam met particulièrement en tension la perception d'une unicité originelle et une pluralité effective. Si la diversité est historiquement constitutive de toute réalité religieuse, chaque religion a trouvé des modalités de fonctionnement pour rendre visible une unité autour d'un noyau dur invariable, rendu parfois indiscutable. Dans le cas de l'islam, ce noyau dur se cristallise autour d'une reconnaissance d'un Dieu unique créateur, d'un livre considéré comme révélé par l'intermédiaire d'un prophète perçu comme l'ultime messager, autour duquel la communauté des croyants s'est constituée. Néanmoins, en tant que phénomène historique, et en l'absence d'une régulation magistérielle universelle, l'islam, notamment sunnite, s'est trouvé confronté à la diversité des sociétés selon les zones géographiques multiples. L'unicité conceptuelle de la foi n'échappe pas aux traductions culturelles qui définissent à leurs manières des modalités d'appartenance. Outre la dimension confessionnelle (sunnite, chiite…), l'islam au pluriel acquiert ainsi une acception culturelle et sociétale, pouvant être traduite dans des réalités politiques.

Dans le contexte contemporain, marqué par la mondialisation, le déplacement des populations et la reconfiguration à l'espace et au temps, le surgissement de la question de l'islam en Europe prend une dimension singulière. La diversité des mémoires collectives laisse apparaître une pluralité de perceptions dans la manière d'être musulman, tantôt en se laissant imprégner par un référentiel culturel commun, tantôt par une réaction oppositionnelle, renforçant ainsi une appartenance à un « islam originel » totalement reconstitué. Si la diversité sociologique des musulmans en Europe est observable au quotidien, elle est parfois en tension avec une expression islamique qui se veut affranchie d'une identité culturelle territorialisée. Comme le dit Nilüfer Göle, l'islam contemporain « est en train de devenir un point de référence autour duquel s'articulent des liens imaginaires entre musulmans socialement déracinés »[1].

Être musulman en Europe c'est appartenir à des communautés travaillées par des tensions et des contradictions qu'on ne peut légitimement désigner comme « islam d'Europe ». Par conséquent, le débat aujourd'hui autour de l'islam en Occident se cristallise autour de nouveaux repères, telles que les revendications qui accentuent une altérité centrée sur l'observance des normes et du ritualisme en tant que variables permettant à l'individu de s'intégrer dans la collectivité[2]. Un nouvel imaginaire se trouve ainsi renforcé, celui du retour à un passé mythifié comme argument pour raffermir le phénomène communautaire et densifier les références globales de l'appartenance. Jacqueline Chabbi qualifie l'émergence de cet imaginaire comme une des plaies de l'islam contemporain qui exprime « son tragique déficit d'historicité »[3]. D'où l'importance de soumettre l'héritage islamique à l'exigence de la raison critique pour mieux souligner les amalgames historiques qui s'accumulent au fil du temps. L'interprétation de l'islam en tant que source totalisante du passé et de l'avenir des Arabes et des musulmans conduit à des perceptions qui font des sociétés musulmanes un ensemble monolithique fermé. Une telle représentation laisse entrevoir l'idée réelle ou supposée qu'aucune transformation, au niveau de l'identité, de la culture, de la pensée ou du rapport au religieux, ne peut advenir. Une telle approche évacue par elle-même toute analyse critique et les grilles d'analyse à entrées multiples.

Dans cette perspective, les articles proposés dans cet ouvrage cherchent à contextualiser et à historiciser très rigoureusement la question de l'islam dans le monde d'aujourd'hui, dans ses rapports divers et contradictoires à la pensée, à la foi et à la société. Pour déconstruire les processus qui le figent dans une vision

---

[1] Nilüfer Göle, *Islam, espace public européen et civilité*. Traduit de l'anglais par Nathalie Cunnington. 3 mai 2007. https://www.eurozine.com/islam-espace-public-europeen-et-civilite/ consulté le 17 janvier 2018.
[2] Cf. Abdelmajid Charfi, *L'islam entre le message et l'histoire*, coll. L'islam des Lumières, Paris, Albin Michel, 2004.
[3] Jacqueline Chabbi, Islam : Comment historiciser le passé pour sortir de l'histoire sacrée. http://lesavoirpartage.org/new/2017/10/25/islam-comment-historiciser-le-passe-pour-sortir-de-lhistoire-sacree/ Consulté le 17 janvier 2018.

anachronique, des universitaires se sont réunis lors du 1er Congrès international de la plateforme de recherche sur l'islam en Europe et au Liban (PLURIEL)[4]. Tenu à l'Université catholique de Lyon du 6 au 9 septembre 2016 sous le titre : *L'islam au Pluriel. Pensée, foi, et société,* les différents axes de travail proposés sous cet intitulé avaient pour objectif de mettre résolument l'accent sur les avancées méthodologiques, conceptuelles et doctrinaires dans le domaine de l'islamologie appliquée, suivant trois axes : politique, théologique et sociétal.

La conférence inaugurale de Yadh BEN ACHOUR[5], sur « L'islam, la norme démocratique et le radicalisme religieux » a ouvert l'ensemble des travaux de plus de 200 participants venus principalement d'Europe, du Moyen-Orient et du Maghreb. Des interventions en plénière et des ateliers thématiques autour des groupes de recherche de Pluriel ont permis de confronter les regards sur une réalité complexe et multidimensionnelle. Une diversité d'approches qui donnent à voir l'état actuel de la recherche en Europe et au Moyen-Orient. Les textes sont ici publiés dans leur langue originelle, en français et en anglais.

La richesse du thème abordé dans ce congrès et sa transdisciplinarité ne manquent pas de soulever des questionnements pour expliquer comment le religieux peut prendre le pas sur le politique et inversement. C'est dire que l'examen des rapports entre politique et religion, dans l'espace

---

[4] Initiée par la Fédération des universités catholiques en Europe (la FUCE), la Plateforme Universitaire de Recherche sur l'Islam en Europe et au Liban rassemble un réseau de chercheurs issus des universités européennes et libanaises (aussi bien catholiques que publiques) qui travaillent dans le domaine des études sur l'islam et sur le dialogue interreligieux. Actuellement, plus de 120 chercheurs répartis pour une grande part dans 14 groupes affiliés à des universités, comme en Allemagne (Université de Paderborn et la Faculté de théologie de Francfort), en Autriche (Université d'Innsbruck), en Espagne (Comillas et Grenade), en Italie (Université du Sacré cœur à Milan, Come et Varèse, l'Institut pontifical d'études arabes et d'islamologie, PISAI), au Liban (l'Université saint-Joseph de Beyrouth), en Égypte (l'Institut dominicain d'étude orientale, IDEO), en France (l'Institut catholique de Paris, l'Université catholique de Lyon). Un site rend visible les travaux de cette plateforme : www.pluriel.fuce.eu

[5] Juriste tunisien spécialiste en théorie politique islamique et droit public. Voir la liste des contributeurs.

islamique et mondial, s'impose comme un tournant fondamental pour analyser la problématique de la sécularisation. Cette problématique se trouve à l'arrière-fond des contributeurs de l'axe géopolitique qui s'interrogent sur la place de l'islam dans le monde, son évolution et son positionnement géopolitique. Georges CORM analyse les mécanismes de l'instrumentalisation du religieux en tant que facteur mobilisé pour donner de la légitimité aux projets de puissance profane et aux nombreux conflits géopolitiques qui déchirent le monde et plus particulièrement le Moyen-Orient. Face à la fin du monde bipolaire, le retour du facteur religieux en tant que grille d'interprétation des conflits du monde se fait sur la base de la thèse de Samuel Huntington qui met en avant l'existence supposée de conflits de civilisations et de valeurs politico-religieuses. Ali MOSTFA revient sur le rapport dissymétrique entre religion et conflits politiques. L'apparition assez récente de nouveaux néologismes, tels que la « théopolitique » ou la « théostratégie », traduisent l'interpénétration, de plus en plus puissante du religieux et du politique, et l'émergence d'une conscience marquée par des « références identitaires et religieuses fortes ».

Dans une étude très documentée qui prend en compte « la parole des doctrinaires », Haoues SENIGUER retrace les réalités socio-politiques des vocables tels que l'islamisme, le salafisme et le néo-salafisme. Les parcours idéologiques auxquels ils se rattachent et les projets politiques qu'ils entretiennent sont très clairement analysés pour justifier du projet commun de ces mouvements pour « l'établissement d'un ordre politique idéal dans lequel l'islam serait central ». À travers une approche sociologique de la controverse de l'heure autour du *burkini*, du *niqab*, de la *burqa, etc.*, Jaume FLAQUER se concentre sur l'enjeu de l'identité européenne et la rencontre avec l'islam. Face à la déchristianisation et la sécularisation de l'espace public européen, l'auteur souligne le sentiment d'exacerbation que provoque l'appropriation par certains musulmans des signes dits religieux.

Lever l'équivoque sur les caractéristiques du message coranique impose le retour sur les « significations originelles, et non selon celles qu'ils ont acquises par la suite, du fait d'influences diverses »⁶. Ces influences traduisent souvent des interprétations « fermées » du texte coranique. Celles-ci absolutisent la fonction législative du discours coranique, centré pour l'essentiel sur des situations déconnectées des conditions nouvelles. Dans ce contexte, les contributeurs dans l'axe théologique se consacrent à la déconstruction de quelques interprétations qui motivent l'adhésion d'un certain nombre d'adeptes. Sans la déconstruction de certaines réalités idéalisées, le dialogue avec l'autre peut-être une entreprise vouée à l'échec. Emmanuel PISANI examine les fondements théologiques des actes de violence commis au « nom d'Allāh ». Le paradigme de la violence religieuse puise ses ressources dans une dichotomie artificielle qui oppose deux identités présentées par les exécuteurs de la violence au nom de l'islam comment étant des identités radicalement opposées. Certains mécanismes de la violence au nom de l'islam se structurent autour de deux vocables : *fitna* et *jihād* que l'auteur analyse leur parcours et leurs portées significatives dans la langue arabe.

Le défi de la violence pour la pensée musulmane et son rapport aux autres religions consiste, d'après Adnane MOKRANI, à réactiver une théologie du dialogue et du pluralisme. Cette théologie se confond avec l'approche compréhensive soufie qui s'oppose à l'approche polémique. Les termes de cette opposition sont repris dans une perspective large qui intègre l'étude des visions cosmiques et épistémologiques. C'est dans cette perspective que Michel YOUNÈS engage sa réflexion sur les mécanismes du dialogue interreligieux. Celui-ci exige nécessairement selon l'auteur une démarche de déconstruction de certains fondements théologiques qui empêchent la transformation intérieure de soi. Car après tout, le dialogue interreligieux est loin d'être un concept abstrait, il est concrètement fondé sur la capacité des personnes humaines à engager une révision critique des présupposés métaphysiques que l'imaginaire collectif facilite son enracinement.

De son côté, Muhammad Hasan ZARAKET considère que le rapport à l'autre est une démarche naturelle que les musulmans

---

⁶ Abdelmajid Charfi, *L'islam entre le message et l'histoire*, Paris, Albin Michel, 2004, p. 54.

tout au long de leurs histoires et de leur implantation géographique ont exercé le dialogue interreligieux. Les rencontres islamo-chrétiennes ont toujours existé. Cependant, il est surprenant de remarquer d'après lui que l'étude du christianisme n'ait pas été considérée comme une préoccupation éducative cruciale dans les séminaires chiites, malgré quelques exceptions enregistrées parmi les érudits chiites il n'y a pas si longtemps. La théologie comparative, une discipline qui connaît un certain essor dans les pays anglo-saxons, interroge les éléments d'une tradition religieuse à la lumière d'une autre tradition. C'est ce repère du dialogue interreligieux que Cornelia DOKTER propose dans son étude. L'auteur analyse la figure de Jésus et son inscription dans le texte coranique, dans le but, selon ses propres mots, d'enrichir sa propre croyance chrétienne, de redécouvrir des aspects de son identité chrétienne et de la tradition qui ont tendance à être négligés.

La question générale qui sous-tend les analyses de l'axe sociétal peut se formuler de la manière suivante : comment démontrer la supériorité philosophique et morale de la norme démocratique qui considère, par postulat, l'homme comme la fin ultime de la cité politique, sans égard à des fins plus ultimes encore ? Comment prouver la supériorité du droit démocratique par rapport aux arguments de ses principaux ennemis, en particulier les représentants du radicalisme religieux en politique. C'est à ces interrogations fondamentales que Yadh BEN ACHOUR a livré avec précision sa conférence d'ouverture de notre congrès. Il s'agit pour lui de scruter et de déconstruire les arguments du radicalisme religieux en politique, fondés sur la certitude d'une conviction transcendante, de l'hétéronomie personnelle, de la servitude volontaire ou forcée, de l'indissociabilité des sphères religieuse, politique et juridique, du conformisme et du suivisme intellectuel. La conséquence fatale de cette plateforme de données est le recours à la violence contre l'adversaire quel qu'il soit. Alors que l'éthique démocratique est fondée sur l'autonomie personnelle, la liberté et la responsabilité individuelle, la fragmentation des sphères religieuse, d'un côté, et politique et juridique, d'un autre côté, la relativité de la plupart des points de vue moraux et la tolérance, le débat d'idées et le dialogue. Nous avons eu des instants de sidération avec la tuerie du 7 janvier 2015 et celle de novembre de la même année.

L'autorité de norme juridique en contexte islamique et le processus de son développement en tant que contenu prescriptif arrimé à la révélation de Dieu est le cadre de réflexion de Leïla BABÈS. Il s'agit dans son article d'interroger les lieux d'interaction entre le politique et le juridico-religieux pour souligner avec force la dimension identitaire du droit et ses projets idéologiques.

Hamadi REDISSI s'interroge sur les motifs de l'attaque du *Charlie Hebdo* qui ont conduit à l'assassinat des professionnels de la presse de surcroît non musulmane et hors territoire de l'islam et dont la seule arme est le crayon, sous prétexte qu'ils ont blasphémé, en l'espèce mis en caricature satirique le prophète de l'islam. Certes, des intellectuels de tradition culturelle islamique ont condamné un acte odieux (doublement au nom de l'islam et de la liberté d'expression), mais au-delà de la protestation, la question de la liberté d'expression en islam s'est posée de nouveau. Qu'est-ce qui est en droit d'être exprimé ? Qui peut s'exprimer et qui est frappé d'interdiction ? Selon quelles modalités sont organisés le dicible et l'indicible, le représentable et l'irreprésentable ? L'une des perspectives consiste à aborder la question à partir d'une théorie des limites. Ces limites concernent d'abord les personnes, ensuite le mode d'expression, enfin la sanction qui frappe le contrevenant. L'auteur répond minutieusement à ces questions tout en se concentrant sur le blasphème et l'insulte au prophète de l'islam, de l'âge classique au monde contemporain. Dans cet ordre d'idée, dans le cas où les intérêts sont divergents, est-il possible de bâtir une connaissance ou un savoir commun ? Comment dans définir au juste la diversité culturelle et quel rapport avec la démocratie ?

Ce sont justement les ressorts du pluralisme des cultures au regard du droit naturel que Michel TERESTCHENKO développe dans son article, en s'attaquant à la problématique du lien entre droit et valeurs lorsque cette relation est envisagée sous l'angle de la norme juridique. Dès lors qu'on traite de l'islam en Europe, peut-on envisager une « globalisation »[7] juridique pour aborder la diversité des formes religieuses en tant que fait socio-anthropologique ? Pour Stefano ALLIEVI, l'islam en Europe fait maintenant partie de sa réalité contemporaine et il constituera une partie substantielle de

---

[7] Le terme de globalisation juridique est ici emprunté à Louis-Léon Christians dans son article « Droit et islam en Europe : quelles globalisations ? » http://journals.openedition.org/rsa/571 consulté le 17 janvier 2018.

son avenir. Néanmoins, l'islam demeure étroitement lié aux États, aux groupes, aux mouvements et, plus généralement, aux dynamiques politiques, culturelles, économiques et sociales, qui sont également centrées en dehors de l'Europe. Par conséquent, à ses yeux, si nous voulons comprendre l'islam européen dans ses spécificités et ses conséquences, nous devons reconnaître cette particularité. Les évolutions (et transformations) des individus et communautés musulmanes en Europe traitent de la capacité des sociétés européennes à comprendre ces processus dans le tissage de ces différentes dynamiques : interne et externe, nationale et transnationale, européenne et globale. L'article souligne les principales caractéristiques des Islam (s) européens, certaines questions concernant leur perception par les opinions publiques non-musulmanes et les interactions réciproques de ces phénomènes.

Dans leur article intitulé « La dynamique de la radicalisation islamique en Europe et leur prévention : une approche humaniste », Marco DEMICHELIS et Giulia MAZZETTI s'interrogent sur les dynamiques qui justifient le basculement dans le terrorisme et comment le religieux devient-il spécifiquement une variable associée au risque et à l'insécurité ? Définies en tant que politiques de « déradicalisation », ces mesures ne semblent pas donner entière satisfaction[8]. L'une des principales questions que se posent les auteurs et de savoir si l'approche exclusivement « sécuritaire » qui imprègne ces programmes pourra apporter des solutions efficaces au problème de la radicalisation islamique ou prévenir la radicalisation que ce soit en Occident ou dans le monde arabo-musulman.

Dans une ultime partie, le lecteur découvrira les travaux de 9 groupes de recherche en Europe et au Liban. De Grenade à Milan, de Côme et Varèse à Innsbruck, de Paderborn à Paris, de Francfort à Beyrouth en passant par Lyon, il découvrira le dynamisme des recherches actuelles dans des contextes divers et complémentaires. Loin de toute simplification, les études rassemblées dans cet ouvrage cherchent à soumettre l'actualité de

---

[8] Voir les conclusions de la mission d'information sénatoriale intitulée « Dés endoctrinement, dés embrigadement et réinsertion des djihadistes en France et en Europe ».

l'islam à des réflexions critiques qui ne réduisent pas le politique à la guerre, le social à la violence et le doctrinaire à l'intégrisme.

Ali MOSTFA & Michel YOUNÈS
30 janvier 2018

PREMIÈRE PARTIE : APPROCHE GÉOPOLITIQUE

1- Dénoncer les manipulations du religieux dans les conflits géopolitiques

Georges Corm

Mon intervention porte sur les différentes formes de manipulations des idéologies religieuses dans les conflits géopolitiques contemporains. Ces manipulations ont pour but de voiler les raisons profanes des conflits, afin de légitimer les guerres et les violences, en entraînant l'adhésion des opinions publiques aux guerres qui tuent, détruisent et assassinent des sociétés entières. C'est pourquoi ce ne sont pas nécessairement la tenue de dialogues de civilisation ou de religion qui peuvent supprimer les causes de ces guerres, mais plutôt la ferme dénonciation de l'usage du religieux aux fins de susciter, d'entretenir et de légitimer des conflits. Sur ce plan, nous verrons que la thèse de Samuel Huntington sur le choc des civilisations est toujours très prégnante dans les médias comme dans la recherche académique.

Je démontrerai ici, dans une première partie, l'inanité de cette approche des conflits contemporains post guerre froide, dont la plupart sont situés au Moyen-Orient et, plus particulièrement dans le monde arabe. Dans une seconde partie, je m'efforcerai d'identifier les moyens de mettre un terme aux manipulations du religieux et, en particulier, de l'islam, ce qui devrait constituer le souci de tous.

I. Les mécanismes de l'instrumentalisation du religieux

Cette partie sera consacrée à démontrer en plusieurs étapes successives combien sont artificielles les notions de conflit de civilisations et les nombreuses manipulations auxquelles elles donnent lieu dans les tensions et conflits géopolitiques qui sont tous, à mon sens, de nature profane, même s'ils se parent d'arguments pseudo religieux.

1. La division Orient/Occident ne fait pas de sens

Le présupposé de la thèse huntingtonienne se base sur une vieille dichotomie de nature anthropologique entre un Orient religieux et mystique et un Occident matérialiste et athée qui a été très en vogue au XIXe siècle romantique en Europe. J'ai consacré autrefois un ouvrage à démontrer l'inanité de cette thèse[9], tenant compte de plusieurs facteurs. Le premier consiste dans l'extrême variété des différentes sociétés occidentales et l'existence de diverses civilisations en son sein. Le second réside dans le fait que le monde entier s'est « occidentalisé » aujourd'hui, car les idées et les mœurs de l'Europe post révolution française, puis celles du modèle américain de consommation et de société basée sur les changements techniques accélérés et la consommation effrénée de technologies nouvelles a aujourd'hui pénétré tous les autres continents de la planète. En bref, le monde entier consomme de la technologie et les produits de consommation nouveaux qui en découlent. Ce qu'un certain ethnocentrisme conceptuel a appelé « modernité », puis aujourd'hui « post modernité » et « post colonialisme » a fait le tour du monde. Certes, non sans douleurs ou guerres intestines dans le monde non européen, à l'image d'ailleurs de ce qui s'est passé massivement et dramatiquement en Europe, les vieux empires se sont écroulés pour laisser place à des républiques le plus souvent organisées en États nations plus ou moins cohérents ou homogènes.

2. Les civilisations ont toujours été diverses, mais seuls des États entrent en guerre

La diversité des civilisations n'a jamais été cause des guerres, seuls des États – principautés, royaumes, empires, républiques – peuvent pratiquer la guerre au nom de l'extension de leur puissance. Les civilisations quant à elles, sont en général en interaction spontanées ou peuvent avoir une tendance à la fermeture, suivant les périodes historiques ou les étapes de leur développement. C'est d'ailleurs souvent à l'intérieur d'une même aire de civilisation que les guerres les plus mortelles ont été entreprises : guerre de Cent Ans, guerres de religion, guerres d'extension de territoire, guerres nationalistes en Europe qui culminent dans la Première Guerre mondiale, puis se prolongent

---

[9] *Orient-Occident. La fracture imaginaire,* Paris, La Découverte, 2002.

dans la Seconde, sont autant d'exemples criants de conflits dont les enjeux sont totalement profanes ; y compris pour les croisades et les guerres entre catholiques et protestants. Dans le cas des croisades, un besoin d'expansion hors d'Europe pour la conquête des richesses du Levant, dans celui des guerres de religion, désir des princes de réduire la puissance et la richesse de l'Église romaine et de s'émanciper de sa tutelle.

Si nous regardons du côté de l'aire musulmane, les conflits internes ont aussi été très nombreux tout au long de l'histoire. À l'époque moderne, signalons les terribles guerres entre l'Empire Ottoman et l'Empire Perse, entre le XVIe et le XIXe siècle qui ont affaibli ces deux grandes entités politiques et leur ont fait perdre d'immenses territoires en Asie centrale et au Caucase au profit de la Russie ; mais aussi la guerre entre l'Irak et l'Iran de 1980 à1989, l'invasion du Koweït par l'Irak en 1990, la guerre ravageuse menée par l'Arabie saoudite et les Émirats arabes unis contre le Yémen depuis 2015.

3. Seules les conquêtes coloniales européennes ont été menées au nom de la supériorité d'une civilisation

L'extension de la puissance de quelques pays européens dans les deux Amériques, le sous-continent indien, l'Afrique, les provinces arabes de l'empire ottoman, la Chine, etc. s'est faite d'abord sous couvert d'un prétexte religieux, celui d'amener les peuples « barbares » à la religion chrétienne – comme les croisades arguant avec quelques siècles de retard de la nécessité de libérer le tombeau du Christ de la domination musulmane – puis au XIXe siècle de les amener à la « civilisation » européenne supérieure.

L'idée de la supériorité de la civilisation européenne ne remonte pas à la philosophie des Lumières qui était universaliste et croyait en l'unité du genre humain, mais au racisme virulent du XIXe siècle européen qui a divisé le monde entre Aryens et Sémites. Les premiers selon Renan sont raffinés et possèdent un esprit supérieur, les seconds incarnés tantôt dans « l'islamisme » (toujours chez Renan) à l'esprit lourd et belliqueux ou dans la « race » juive considérée comme un élément totalement hétérogène à la nature aryenne et raffinée de l'Europe pour de nombreux autres penseurs européens.

4. Rappel du langage laïc de l'après Seconde Guerre mondiale

L'on aurait pu croire que les théories racistes du XIXe siècle et du début du XXe siècle allaient rapidement disparaître après la Seconde Guerre mondiale et les horreurs du nazisme. La division du monde et l'organisation des relations internationales s'est d'abord reconstruite, en effet, en deux blocs idéologiques rivaux, les États-Unis et les États de l'Europe de l'Ouest d'un côté, l'URSS et l'Europe de l'Est de l'autre. À partir du milieu des années 1950, les États nouvellement indépendants se regroupent dans le mouvement des non-alignés au langage totalement laïc, sans aucune revendication de nature identitaire religieuse. Le programme du mouvement est entièrement centré sur la réalisation d'une justice économique internationale, le droit des nouveaux États à la souveraineté sur leurs ressources naturelles, l'accès aux technologies monopolisées par les firmes transnationales, la stabilisation du prix des matières premières, etc.

5. L'instrumentalisation du religieux par les États-Unis dans le cadre de la Guerre froide

L'influence grandissante de l'URSS qui soutient les guerres de libération nationale, ainsi que l'extension de différentes formes de communisme ou de socialisme anti-impérialiste dans un grand nombre de pays nouvellement indépendants, la défaite américaine au Vietnam, les mouvements révolutionnaires en Amérique Latine et dans le monde arabe, amènent les États-Unis à concevoir une politique d'instrumentalisation de l'islam plus particulièrement, mais aussi du christianisme et du judaïsme, pour contrer ces développements très inquiétants du point de vue de l'hégémonie qu'entend exercer cet État sur le reste du monde.

Trois actes fondateurs vont installer cette instrumentalisation dans l'ordre international et influer profondément sur l'ordre interne des États, en particulier ceux dont la religion dominante est l'islam :

    a. la création de l'Organisation des États islamiques en 1969 sous la houlette de l'Arabie saoudite et du Pakistan, suite à l'incendie de la mosquée d'Al Aqsa à Jérusalem sous occupation israélienne depuis juin 1967. Elle sera suivie en 1974 de celle de la Banque islamique de développement à Djeddah et dont le royaume saoudien assure la plus grande partie du financement.

b. le recrutement, l'endoctrinement et la formation militaire de milliers de combattants dits « *jihadistes* » en Arabie saoudite et au Pakistan à la fin des années 1970, sur demande américaine, pour partir se battre en Afghanistan contre un régime moderniste et prosoviétique, ce qui entraîne une invasion de l'armée soviétique. Cette dernière, épuisée par une guérilla fort bien armée, choisit de se retirer d'Afghanistan. Les États-Unis, traumatisés par leur défaite au Vietnam n'ont donc pas eu besoin d'envoyer des troupes au sol dans ce pays, disposant ainsi d'une armée de mercenaires, appelée cependant à l'époque « combattants de la liberté ». C'est dans ce contexte que s'est développée une armée panislamique radicale, dénommée Al Qaeda, qui essaimera par la suite dans de nombreux pays (Bosnie, Tchétchénie, Caucase, Yémen ; aujourd'hui Syrie, Libye et Irak).

c. c'est aussi l'époque où éclate une grande révolte populaire et anti-impérialiste en Iran qui sera confisquée par une partie du clergé iranien mené par l'ayatollah Khomeiny, tiré de son obscur exil irakien et installé en grande pompe à Neauphle-le-Château, aux environs de Paris, et dont les critiques contre le régime du shah d'Iran trouvent un retentissement exceptionnel dans tous les grands médias occidentaux. L'ayatollah est ramené dans son pays avec tous les honneurs dus à un chef d'État. Ce sera le philosophe français Michel Foucault qui donnera une légitimité à cette confiscation de la révolution en la qualifiant non point de populaire et anti-impérialiste, mais de religieuse.

L'Arabie saoudite et ses voisins des émirats de la Péninsule arabique répondront à l'installation en Iran de ce régime « religieux » qui les inquiète, par l'annonce d'un renouveau islamique dans le monde arabe (« revival » ou « *sahwa* ») et la nécessité de combattre les tendances modernistes, nationalistes et laïques qui ont prévalu jusqu'ici et ont amené – suivant cette théorie– à la défaite spectaculaire des armées arabes en 1967 face à l'État d'Israël. De nombreux intellectuels arabes se soumettront au devoir de retrouver l'authenticité culturelle perdue du fait de la dépersonnalisation des sociétés arabes et musulmanes face à l'invasion culturelle de la laïcité et de l'esprit matérialiste censé l'accompagner.

6. *L'instrumentalisation entraîne deux orientations académiques et médiatiques*

La politique des États-Unis ne manque pas d'orienter les travaux académiques et les médias sur deux fronts complémentaires :

    a. D'un côté, la nécessité de dé-laïciser et ré-islamiser les sociétés du monde arabe ou les autres sociétés musulmanes dans le but de faire reculer l'extension très rapide des différentes formes d'idéologies communistes et impérialistes dans la jeunesse de ces pays, ce que divers auteurs américains prêcheront en estimant que l'accès à la modernité politique démocratique ne pourrait se faire dans le monde arabe qu'à travers une telle réislamisation. Divers auteurs ont alors commencé dans ce sillage à se faire les interprètes bienveillants des différentes mouvances d'islam politique et à plaider en leur faveur, critiquant la répression subie par certains de leurs membres dans les pays arabes, lesquels trouvent alors refuge dans différentes capitales européennes ou aux États-Unis.

    b. De l'autre côté, la très riche et variée théologie musulmane sera réduite à trois penseurs islamiques connus pour leur pensée fondamentaliste, puritaine, rigide et radicale : Sayyed Qutb (1960-1966), un membre de la confrérie des Frères musulmans égyptiens, lui-même influencé vraisemblablement par un penseur radical du Pakistan, Abul Ala Maududi (190-1979), tous deux ayant prêché la souveraineté de Dieu sur tous les hommes à travers sa loi transmise au prophète Mohammed ; et enfin un vieux juriste théologien du XIIIe siècle, Ibn Taymiyya (1263-1328) emprisonné pour ses vues religieuses excessives, qui préconisait la lutte sans merci contre les infidèles et les membres des minorités religieuses n'appartenant pas au courant sunnite dominant. Ces théories sont reprises par un très grand nombre de « spécialistes » récents de l'islam, notamment en France, depuis plusieurs décennies, dans des ouvrages dont les médias se sont nourris de façon spectaculaire.

Cette double tendance sera soutenue et favorisée par la politique de l'Arabie saoudite qui, forte de sa puissance financière pétrolière à partir du milieu des années 1970, exporte sa version puritaine et radicale de l'islam – le Wahhabisme - dans le monde entier. On en vient à oublier la grande période réformiste et moderniste de l'islam depuis les débuts du XIXe siècle, mais à oublier aussi la grande ouverture de la civilisation arabo-islamique classique et son interaction avec les autres civilisations à cette époque. La théologie musulmane et les jurisprudences sur l'application de la loi « religieuse », la charia, dans son extrême diversité et plasticité est totalement occultée au profit de la conception étriquée et radicale véhiculée par les recherches académiques récentes, comme constituant l'essence même de la religion musulmane. Nous avons récemment montré les dangers de cette approche de la religion musulmane dans notre ouvrage *Pensée et politique dans le monde arabe* (la Découverte, 2015), de même dans un autre essai intitulé *Le phénomène religieux au XXIe siècle. Géopolitique et crise de la post modernité* (La Découverte, 2006).

    7. *Prédominance de la thèse du conflit des civilisations dans les opinions publiques et justification des interventions occidentales en Orient musulman*

L'extension du wahhabisme et du radicalisme islamique qu'il prêche viennent constituer une altérité islamique qui semble irréductible par rapport à l'évolution du monde de plus en plus globalisé. L'on assiste alors à la monté des signes de cette altérité dans l'habillement et l'apparence masculine, comme dans le vêtement féminin, dans le respect scrupuleux des interdits alimentaires, la fréquentation assidue des mosquées, le développement de banques dites islamiques, mais aussi de montres, de téléphones, de poupées d'enfant, etc. ; ainsi que les demandes répétées en Europe d'accommodement à cette altérité.

Du coup, la thèse huntingtonienne du conflit des civilisations prend de la consistance dans les opinions publiques, en dépit de ses invraisemblances. Elle devient un cadre majeur d'analyse des relations internationales et des conflits qui vont secouer les pays arabes après l'effondrement de l'URSS et qui se multiplient et s'accélèrent jusqu'aujourd'hui en cette fin d'année 2016. La prééminence de cette thèse est d'autant plus surprenante que les réalités de terrain en matière géopolitique sont tout autres. En effet, il est facile de constater trois faits incontournables qui s'inscrivent en faux contre cette thèse dont nous avons exposé les limites.

- a. À l'exception de l'Iran et de la Syrie, tous les autres gouvernements de pays majoritairement musulmans, soit plus d'une cinquantaine, sont des alliés fidèles des États Unis, en particulier les pays les plus peuplés, tels que l'Égypte, l'Indonésie, le Pakistan, le Bangladesh, la Turquie (membre de l'OTAN), le Maroc, l'Arabie saoudite, l'Algérie, le Nigéria.

- b. Les élites des États musulmans n'envoient pas leurs enfants faire des études supérieures à l'université religieuse d'Al-Azhar au Caire, à la Mecque ou à Islamabad au Pakistan, mais bien aux États-Unis ou en Europe. Beaucoup d'étudiants en provenance de pays musulmans demeurent à l'étranger en Occident après la fin de leurs études.

- c. Les éléments les plus pauvres et démunis des populations musulmanes tentent tous de rejoindre l'Europe ou les États-Unis ou le Canada et l'Australie, soit le cœur de l'Occident, le plus souvent au prix de leur vie en traversant la Méditerranée dans les conditions les plus difficiles et dangereuses, souvent même mortelles.

- d. J'ajouterai enfin, en ce qui concerne le terrorisme osant se réclamer de la religion musulmane, que celui-ci tue principalement d'autres musulmans sous prétexte qu'ils sont impies. La liste des sociétés musulmanes endeuillées, parfois de façon presque quotidienne comme en Irak, est très longue ; elle inclut une majorité de pays arabes ainsi que des pays musulmans non arabes, tels que le Pakistan, le Bangladesh, le Nigeria, le Mali, l'Indonésie, la Somalie, l'Afghanistan. Nous reviendrons ci-dessous sur cette question.

On ne voit donc pas comment la grande majorité des musulmans serait hostile à la civilisation dite « occidentale », ni comment les États occidentaux démocratiques pourraient avoir comme alliés des États musulmans pratiquants un radicalisme religieux extrême, ni comment les situations conflictuelles décrites par Huntington pourraient réellement exister. Il s'agit donc de ce que Marc Crépon [10] a appelé les géographies de l'esprit, qui créent des préjugés et des clichés, fruits d'imaginaires enflammés par de nombreux écrits de type raciste. Mais évidemment, le frisson que fait courir dans l'opinion publique l'idée d'un « choc de civilisation » permet de légitimer les lourdes interventions militaires des États-Unis et de ses alliés de l'OTAN, tantôt au nom des droits de l'homme et de l'instauration de la démocratie hors d'Occident, tantôt au nom de la lutte contre le « terrorisme » dit islamique. Dans le monde arabe et musulman, deux pays souverains ont été envahis successivement en 2001 (l'Afghanistan), et en 2003 (l'Irak) ; enfin, à la suite des révoltes arabes du début de l'année 2011, des membres de l'OTAN, dont la France et l'Angleterre, ont procédé à des bombardements massifs de la Libye et semé le chaos dans ce pays, puis ils ont envoyé des milliers de « djihadistes » de toutes les nationalités, financés et armés par leurs alliés musulmans d'Arabie saoudite et du Qatar, combattre le régime syrien, rebelle depuis 2003 aux nombreuses menaces politiques pour rompre avec son soutien au Hezbollah libanais et ses rapports étroits avec l'Iran.

8. *L'instrumentalisation du terrorisme se réclamant de l'islam à des fins géopolitiques profanes*

En réalité, le terrorisme islamique s'est développé depuis la première guerre d'Afghanistan avec le soutien étroit des États-Unis et de ses deux alliés saoudien et pakistanais, comme nous l'avons déjà évoqué ci-dessus. Les mouvances terroristes d'aujourd'hui en Libye, au Yémen, en Syrie, en Irak et ailleurs sont toutes des produits d'Al Qaeda. Elles sont à la fois soutenues et combattues, souvent mollement d'ailleurs, par les États membres de l'OTAN, car elles servent leurs desseins géopolitiques (comme en Bosnie, en Tchétchénie, en Libye et aujourd'hui en Irak et en Syrie). L'existence de ces mouvances justifie en effet leurs interventions armées musclées et leur omniprésence dans les affaires intérieures des États au nom de la lutte contre le terrorisme. Ces mouvances sont instrumentalisées aussi bien pour embarrasser des régimes

---

[10] Marc Crépon, *Les Géographies de l'esprit. Enquête sur la caractérisation des peuples de Leibniz à Hegel*, Paris, Payot, 1996.

politiques jugés inamicaux ou dont l'évolution politique n'est pas suffisamment pro-occidentale, que pour donner aux États-Unis et leurs alliés une raison de maintenir une omniprésence dans le monde.

Le prétexte du terrorisme islamique a notamment servi à légitimer le déploiement d'armées et de coalitions militaires, à envahir des pays souverains ou à faciliter et financer les déplacements des combattants des organisations terroristes, issus des mouvances armées se réclamant de l'islam, vers les États ou régimes politiques à abattre. Ceci a particulièrement été le cas en Libye, en Syrie et en Irak ces dernières années. A cet égard, les attaques terroristes du 11 septembre 2001 ont marqué un tournant dans cette politique, bien qu'il ait été reconnu que certains des alliés des États-Unis, tels que l'Arabie saoudite et, aujourd'hui, le Qatar ou la Turquie aussi, puissent être des soutiens à ces organisations.

Le fait de combattre le terrorisme par le déploiement d'armées régulières et non par les moyens de police classique a bien évidemment provoqué sa multiplication exponentielle, tandis que cette étrange politique n'a fait l'objet d'aucun débat sérieux. Aujourd'hui, dans le cadre des violences qui sévissent en Syrie depuis cinq ans, les diplomaties américaines et européennes en sont arrivées à vouloir distinguer entre organisations terroristes modérées et radicales, alors que ces dernières partagent toutes la même idéologie.

Le plus aberrant dans les retombées de ce terrorisme ce sont les discussions oiseuses sans fin sur la religion musulmane et son influence terroriste, générées par la puissance saoudienne grâce au développement de la doctrine radicale wahhabite, celle du royaume, qui s'est déployée aux quatre coins de la planète partout où existent des communautés musulmanes. L'énorme fortune pétrolière saoudienne ainsi que la protection et l'encouragement des États-Unis ont été des facteurs décisifs dans la création de cette « altérité » musulmane, décrite rapidement ci-dessus, qui suscite partout depuis des années malaises et peurs.

II. Les partisans du dialogue des religions et des cultures et les appels à dénoncer les manipulations scandaleuses de la religion musulmane

Une des réactions les plus courantes à la prégnance de la thèse huntingtonienne du conflit des civilisations a été de prêcher le dialogue des civilisations, en réalité le dialogue des religions, invoquées bien à tort dans les conflits qui déchirent le monde depuis la dernière étape de la guerre froide et la première guerre d'Afghanistan, où l'organisation Al Qaeda a été créée en toute connaissance de cause par les États-Unis et l'Arabie saoudite. De très nombreuses personnalités politiques s'y sont investies, comme si la cause des conflits était d'origine civilisationnelle ou religieuse et non point d'origine profane. Même les Nations Unies ont organisé à New York des réunions de très haut niveau sur ce thème, sans même que l'on s'aperçoive que l'on renforçait par là même la crédibilité de la thèse du conflit des civilisations, qui selon Huntington est à l'origine des conflits de l'après-guerre froide. En effet, pour ceux qui croient à l'utilité de tels dialogues, cela revient à confirmer l'origine religieuse des conflits : il ne s'agirait pas de conflits de prédominance politique profane, mais de conflits inspirés par des antagonismes religieux ou des valeurs de nature civilisationnelle. Nous avons montré dans la première partie de notre exposé la faiblesse logique et intellectuelle de cette hypothèse.

C'est pourquoi il me semble urgent que les différentes enceintes de dialogue des religions aient pour préoccupation première aujourd'hui de dénoncer les différentes formes d'instrumentalisation du religieux pour légitimer des conflits géopolitiques de domination. Ce serait la façon la plus efficace de mettre les religions à l'abri des manipulations dont elles sont l'objet lorsqu'elles sont instrumentalisées dans le cadre de la guerre froide pour empêcher l'extension des doctrines socialistes et anti-impérialistes qui se développaient alors rapidement, en particulier dans les pays nouvellement indépendants. Il convient donc d'exposer aux opinions publiques les faits les plus marquants de cet emploi détestable de la religion.

Nous recommandons à cet effet plusieurs contre-orientations intellectuelles et culturelles face à cette instrumentalisation qui contribue à nourrir la crédibilité de cette thèse si malfaisante.

1. *L'instrumentalisation du terrorisme se réclamant de l'islam à des fins géopolitiques profanes*

Le fait de discuter de questions de théologie politique musulmane revient en fait à donner une crédibilité aux slogans des terroristes. Leurs organisations, hier comme aujourd'hui, ne visent qu'à tuer indistinctement des civils et à choquer les opinions, pour augmenter leur audience et la peur qu'elles suscitent. Comme nous l'avons rapidement évoqué, une carte des attentats terroristes se réclamant de l'islam montrerait que les opérations menées en Europe et aux États-Unis, y compris celles du 11 septembre 2001, restent tout à fait marginales en nombre de victimes par rapport à celles menées presque quotidiennement dans de nombreuses sociétés musulmanes, faisant certains jours plusieurs centaines de victimes. Leurs opérations en Occident ont simplement pour but de rappeler aux opinions musulmanes que ces organisations veulent aussi s'en prendre aux « judéo-croisés » modernes. Opérations nécessaires pour faire diversion au tort immense que ces organisations font dans les sociétés musulmanes elles-mêmes.

C'est pourquoi, le fait de discuter de la religion musulmane hors du monde musulman lui-même, comme cela se fait notamment depuis le 11 septembre 2001, constitue un appui, certes indirect, mais puissant à la crédibilité des arguments religieux invoqués par les terroristes. De plus, ce n'est que récemment et prudemment qu'apparaît aux yeux de l'opinion le rôle doctrinaire et financier joué par des ressortissants de l'Arabie saoudite ou du Qatar, parfois même par ces deux États ou d'autres, qui fournissent de la logistique, tel que la Turquie. La doctrine wahhabite, qui ne constitue pas une des quatre écoles juridiques reconnues par la tradition de jurisprudence islamique, en raison même de son aspect excessif, est rarement dénoncée comme une pratique d'islam excessive et intolérante. Cette dernière a pu s'étendre dans le monde musulman grâce à la formidable fortune des royautés et de certains émirats de la péninsule arabique ; elle s'est aussi répandue sans entraves dans les communautés musulmanes en Europe par des prédicateurs formés dans cette doctrine devenue dominante, car ces États musulmans sont des alliés privilégiés des États-Unis et des pays membres de l'OTAN. Ils sont par ailleurs des clients très importants de leurs industries d'armement, comme de leurs produits de consommation, notamment les produits de luxe.

En tout état de cause, le phénomène terroriste sévissant massivement dans le monde arabe et musulman, il revient aux sociétés et aux États de cette partie du monde d'avoir le courage de condamner d'une part les terroristes, ce qui est le plus souvent fait, mais aussi de dénoncer l'impudence de l'emploi des formules religieuses dont ils se parent outrageusement et bien à tort, l'un des attributs de Dieu le plus fréquemment mentionné dans le texte coranique étant ceux de la miséricorde et de la compassion. Par ailleurs, comme on le sait, le texte coranique rend hommage à tous les prophètes depuis Abraham et plus particulièrement à la personne de Jésus. Notons que la vierge Marie fait l'objet d'un culte important en Islam. Une sourate du Coran lui est consacrée.

En Occident, en sens inverse, il convient de s'abstenir d'entrer dans des polémiques sur la religion musulmane à propos du terrorisme. En effet, lorsqu'à une époque a fleuri le terrorisme d'extrême gauche en Europe et au Japon, on ne discutait pas alors de la responsabilité de Karl Marx ou de tel ou tel passage de son ouvrage clé *Le capital* ou de son *Manifeste communiste* dans les actions terroristes, car c'était manifestement une absurdité, tout comme ce serait une absurdité de tenir responsables les textes des évangiles ou des épîtres des apôtres comme contenant le germe de certaines grandes violences pratiquées par des chrétiens dans l'histoire du christianisme envers les non chrétiens ou même entre eux, lors des guerres de religion ou de l'inquisition ou de la lutte contre les « hérésies ».

2. *Condamner avec vigueur la manipulation des groupes terroristes*

Il est devenu de plus en plus clair au cours des dernières années que les gouvernements d'États membres de l'OTAN n'ont pas hésité à manipuler à travers leurs grands alliés des États musulmans, en particulier le Pakistan (qui a activement contribué à former et soutenir les Talibans pour ce qui est de l'Afghanistan) et l'Arabie saoudite, ainsi que le Qatar aujourd'hui. Cela a été en particulier le cas des développements dramatiques en Libye, puis en Syrie où les États-Unis distinguent de façon fallacieuse entre des groupes terroristes modérés et des groupes radicaux. Pour cela, il revient aux États démocratiques de mettre à la raison les régimes qui leurs sont alliés et qui pratiquent diverses formes de soutien au terrorisme dans le sillage d'une politique de domination généralisée de l'OTAN.

3. *Condamner l'instrumentalisation de la religion juive pour légitimer la continuation de la colonisation par l'État d'Israël*

Le sort fait au peuple palestinien en infraction au droit international et au droit humanitaire, comme aux résolutions de l'ONU, n'est pas tolérable. Malheureusement, le terrorisme se réclamant de l'islam fait depuis des décennies une diversion extraordinaire à cette question centrale pour l'avenir du Moyen-Orient, car la déchéance dans laquelle les Palestiniens vivent est inacceptable.

Peu de personnes savent combien de justes dans les communautés juives sont hostiles aux pratiques de l'État israélien, voire même opposés pour des raisons religieuses à l'existence de cet État, tel qu'il a été créé par le fer et le feu sur les décombres de la société palestinienne. En particulier, des groupes rabbiniques, mais aussi des intellectuels juifs, croyants ou non croyants, sont opposés aux pratiques israéliennes. Je pense ici en particulier aux deux ouvrages phares de Shlomo Sand, *Comment le peuple juif fut inventé* (Flammarion, Paris, 2010) et *Comment la Terre d'Israël fut inventée* (Flammarion, Paris, 2012) ; ainsi qu'à l'ouvrage remarquable de Yakov Rabkin, *Au nom de la Torah : l'opposition juive au sionisme* (Les Presses de l'Université de Laval, 2009). Toutefois, le soutien massif des pays membres de l'OTAN à l'État israélien rend leur voix peu audible et totalement marginalisée dans les médias ou les productions académiques.

Le même phénomène affecte les intellectuels musulmans hostiles aux formes radicales prises par la pratique religieuse musulmane ces dernières décennies, partisans d'une citoyenneté ouverte, de nature laïque et héritiers des grands réformateurs musulmans de la période de la renaissance arabe entre 1850 et 1950, qui ont ouvert à nouveau les portes de l'exégèse du texte coranique pour adapter son interprétation aux conditions du monde moderne. L'œuvre de ces grands réformateurs a été malheureusement mise à l'écart par la déferlante de l'influence des différentes formes d'islam radical répandues durant la dernière période de la guerre froide, comme nous l'avons expliqué. D'ailleurs, plusieurs intellectuels ont payé de leur vie dans le monde arabe, au cours de la période écoulée, le fait d'avoir écrit et parlé contre cet islam dit « radical », promu malheureusement sous diverses formes et avec des moyens financiers exorbitants par des alliés directs des États-Unis.

Il faut d'ailleurs s'interroger sur l'existence d'États qui, depuis la fin de la Seconde Guerre mondiale, prétendent parler au nom de l'un ou l'autre des trois monothéismes, ce qui a amené insidieusement à ce que le droit international s'applique à plusieurs vitesses suivant la nature des régimes politiques instrumentalisant la religion dans leur existence même et leur alliance avec les États-Unis.

L'islam politique a été particulièrement vanté en Occident très longtemps comme porte d'entrée dans l'univers démocratique, le dernier en date – donné comme modèle – étant celui de la Turquie sous la férule de Rajeb Tayyeb Erdogan. On voit ce qu'il en est aujourd'hui de ce modèle.

4. *Condamner sans répit la thèse létale du choc des civilisations et rétablir la santé mentale du monde*

Depuis le début des années 1990, loin d'amener la paix et le désarmement des grands arsenaux militaires, la chute de l'URSS a créé une *hybris* ravageuse où les États-Unis et leurs alliés se sont plus que jamais érigés en juges du bien et du mal à l'échelle internationale. Ils ont déployé de formidables coalitions armées qui ont envahi deux pays souverains, sous prétexte de lutter contre le terrorisme d'Oussama Ben Laden qu'ils avaient eux-mêmes fabriqué en 1980, ce qui ne pouvait qu'aboutir à la démultiplication du terrorisme. Ce dernier aurait dû être combattu par des moyens de police classique et non par des guerres qui ont fait tant de victimes innocentes, mais qui ont été légitimées par la perception qui s'est répandue d'un état généralisé du choc des civilisations entre l'Occident d'un côté et le monde musulman – mais aussi bouddhiste - dans l'imaginaire échevelé de Samuel Huntington.

Il revient donc aujourd'hui à tous les hommes de bonne volonté, ainsi qu'aux nombreuses enceintes de dialogue des religions de dénoncer les politiques d'instrumentalisation du religieux qui ont mené un grand nombre de pays arabes à l'implosion et qui en menacent d'autres sociétés musulmanes. Continuer de discuter de religion, alors que la maison brûle, cela me semble faire inconsciemment le jeu des incendiaires.

2- Religion et conflits politiques, un rapport dissymétrique

Ali Mostfa

En pénétrant les analyses académiques occidentales et arabes, la religion s'érige comme facteur explicatif et grille de lecture des conflictualités du monde qui nous entoure. Le discours religieux en tant que catégorisation simplificatrice et analyse hautement idéologique, agit en tant que « bruit de fond permanent et lancinant, parfois étourdissant »[11] lorsqu'il s'agit de crises purement géopolitiques. L'optique religieuse tend non seulement à sacraliser à tort et à travers la réalité du monde d'aujourd'hui, elle engendre volontairement de fausses perceptions tout en ranimant et en manipulant des mémoires anciennes qui hantent certains héritages culturels. Une fois réanimées, les identités meurtrières sont capables d'enraciner durablement entre les peuples les rapports de haine et d'agressivité.

I. Activisme religieux et domination politique

Le discours académique qui promeut le recours au religieux en tant qu'outil d'analyse est soutenu par des rapports internationaux qui livrent une vision du monde travaillée par la complexité religieuse. Le rapport que publie régulièrement la *National Intelligence Council* appuie fortement le retour des identités religieuses en tant que paramètre de différenciation, de singularisation et d'affrontement[12]. L'activisme religieux en tant que stratégie de domination politique continue de s'amplifier de nos jours pour englober toutes les religions. Pour ce qui concerne l'islam, le rapport de la *National Intelligence Council* est sans appel, un activisme islamique est automatiquement identifié en tant qu'islam extrémiste prêt à user de la violence pour construire son projet politique. Une telle vision monolithique institue l'idée d'un continuum entre le politique et le

---

[11] Georges Corm, *La question religieuse au XXIᵉ siècle*, Paris, Éditions de La découverte, 2006, p. 13.
[12] « Over the next 15 years religious identity is likely to become an increasingly important factor in how people define themselves » p. 83 pdf

religieux et « d'un islam inscrit dans une temporalité de la révélation, close et irréductible à toute autre »[13].

Dans la *Question religieuse*, un ouvrage publié il y a un peu plus de dix ans, Georges Corm analyse le recours à la religion en tant que construction idéologique qui s'est répandue progressivement à partir des années 1980, notamment dans le contexte historique de l'effondrement du mur de Berlin et de la chute de l'URSS. La révision des faits historiques à partir de la seule perspective religieuse sera promue notamment par les écrits de Samuel Huntington, de Francis Fukuyama entre autres, qui fournissent la trame conceptuelle d'une analyse qui invoque l'enjeu religieux et culturel comme éléments déterminants dans les conflits internationaux. De ce point de vue, ce retour du religieux est davantage une idéologie dont les ambitions politiques ne sauraient être dissimulées.

En effet, l'interaction entre le religieux et le politique a toujours existé. De même, les tentatives grandissantes des états pour instrumentaliser les systèmes de croyances à des fins politiques sont une pratique courante dans certains pays du monde. Très souvent, l'exploitation religieuse de certains conflits est édictée par une idéologie pernicieuse qui consiste à invoquer le sacré pour établir durablement dans certaines régions du monde « la terreur intellectuelle. »[14] Ce programme a un objectif, celui de manipuler profondément les mémoires dans le but d'instituer des séparations irrémédiables entre des groupes et des communautés appartenant à des croyances différentes. Cette instrumentalisation participe à entretenir fortement la méfiance, l'hostilité et l'agressivité entre les communautés.

Il faudra que nous ayons à l'esprit les évolutions de certains conflits internationaux, qui, selon les contextes, les époques et les intérêts politiques, changent substantiellement de visage et de résonnances. Tout au long de son évolution, le conflit irlando-britannique avait reçu divers traitements et analyses de la part des médias. Le conflit a opposé violemment pendant toute la deuxième moitié du XXe siècle les républicains et les nationalistes. Cependant, à certains moments de son évolution, certains discours

---

[13] Jocelyne Dakhlia, *Le divan des rois. Le politique et le religieux dans l'islam*, Paris, Aubier, p. 31.
[14] G. Corm, 2006, *op. cit.*, p. 14.

médiatiques lui ont assigné l'étiquette d'un conflit religieux entre protestants et catholiques. Ce raccourci creux a occulté totalement son enracinement profond dans des enjeux essentiellement sociaux-politiques et a procuré aux objectifs de ses protagonistes une auréole sacrée.

De même, l'enjeu du conflit israélo-palestinien ne se justifie pas par les facteurs culturo- religieux. Pourtant, forgé par l'histoire, cet affrontement suscite, dans le contexte actuel encore plus, une survalorisation de l'antagonisme des identités religieuses. Ces analyses stigmatisantes participent à entretenir durablement la mémoire de l'hostilité et de la méfiance. Les événements du 11 septembre 2001 ont participé à « cristalliser un regain de passions géopolitiques et d'analyses sans beaucoup de nuances dans les grands médias européens ou américains. »[15] Depuis ces quinze dernières années, à la suite des derniers attentats terroristes qui frappent le monde, le Coran et les ouvrages consacrés à l'islam sont devenus des succès de librairie, « comme si l'on pouvait y trouver l'explication des événements compliqués qui secouent l'Orient musulman. »[16] Selon les contextes, mais d'une manière générale, le regain du religieux à notre époque se justifie, par « l'effondrement des anciens systèmes de pensées totalitaires ou totalisants, y compris la dictature des idées nationalistes et laïques qui ont régi le monde sous une vision libérale ou marxiste. »[17]

Cette perspective est certes historiquement juste, mais il nous faut se rappeler qu'à l'époque des régimes totalitaires arabes, les jeux de stratégies et les interférences des champs politiques et religieux dominaient toute la période des années 60 et 70. Tous les leaders politiques, y compris ceux qui se réclamaient comme étant laïcs, avaient compris et utilisé la puissance de la religion en tant qu'instrument de la communication pour influer sur les représentations symboliques collectives. De ce point de vue, les pays arabes ont une longueur d'avance sur l'Occident lorsqu'il s'agit de manipuler le champ religieux à des fins bassement politiques. De même, l'argument religieux continue d'être invoqué

---

[15] Georges Corm, *Orient occident, la fracture imaginaire*, Paris, Éditions de la découverte, 2002, p. 95.
[16] *Ibid.*, p. 95.
[17] G. Corm, *La question religieuse au XXIe siècle, op. cit.,* p. 14.

dans ces pays pour contrecarrer les pensées perçues comme étant dissonantes.

II. Antagonismes identitaires dans les sociétés modernes

En réalité, les relations complexes en termes d'interaction profonde entre société et foi mettent en lumière les liens de plus en plus inextricables entre le sacré et le profane. Les évolutions historiques globales témoignent de l'interférence de ces deux domaines et traduisent en filigrane de nouvelles manières de croire qui mêlent des revendications sociales autrefois inaudibles dans le champ religieux. Ces évolutions cristallisent l'entrecroisement entre religion et politique, religion et économie, religion et société, ou encore religion et violence, etc. Ces nouveaux liens structurent progressivement tous les domaines des sociétés modernes et signent l'entrée dans l'espace public de nouvelles mémoires marquées par des références identitaires et religieuses fortes.

Nos sociétés offrent de nos jours divers modèles d'imbrication entre le politique et le religieux. Dans certains modèles, la religion et la politique s'unissent pour monopoliser l'action politique. Dans d'autres, la politique instrumentalise la religion et l'utilise pour ses propres intérêts. Dans d'autres modèles encore, les intérêts politiques et religieux entrent en conflit et en rivalité permanente. Dans ce cas de figure, les leaders revendiquant une appartenance religieuse organisent leurs actions de manière à sacraliser leurs objectifs politiques. Dans ce dernier cas de figure, des néologismes comme « théopolitique » ou « théostratégie », ont été élaborés pour décrire le lien indéfectible entre religion et politique. La religion telle qu'elle est 'coulée' dans le moule de ces néologismes exprime un enjeu de force et un rapport de domination qui provoque chez beaucoup de gens une représentation de la méfiance à son égard, vu ses capacités à affecter durablement et profondément les mentalités. La mainmise sur le champ religieux permet d'altérer et de modifier le caractère essentiel d'une nation, sur le plan de ses structures traditionnelles de langage, de culture, de coutumes et d'identité.

L'islam politique est devenu l'élément dominant pour appréhender et comprendre les sociétés musulmanes, et ce, bien avant septembre 2001. Cette manière d'appréhender le monde arabe est dictée par un discours sécuritaire influent appuyé sur des théories académiques teintées d'une relative scientificité. La variable religieuse que certaines analyses articulent systématiquement aux questions politiques, sociologiques, culturelles, etc. est un contentieux qui surdétermine la question religieuse et sa capacité à définir les traits culturels et les comportements politiques de tout un peuple. Penser le monde arabe de la sorte c'est *in fine* le positionner en tant qu'entité monolithique immuable opposée au « monde occidental ».

En enfermant l'islam dans une dimension uniquement politique, certaines analyses issues de l'académisme occidental œuvrent à réitérer d'une manière presque obsessionnelle des épisodes anciens de l'islam historique, tels que la grande discorde[18]. Ces substrats sont remis au goût du jour pour justifier la lecture politico-sécuritaire de l'islam. De même, l'absence d'une réappropriation critique de l'héritage islamique par ses fidèles contribue à transmettre l'idée d'une religion insensible aux évolutions du monde moderne. Le réductionnisme d'un côté et l'immobilisme de l'autre figent l'islam dans des invariantes anthropologiques qui entretiennent la dimension de la violence et ravive à des fins politiques des divisions obsolètes entre musulmans d'abord, et entre l'islam et l'environnement mondial ensuite. Dans son dernier ouvrage, *Pensée et politique dans le monde arabe*, Georges Corm s'insurge contre certaines anthropologies qui ont « entrainé dans le monde arabe et dans certaines parties du monde musulman différentes formes d'involution identitaire, ayant pris depuis les années 1980 le masque d'un islam radical, source de violences devenues totalement incontrôlables. »[19] L'approche essentialiste analysée et critiquée par E. Said il y a une quarantaine d'années[20] continue de se régénérer grâce à des discours sécuritaires qui participent à la construction d'une identité islamique en rapport avec les contextes de conflits internationaux.

---

[18] *Al-fitna al-kubrâ*, 655-661, épisode d'affrontement, dans les tout premiers temps de l'islam, entre des rivaux appartenant à l'élite médinoise, autour de la question de la succession.
[19] G. Corm, 2015, p. 7.
[20] Voir *L'Orientalisme. L'Orient créé par l'Occident*, traduction de Catherine Malamoud, préface de Tzvetan Todorov, Paris, Seuil, 1980.

III. Anthropologie des discours sécuritaires

Le domaine de l'anthropologie nous montre que la question de la menace sociétale est un académisme qui a été pensé et élaboré il y une trentaine d'années. La notion de menace sociétale s'est construite au sein même des milieux académiques et dans des colloques scientifiques. Elle a également accompagné les mutations géopolitiques, notamment après l'effondrement de l'URSS, atour de la montée du terrorisme et le recours au religieux. Le débat dans le domaine de la sécurité sociétale débouche souvent sur une série d'équations, telles qu'islam et démocratie, islam et modernité, islam et laïcité, pour poser la question insoluble de son incompatibilité et pour cristalliser les déterminatifs imaginaires qui rendent la question de coexistence religieuse et non religieuse entre les communautés délicate. Tristement, cette perspective d'analyse pénètre les sciences humaines et se profile d'une manière persistante en tant que thématiques hautement importantes pour comprendre le phénomène religieux dans le monde occidental. Il s'agit d'asseoir la légitimité d'un discours prétendument scientifique qui génère plutôt de la confusion et accentue la polémique autour de la question du vivre ensemble. Ces équations, en conjuguant des réalités totalement différentes et en confondant les registres sociologiques et ontologiques engendrent un récit du soupçon instigateur de la division et de l'opposition.

Dès 1983, Barry Buzan publie *People, States & Fear : The National Security Problem in International Relations* (une 2ᵉ édition révisée est apparue en 1991) où il théorise, quelques années avant le choc des civilisations, l'expression *"the collision of cultural identities"*. La fin de la guerre froide et la disparition de l'ennemi communiste replacent la question des rapports antagonistes des identités au centre des préoccupations des politiques[21]. Le projet étant clair, ces nouveaux affrontements profiteront en priorité à l'Europe : « This will benefit Europe since it will help the development of the political complementarity process between its countries, consisting of a common problem for their foreign policy, around which it will be easy to create consensus, in other words "A societal Cold War with Islam" would serve to strengthen the European identity all round

---

[21] Voir à ce sujet, Jocelyne Césari, « Cette étrange étrangeté » : les représentations françaises de l'islam, *Confluences méditerranée*, hiver 1997-1998

at a crucial time for the process of European union." »[22] En 1998, il publie en collaboration avec Ole Weaver et Jap De Wilder *Security a new framework of analysis*. Un ouvrage capital qui conceptualise la notion de la sécurisation. Ultérieurement, Ole Weaver donnera au concept du discours sécuritaire des prolongements importants dans le domaine linguistique, notamment dans celui des actes du langage en tant que puissance langagière capable de transformer un référent en un enjeu de sécurité.

Dans le sillage des conceptualisations précédentes, la fâcheuse expression de Huntington, « *Bloody borders*[23] » décrit tout un territoire du monde arabo-musulman comme étant intrinsèquement générateur d'une violence meurtrière vis-à-vis des autres territoires voisins. La notion de frontières sanglantes a généré tout un ensemble d'expertise sécuritaire qui inscrit la trajectoire de l'islam au compte de ces frontières. Cette vision continue d'avoir un impact significatif dans la gestion de ce que l'on appelle les menaces transfrontalières. Cette dernière inscrit par exemple l'immigration clandestine au même rang que le terrorisme ou la criminalité.

Une vingtaine d'années avant la publication du *Choc des civilisations*, Raphaël Patai, anthropologue des religions, avait publié *The Arab Mind*, en 1973. La thèse principale étant d'exposer et de cerner les traits fonctionnels de l'esprit arabe comme étant enclin à la violence. « *the Arabs are lazy, sex-obsessed, and apt to turn violent over the slightest little thing* ». Ce descriptif avait trouvé un écho favorable dans les administrations américaines, longtemps avant celle de Bush et les événements de 2001 [24]. Les raccourcis culturels

---

[22] Barry Buzan, « New Patterns of Security in the Twenty -first Century », *International Affairs*, n° 67, July 1991.
[23] En 1993, dans un essai controversé écrit pour les Affaires étrangères intitulé « Le choc des civilisations », l'influent politologue Samuel P. Huntington a écrit : « In Eurasia the great historic fault lines between civilizations are once more a flame. This is particularly true along the boundaries of the crescent-shaped Islamic bloc of nations, from the bulge of Africa to central Asia. Violence also occurs between Muslims, on the one hand, and Orthodox Serbs in the Balkans, Jews in Israel, Hindus in India, Buddhists in Burma and Catholics in the Philippines. Islam has bloody borders. »
[24] « According to one professor at a US military college, The Arab Mind is "probably the single most popular and widely read book on the Arabs in the US military". It is even used as a textbook for officers at the JFK special warfare school in Fort Bragg ». *The Guardian*, 24 mai 2004.

théorisés et conceptualisés il y a une quarantaine d'années continuent de nourrir les analyses sécuritaires d'un territoire considéré comme sources de déstabilisation géopolitique globale. Ces lectures sont « devenu(es) prédominant(es) comme clé d'explication tout à fait illusoire des grands conflits qui déchirent le monde arabe depuis quelques décennies. »[25] L'élément central de cette lecture réside dans la surdétermination de la religion comme unité naturelle des territoires arabo-musulmans. Cette stigmatisation identitaire, au même titre que « les frontières sanglantes » de Huntington tendent à attribuer à ce territoire un haut potentiel de dangerosité. Cette incompatibilité imaginaire rend également le migrant méditerranéen toujours suspect[26].

La France, dans le contexte qui est le sien, et dans ce climat perceptuel dû aux événements terroristes où des familles françaises et étrangères ont été brisées, pourrait être le terrain d'expérimentation du concept de sécurité sociétale. Le processus est déjà en cours. L'islam et sa visibilité dans l'espace public sont liés à la question de l'immigration, elle-même relevée au rang de problème de sécurité sociétale. Le débat politique et intellectuel sur la thématique de l'immigration dévoile des mécanismes discursifs dangereux qui consistent à représenter une partie de la population française comme étant potentiellement menaçante pour l'identité nationale. Cette orientation pénètre les analyses dans le domaine des sciences humaines, produisant par conséquent des raccourcis notionnels inquiétants.

Il y a dans la lecture sécuritaire de l'islam en Europe en général, et en France en particulier, la normalisation d'un discours marqué par des confusions lexicales qui installent dans un même continuum des termes tels que : *djihadisme*, islamisme, terrorisme, etc. Une telle confusion génère une ambiance de suspicion qui rend l'approche de l'islam en Europe problématique. Cette approche refoule l'interprétation de la richesse philosophique de la pensée arabe dans ses théorisations et ses pratiques[27]. Le risque est de voir ces

---

[25] G. Corm, 2015, p. 7.
[26] Claude Liauzu, « Le migrant méditerranéen, toujours suspect », *CONFLUENCES Méditerranée* - N° 42 été 2002.
[27] « Le vide créé par la disparition des grands orientalistes tels que Louis Massignon (1883-1962), Régis Blachère (1900-1973), Jean Sauvaget (1901-1950), Jacques Berque (1915-2004) a été occupé par l'abondante et indigeste

sens réducteurs pénétrer les structures médiatiques arabes elles-mêmes. Les capacités d'une analyse influente distincte des formes de communication des sociétés occidentales sont quasi imperceptibles, malgré la puissance de la technologie et les normes d'organisation qui s'imposent de partout. « La production en langue française de panoramas de la pensée arabe contemporaine récente est presque inexistante, du fait que ce sont des ouvrages sur l'islam et notamment l'islam politique qui dominent toute la littérature sur ce sujet en France. »[28]

Pour conclure

Face aux grands événements géopolitiques du monde arabe, la production intellectuelle n'a cessé d'émettre des analyses riches qui témoignent de sa puissance et de son énergie au moment même où les structures politiques témoignent d'une forme de décomposition[29]. La question que l'on se pose est la suivante : les penseurs arabes sont-ils en position de force pour déconstruire les analyses essentialistes, produites et financées souvent par les grandes institutions académiques occidentales ?

Dans ce registre, on peut reprocher aux intellectuels arabes dits libéraux, partisans d'une interprétation « éclairée » de la religion, des postures pour le moins timorées, les empêchant d'aller plus loin, comme font leurs homologues occidentaux, en assumant totalement par exemple des positions laïques ou en prônant une séparation entre la religion et l'État. Une des possibilités qui s'offre aux penseurs arabes « consiste à s'extraire de ces paradigmes intellectuels malsains et sans horizons, afin de pouvoir enfin réfléchir sereinement aux voies d'un développement économique et social qui ne soient pas celles issues de ces paradigmes d'anthropologie religieuse à fond d'essentialisme virulent. »[30] Ce sont là quelques modalités d'une orientation qui œuvre contre toute idée d'indissociation entre religion et politique afin de mettre à jour, dans le contexte arabe, les conditions d'une pensée autonome et a-théologique.

---

production sur l'islam politique, les frères musulmans, les réseaux d'activistes islamiques radicaux », G. Corm, 2015, p. 57.
[28] G. Corm, 2015, p. 57.
[29] *Ibid.*, p. 317.
[30] *Ibid.*, p. 323.

3- Perceptions européennes de l'islam contemporain : radicalisation de l'islam ou islamisation de la radicalité ?

Jaume Flaquer

L'actualité et les événements du Proche-Orient agissent actuellement sur les opinions publiques en Europe et exercent une influence qui met à l'épreuve les habitudes sociétales au risque même de les briser. La peur de l'islam donne aux mouvements d'extrême droite une nouvelle visibilité (notamment en France, aux Pays-Bas, en Autriche, en Pologne…) et éloigne l'Europe de ses principes humanistes. Certains pays à l'est de la Communauté européenne sont de plus en plus réticents à recevoir des réfugiés. Il ne faut pas oublier que plusieurs pays des Balkans ont connu la domination ottomane, et l'arrivée de l'islam leur rappelle ces temps révolus. De plus, ces pays ont refondé leur identité sur le christianisme après la chute du mur de Berlin.

L'un des plus grands défis auxquels l'Europe doit faire face de nos jours est la question de son identité, profondément remise en cause par les flux de réfugiés et les récents conflits qui déstabilisent le Proche-Orient.

Cet exposé a comme objectif de présenter quelques observations sur les diverses déclinaisons de cette question identitaire actuellement en Europe, sur l'expérience des modèles d'intégration et leurs possibles évolutions, et enfin sur la radicalisation de certaines franges de la société, et les moyens de coopération pour organiser des solutions efficaces.

I. Une identité européenne en quête

L'Europe est confrontée à de nombreux défis : au moment où elle tente de recréer une nouvelle identité post-religieuse, le nombre de musulmans sur son sol augmente revendiquant une visibilité publique de leur religion.

La question de l'immigration est une mise à l'épreuve de l'identité de tous les pays européens. En fait, cette question se pose déjà indépendamment du phénomène de l'immigration, parce que l'Europe est obligée d'y faire face pour construire ses perspectives d'avenir et pour savoir jusqu'où élargir ses frontières.

L'Europe de l'Ouest postchrétienne, en abandonnant le christianisme comme élément identitaire fondamental montre que son identité est entrée dans un processus de changement, indépendamment de l'arrivée des musulmans. Rappelons que les propositions de rédaction du préambule du Traité de fonctionnement de l'Union Européenne envisageaient de citer le christianisme comme l'une des racines de l'Europe. En fin de compte cette référence n'a pas été retenue, seules sont citées ses racines humanistes.[31]

Dans une époque de postmodernité, de valeurs liquides et d'identités provisoires, l'Europe tente de se trouver au-delà du bien-vivre et du pouvoir d'achat. Dans chaque pays ces peurs sont formulées de façon différente, selon le récit fondateur mythique de chaque pays. En France, par exemple, le récit fondateur et le mythe fondateur sont d'une part la Révolution française et d'autre part la loi de 1905 sur la laïcité. En quelque sorte, la nouvelle France a été définie à ce moment. L'Église catholiquee a finalement accepté cette loi, après avoir dénoncé la « fausseté du principe de la Séparation »[32]. À présent, les musulmans résidant en Europe la remettent en cause. La séparation de l'ordre du politique

---

[31] Le texte dit : « S'INSPIRANT des héritages culturels, religieux et humanistes de l'Europe, à partir desquels se sont développées les valeurs universelles que constituent les droits inviolables et inaliénables de la personne humaine, ainsi que la liberté, la démocratie, l'égalité et l'État de droit. » Dans https://www.upr.fr/wp-content/uploads/2012/02/TUE.pdf, 13-12-2016.
Voir aussi:
http://eur-lex.europa.eu/legal-content/FR/TXT/?uri=celex%3A12012E%2FTXT

[32] Le chemin d'acceptation n'a pas été facile. La première réaction vaticane a été la publication de l'encyclique « *Vehementer nos* » où le Pape Pie X montre son rejet : « Notre âme est pleine d'une douloureuse sollicitude et notre cœur se remplit d'angoisse quand notre pensée s'arrête sur vous. Et comment en pourrait-il être autrement, en vérité, au lendemain de la promulgation de la loi qui, en brisant violemment les liens séculaires par lesquels votre nation était unie au siège apostolique, crée à l'Église catholique, en France, une situation indigne d'elle et lamentable à jamais. »
https://w2.vatican.va/content/pius-x/fr/encyclicals/documents/hf_p-x_enc_11021906_vehementer-nos.html, 13-12-2016

et du religieux en France est une laïcité qui est comprise, par une partie de la population, comme un laïcisme, c'est-à-dire comme une purification de l'espace public de tout signe religieux, autant que possible. Or l'islam est spécialement demandeur de signes visibles, voire d'un droit particulier, ce qui est contraire à la Constitution et à l'esprit français.

En Espagne, l'histoire s'est déroulée différemment, puisque la constitution recommande même à l'État d'établir des liens de coopération avec l'Église catholique et les autres traditions religieuses [33]. Ceci permet à l'État d'aider financièrement les organisations religieuses sans avoir besoin de chercher de fausses raisons.

Les origines sont également différentes en Espagne : le mythe fondateur est la *"Reconquista"*, ce qui veut dire que les peurs se posent en termes de territoire. Cette notion tendait à se faire oublier surtout par les partis de gauche, tandis que parallèlement le passé catholique s'estompe des mémoires. Or le retour de l'islam génère des peurs qui se définissent dans les termes passés de la *"Conquista"* et la *"Reconquista"*. « L'islam vient pour reprendre notre territoire », dit-on. Il arrive d'ailleurs que les musulmans en fassent leur jeu, puisqu'ils retiennent le mythe de l'Andalous comme leur Paradis perdu. Certains chrétiens donc craignent l'islamisation de l'Espagne, alors que bien plus qu'une islamisation, la réalité est celle d'une déchristianisation et d'une sécularisation. Les immigrés font figure de coupables, alors que le problème se situe ailleurs.

II. L'échec des modèles d'intégration

Plusieurs modèles d'intégration de musulmans coexistent dans divers pays européens, cependant, nous avons le sentiment que ces modèles ont d'une certaine manière connu un échec. Par exemple, le modèle français d'assimilation est très différent du modèle communautariste anglo-saxon, et différent du modèle mixte qui a

---

[33] La Constitution espagnole affirme : « Aucune confession n'aura le caractère de religion d'État. Les pouvoirs publics tiendront compte des croyances religieuses de la société espagnole et entretiendront de ce fait des relations de coopération avec l'Église Catholique et les autres confessions » art. 16, n. 3. https://www.boe.es/legislacion/documentos/ConstitucionFRANCES.pdf , 13-12-2016

été choisi dans d'autres pays européens tels que l'Espagne. En France on interdit le voile à l'école, or cela serait impensable en Angleterre ou aux États-Unis. Le *niqab* n'a pas posé trop de problèmes dans les pays anglo-saxons. En Espagne, la permission du voile à l'école est décidée par chaque établissement. Les signes religieux visibles sont facilement acceptés dans cette société.

1. *Le modèle français*

La France a fondé les politiques d'intégration sur trois axes : les aides sociales, le contrôle public du système d'élection des représentants de l'islam auprès du gouvernement, et l'assimilation culturelle des individus pour assumer les valeurs républicaines. Il ne serait pas juste de nier les acquis et les exemples de réussites que nous offre l'ensemble de la population musulmane globalement satisfaite, d'après les enquêtes d'opinion. En 2008 un sondage assurait que 14 % des musulmans se sentaient plus français que musulmans, et 60 % autant français que musulmans[34]. De même, 48 % affirmaient être d'accord avec la laïcité, c'est-à-dire, avec le principe de séparation de l'État et des religions. Cependant 27 % disaient être assez favorables, 10% assez opposés et 7 % tout à fait opposés, ce qui expose la dimension réelle de l'échec de l'intégration culturelle.

La perception de la population française pourtant, est toute autre[35] : Seuls 4 % disent que les personnes d'origine musulmane sont bien intégrées ; 28 % pensent plutôt intégrées, 48 % plutôt pas, et 20 % pas du tout. De même, 55 % des français disent que « l'influence et la visibilité de l'islam » est trop importante. Cet écart dans les perceptions se confirme dans une autre enquête : d'après l'Institut américain Gallup[36] 80 % des musulmans français sont d'accord avec la phrase "les musulmans vivant dans ce pays sont loyaux envers ce pays", contre 8 % qui estiment le contraire et 12 % qui ne se prononcent pas ». En revanche, « seuls 44 % des

---

[34] Sondage CSA pour Le Monde des Religions nov.-déc. 2008, http://www.csa.eu/multimedia/data/sondages/data2008/opi20080730-islam-et-citoyennete.htm

[35] Sondage d'IFOP (Département Opinion et Stratégies d'Entreprises), 2012. Cette étude nous offre en plus des données pour l'Allemagne, les Pays-Bas, et la Grande-Bretagne.

[36] Enquête de l'institut américain Gallup, conduite en collaboration avec la « Coexist Foundation », 2009

Français dans leur ensemble estiment que les musulmans sont loyaux envers leur pays, contre 35 % d'avis contraires et 21 % sans réponse.

Une autre enquête plus récente (2016)[37], montre que 15 % des musulmans déclarent subir des discriminations du fait de leur religion, et que 41 % considèrent appartenir à un groupe discriminé. Cette dernière donnée atteint jusqu'à 38% pour les musulmans en Espagne. Ce sentiment est probablement dû aux privilèges dont la religion catholique jouit encore en Espagne.

La perception de l'islam comme un problème et comme un risque a forcé les autorités à établir un contrôle (idéologique et financier) sur les mosquées et sur les représentants de l'islam en France. Dans les années 1990, le ministre de l'intérieur Jean-Pierre Chevènement, avait tenté de proposer une procédure pour l'élection des représentants du culte musulman. C'est seulement Nicolas Sarkozy qui a réussi cette tâche en imposant le système et en forçant ensuite l'élection du recteur de la Grande Mosquée de Paris. Après des années, les débats continuent et la méthode idéale n'a pas été trouvée. Les débats se poursuivent sur le principe de l'élection en retenant les principes des mètres carrés des mosquées et salles de prière, le nombre des associations cultuelles ou bien le nombre des mouvements sans nécessairement un lieu de culte. L'islam est traversé par des courants différents qui se reflètent dans les communautés, à cela s'ajoute les relations tendues entre l'Algérie, le Maroc et la Turquie et le caractère non hiérarchique de l'islam sunnite, ce qui rend la situation complexe.

La politique sociale française a sans doute favorisé l'intégration des citoyens d'origines musulmane. Cependant ses limites sont apparues à l'occasion des vagues de protestations dans les banlieues des grandes villes. Le déplacement progressif des communautés vers la périphérie des villes a contribué à renforcer le sentiment de marginalisation. En plus, beaucoup de jeunes musulmans rencontrent de grandes difficultés pour trouver un travail équivalent à celui d'un non musulman, à formation et compétences égales, ce qui est une source de grandes frustrations et même de radicalisation.

---

[37] Vincent Tournier, *Portrait des musulmans d'Europe : Unité dans la diversité*, éd. Fundation pour l'innovation politique (www.fundapol.org), juin 2016

En ce qui concerne la satisfaction des musulmans dans d'autres pays européens, les données sont semblables à celles que nous avons vues pour la France. En Allemagne[38], 9 sur 10 turcs (de la 1ère, 2e, ou 3e génération d'immigration) se « sentent bien » en Allemagne, un pays auquel ils se disent attachés à 87 %. Par rapport à la Grande-Bretagne[39], 77 % des musulmans estiment qu'ils peuvent pratiquer leur religion en « toute liberté » et 17 % affirment qu'il s'agit d'une liberté « partielle ». Seulement 4 % disent qu'il n'y a pas liberté.

2. *Le cas concret de l'Espagne*

En ce qui concerne l'Espagne, l'intégration des musulmans, mise à part la politique sociale, a été construite sur une égalité des droits de l'islam et du catholicisme, fondée sur une réhabilitation de l'histoire de la période de l'Andalous jusqu'à l'expulsion des morisques, et sur un dédommagement des communautés musulmanes et juives grâce aux accords du gouvernement avec les « communautés enracinées » en 1992. Cette date a été choisie pour dénoncer l'expulsion des juifs et le commencement de la période de la conversion forcée des musulmans jusqu'à leur expulsion définitive en 1609. À présent l'objectif est de rebâtir la nouvelle société sur le principe de la coopération. Cet accord n'a pas la même valeur juridique que le Concordat signé avec le Vatican (celui-ci étant un accord international entre deux pays), mais il a été construit sur la même base. Ces accords s'inspirent des chapitres du Concordat et octroient des droits similaires (jamais identiques). Sur le papier, le texte est très intéressant, mais ni la communauté musulmane n'était prête à les mettre en pratique, ni la société espagnole n'était préparée à accepter le droit de l'enseignement de l'islam à l'école publique, l'existence des écoles musulmanes financées par l'état, ni les aumôniers dans les hôpitaux, prisons, l'armée, etc.

---

[38] D'après un sondage de l'Université de Munster auprès de 1200 immigrés turcs : Integration und Religion aus der Sicht von Türkeistämmigen in Deutschland, 21-06-2016 Münster (Wilhelms – Universität). http://www.uni-muenster.de/Religion-und-Politik/en/aktuelles/2016/jun/PM_Integration_und_Religion_aus_Sicht_Tuerkeistaemmiger.html

[39] Juniper Survey of Muslims, 25 April - 31 May 2015

Si l'Espagne a choisi la voie de la reconnaissance publique des religions minoritaires, accordant l'accès au financement public, la formation religieuse confessionnelle dans les établissements scolaires publics, et autorisant l'imam, le rabbin ou le prêtre à agir en tant que juge lorsqu'ils célèbrent les mariages, c'est parque l'Église catholique est encore puissante. Sans pouvoir unilatéralement rompre le Concordat, l'État espagnol a choisi l'égalité par le haut, en octroyant des droits aux minorités et sans avoir à en retirer à l'Église. Cependant, le débat est toujours ouvert et la sécularisation progressive de la société, notamment dans les partis politiques de gauche, commence à demander un rapprochement vers le modèle français.

En Espagne aussi, l'État a décidé le système de représentation des musulmans, mais dès le début, les tensions à l'intérieur de la communauté musulmane se sont manifestées. La Commission islamique de l'Espagne s'est divisée en deux et elle n'a pas pu mettre en pratique les accords très ambitieux du document. Actuellement, la situation dans la Commission Islamique s'est améliorée grâce à une réforme prenant en compte les nombreuses communautés et fédérations unies au sein d'une « Communauté Autonome ». Cependant, la perception négative de l'islam a empêché la signature de véritables accords. Par exemple, l'islam à l'école n'est enseigné que dans très peu d'établissements. Le gouvernement de la Catalogne, qui accueille la plus grande communauté musulmane du pays (plus de 350.000) n'offre aucun cours d'islam confessionnel dans toute la région.

3. *L'islam perçu comme un problème*

Si l'on juge à partir du sentiment d'intégration des musulmans en Europe, on pourrait être relativement satisfait, mais l'écart entre la perception du niveau d'intégration des musulmans et celle du reste de la population est énorme. Cela produit des réactions incroyables comme celle de l'interdiction du *burkini* (le maillot de bain islamique pour les femmes) sur les plages françaises. Ceci nous offre l'image d'une police religieuse – laïciste – comme on la trouve en Iran ou en Arabie-Saoudite[40]. Cette interdiction est l'expression violente d'une société française qui craint de perdre

---

[40] Sous une autre appellation – sans le mot *burqa* (d'où provient *burkini*) – cette polémique ne se serait pas produite car le visage n'est pas caché.

ses acquis au plan de l'égalité, des Droits de l'Homme et de la séparation du religieux et du politique.

Je connais un certain nombre de théologiens âgés spécialistes du dialogue avec l'islam qui se trouvent déçus des progrès dans le domaine de la normalisation de la présence de l'islam en Europe. Ils croyaient que les problèmes liés à l'islam disparaîtraient avec la troisième génération de descendants d'immigrés.

Toute une série de causes diverses peuvent, me semble-t-il, donner une explication sur la situation actuelle :

> a. L'islam a certainement des questions très importantes à régler en interne vis-à-vis du monde moderne et des libertés : il existe un débat très tendu pour déterminer comment vivre avec la Loi islamique. En Espagne, 20 % des musulmans souhaitent « le fonctionnement de tribunaux islamiques dans des pays non-musulmans »[41]. Et en France, 17 % disent que « la Loi musulmane doit être appliquée intégralement quel que soit le pays où l'on vit »[42].

En Allemagne la proportion pourrait être plus importante si l'on considère que 23 % des Turcs considèrent qu'il ne faut pas serrer la main d'une personne de l'autre sexe et que 32 % souhaitent revenir à l'ordre social de Muhammad[43].

En Grande Bretagne[44], 47 % des musulmans disent qu'ils ne sont pas d'accord pour qu'un homosexuel soit professeur à l'école ; 64% disent que les filles doivent avoir le droit de porter le *niqab* à l'école ; 31% sont d'accord avec la polygamie des musulmans en Grande Bretagne. Et 52 % ne sont pas d'accord que « l'homosexualité soit légale » dans le pays.

> b. La montée de l'islamisme dans le monde interpelle aussi les musulmans qui vivent en Europe et font, en même temps, augmenter la peur des Européens. Les médias offrent presque tous les jours des nouvelles négatives provenant des pays musulmans.

---

[41] Sondage : « Valores, actitudes y opiniones de los inmigrantes en España », Metroscopia, 2010.
[42] Enquête de l'institut américain Gallup, en collaboration avec la « Coexist Foundation », 2009.
[43] D'après le sondage de l'Université de Münster (2016).
[44] Juniper Survey of Muslims, 25 April - 31 May 2015.

Le terrorisme provoque la perception d'une liaison entre l'islam et le terrorisme.

  c. Mais cela ne veut pas dire que l'échec des modèles d'intégration soit causé par certains mouvements islamiques, citons aussi les débats identitaires en Europe qui sont projetés vers (ou sur) l'islam et vers les immigrés en général comme bouc émissaire. Les problèmes d'intégration ne sont pas le fait d'une seule partie. Ils résultent de la rencontre de deux mondes dont la mémoire est chargée de conflits historiques. Cela signifie que l'islam comme religion n'est pas le seul à mettre en cause, il est nécessaire d'analyser les éléments de politique internationale.

  d. Le droit des pays européens vis-à-vis de l'islam octroie une large liberté religieuse mais la conscience des gens est encore très réticente face à l'islam et aux musulmans. L'islamophobie sous-jacente dans la société fait échouer les politiques publiques d'intégration.

III. La lutte contre la radicalisation violente

1. Nécessité de travailler en collaboration avec les communautés

Voici un autre grand défi pour l'Europe face à la menace terroriste. Un grand nombre d'individus en Europe choisissent la radicalisation à cause de leurs difficultés à trouver des racines européennes, bien qu'ils soient nés en Europe d'origine arabo-musulmane, et même issus de la deuxième ou troisième génération, ils se trouvent exclus du marché du travail et se sentent la cible du discours islamophobe. C'est un nouveau défi pour l'Europe.

Pour traiter cette question, nous avons eu à Barcelone la visite de Haris Tarin, qui travaille au département de la Sécurité intérieure des États-Unis, « Homeland Security ». Haris Tarin nous a présenté son travail pour lutter contre la radicalisation des musulmans, dans lequel j'ai retenu trois points :

  1. Le mot « radicalisation » est remplacé par "extrémisme violent", d'après lui, on a le droit d'être radical, mais non pas d'être violent. On peut consacrer sa vie radicalement à une cause, mais sans violence. C'est une différence intéressante de la culture américaine. En Europe on parle de radicalisation parce qu'il y a une idée post-moderne selon laquelle être trop convaincu d'une

chose et suivre trop radicalement un mode de vie pousse à l'intolérance. L'option américaine est intéressante parce qu'elle ne contient pas de préjugé antireligieux. Ceci étant, dans le cas de l'islam, le salafisme qui se vit en Europe et qui se déclare contre le terrorisme, exerce un contrôle de ses communautés en employant une certaine violence, ce qui amène par réaction une critique grandissante des partis d'extrême droite, tout en ne changeant rien à la situation totalement marginalisée de ces communautés.

2. Il est important que l'État se rapproche des citoyens musulmans qui se trouvent en situation de marginalisation économique pour répondre aux problèmes sociaux, liés au chômage, pour éviter que le premier contact concerne des questions de sécurité. Il est intéressant de remarquer qu'aux États-Unis le degré d'intervention sociale publique n'est pas le même que dans les pays européens.

3. Chercher la collaboration des communautés en prenant l'initiative d'informer sur les risques que leurs membres ne connaissent pas : par exemple des jeunes qui entrent en contact avec des milieux terroristes par internet… L'autorité publique doit informer les familles : « vous avez un problème que vous ignorez avec vos fils », par conséquent « ce problème nous concerne tous ». Il s'agit de coopérer et de proposer des stratégies efficaces.

2. *Radicalisation de l'islam ou islamisation de la radicalité ?*

Pour lutter contre la radicalité violente, il faut se demander s'il s'agit d'une radicalisation de l'Islam ou d'une islamisation de la radicalité. Le fait de constater la violence extrême au sein de l'organisation de l'État islamique et la surprise de voir des familles entières avec des enfants, et même des femmes seules, qui décident de quitter l'Europe pour la Syrie, nous oblige à réfléchir aux causes pour trouver les solutions. Même les communautés musulmanes sont souvent stupéfaites et disent ne pas comprendre cette barbarie.

En France, il y a un grand débat pour savoir si le phénomène vient d'un islam extrémiste qui fait le pas vers la violence ou bien si l'islam est une excuse idéologique, une couverture pour cette nouvelle forme de violence contemporaine. La première thèse est souvent choisie par des théologiens et idéologues, mais aussi par le laïcisme antireligieux et les islamophobes, et la deuxième par des sociologues et marxistes qui analysent la réalité comme un produit des systèmes économiques et des luttes de pouvoir.

Gilles Kepel est l'un de ceux qui soutiennent la première option, alors qu'Olivier Roy soutient la seconde. Les conséquences des deux choix sont extrêmement importantes : le premier signifie qu'il faut un contrôle policier sévère des mosquées salafistes, il faut une formation spécifique des imams qui prêchent en Europe (même si l'accès à internet et aux prédicateurs du Golfe relativise cette mesure), et surtout il faut que l'islam lui-même lutte idéologiquement contre le radicalisme.

Si on considère la seconde hypothèse, il faut diminuer les causes sociales qui sont à l'origine du phénomène, réfléchir sérieusement sur l'actuelle crise d'identité de l'Occident, et surtout changer radicalement la politique étrangère des pays occidentaux.

Voici donc deux théories qui changent complètement le lieu où il faut centrer les efforts. Les deux hypothèses sont vraies parce que les causes sont multiples. Personnellement, en tant que théologien et islamologue, j'étudie particulièrement le discours religieux des salafistes et des djihadistes. Ils ont bien la prétention de justifier religieusement leurs attitudes et leurs idées en s'appuyant sur la Tradition et le Coran. Sans doute, la plupart des musulmans considèrent leur choix de textes et leur interprétation hors-contexte comme un chemin erroné, voir malhonnête, mais, cela ne place pas leur discours hors de la religion. Je ne crois pas que la meilleure défense de l'islam soit celle qui affirme que « les groupes violents n'ont rien à voir avec l'islam », mais celle qui recherche toutes les causes, internes et externes à la religion.

La religion, il faut l'avouer, peut servir pour le mieux et pour le pire. Elle peut créer des monstres et des saints. La théologie et les interprétations des textes ne sont pas des discussions abstraites sans conséquence sur la vie et les sociétés : elles engagent dans des formes de vie concrètes.

Si l'on assiste au discours épique de la fin du monde de l'État islamique, avec la restauration du Califat, l'exaltation des martyrs et la justification « religieuse » de la violence, il est clair que nous sommes confrontés à une réelle radicalisation de l'islam.

En fait, ce "faux islam" ressemble à un mouvement millénariste qui annonce la bataille finale, l'Armageddon, la lutte entre les forces du bien (eux) et du mal (tous les autres) qui vont se rassembler dans la région de Dâbiq, au nord-ouest de la Syrie. L'organisation de l'État islamique[45] n'est pas la seule à prétendre que nous sommes face à la fin des temps et à en rechercher les signes derrière la compétition pour bâtir les gratte-ciels. Certains groupes soufis comme les *naqshbandi* prêchent le même discours, pacifiquement bien sûr !

Cependant, ces derniers temps, l'État islamique parle moins de la fin du monde et de la bataille finale à remporter que des épreuves que Dieu envoie aux bons musulmans pour qu'ils soient endurants dans la souffrance et le martyre. Nous savons qu'Al-Qaeda avait averti contre la création d'un État basé sur une eschatologie et cherchant la domination d'un territoire, car tous les pays du monde finiraient par s'unir pour le détruire. Al-Qaeda préfère la stratégie de guérilla.

Certains journalistes ayant rencontré de près des combattants, rapportent que leur islam n'est rien de plus qu'un vernis superficiel. Il ne peut en être autrement si l'on considère que l'ancien appareil militaire et de sécurité de Saddam Hussein (à l'origine d'une base plus laïque) a été écarté du pouvoir au lendemain de l'invasion de l'Irak. Il s'est intégré suite à cela dans l'État islamique pour reconstruire l'État perdu. Mais sûrement plus qu'à une islamisation superficielle, nous sommes confrontés à une union d'intérêts : militaire et politique d'un côté, avec une idéologie salafiste radicale. Les leaders se sont retrouvés ensemble dans les prisons américaines de l'Irak. Après tout, les soldats de Saddam Hussein avaient déjà commis des atrocités contre les Kurdes. Il fallait maintenant exercer la même violence sous un couvert d'un « djihadisme religieux ».

Par la suite, grâce à une « propagande » tellement agressive et tellement centrée sur la justification de la violence, les milliers de soldats venus de l'étranger à l'appel du Calife, se sont complètement laissé convaincre.

La famille de l'un des terroristes à Paris a rendu visite à un imam réformiste à Bruxelles, Hocine Ben Abderrahmane, pour lui demander si son fils était un martyr. La réponse est qu'il était « un

---

[45] Notons qu'il est mieux de parler d'organisation de l'État islamique et non pas d'État islamique tout court.

criminel, tout court ». On peut bien se demander, suite à la question de cette famille, si les parents ne vivaient pas déjà dans une forme de radicalisation. Et quand nous voyons qu'il y a beaucoup de frères qui se sont radicalisés ensemble, il faut penser que cette barbarie n'est pas seulement une question de maladie psychologique. Il faut la considérer aussi du point de vue social, idéologique et religieux. De même, nous ne pouvons pas réduire le nazisme à une maladie psychologique d'Hitler ni à des causes seulement économiques. Il a fallu une idéologie totalitaire. Les auteurs des attentats de Barcelone (2017), en dehors de l'imam qui était un délinquant, étaient tous des jeunes gens qui n'avaient pas de problèmes économiques.

Certes, la condamnation du terrorisme par le grand mufti d'Arabie Saoudite, sa participation au « Message d'Amman »[46] de 2005 aux côtés de la Jordanie et de l'Égypte, pourrait démentir la thèse de la radicalisation de l'islam. Il pourrait faire penser qu'il existe un saut d'une nature complètement différente.

Un groupe d'imams de mosquées salafistes du Pays Basque se sont exprimés dans ce sens lors d'un entretien avec la police locale. Ils disaient qu'ils étaient contre le terrorisme et qu'ils pratiquent un salafisme quiétiste, sans but politique, et que le vrai danger se trouve chez les Frères Musulmans, considérés par eux comme un salafisme politique.

Cependant, quand on lit la jurisprudence de Muhammad Ibn Ibrahim al-Tuwaijri de Riyad[47], dont les textes sont vendus dans les milieux salafistes espagnols, nous ne pouvons pas nous empêcher de penser que le salafisme engendre la violence, même s'il dit la condamner. Ce livre de *fiqh* (jurisprudence), affirme par exemple que « tout adultère, homme ou femme, vivant dans un État islamique et professe ou non l'Islam, doit être lapidé à mort »[48], mais que pour les homosexuels, « le juge, par son bon jugement pourra opter soit pour la décapitation soit pour la lapidation »[49].

---

[46] Voir : http://ammanmessage.com/
[47] Dans la version espagnole : Muhammad Ibn Ibrahim al-Tuwaijri, *Jurisprudencia islámica*, trad. ʿAbdul Qader Mouheddine, International Islamic Publishing House, Riyad 2006.
[48] *Ibid.* v. II, p. 263.
[49] *Ibid.* v. II, p. 267.

Et pourtant, un certain nombre de gens qui sont allés en Syrie pour combattre ne sont pas passés par les mosquées salafistes. Un des Catalans radicalisés s'est converti à l'islam juste un mois avant d'organiser une cellule djihadiste. De nombreux cas en France sont passés par la prison et ont connu la criminalité, l'alcool et la drogue. Ce sont les cas qui donnent raison à la thèse de l'« islamisation de la radicalité ». Il s'agit de personnes qui ont besoin d'une idéologie totalitaire qui leur donne une unité de vie, et qui leur rende leur dignité perdue par la drogue et l'absence de perspectives sociale et économique, et qui leur permette de canaliser la haine qu'ils ont contre eux-mêmes. L'idéologie radicale réussit à leur faire croire : « si tu as échoué, ce n'est pas de ta faute ! », « c'est celle de la société occidentale, il faut lutter contre elle ». Et quelqu'un qui n'est rien se sent comme un dieu avec une Kalachnikov entre les mains.

Ces cas s'expliquent par le concept de l'islamisation de la radicalité. Sans l'islamisme ils auraient cherché une autre idéologie ou bien une secte religieuse destructive. Ces mêmes hommes auraient rejoint, dans les années soixante, les Brigades Rouges en Italie, l'E.T.A. au Pays Basque.

Aujourd'hui, qui est capable d'offrir une identité pour canaliser la violence et le rejet de la société occidentale ? Après le communisme il ne reste pas de choix. L'État Islamique possède actuellement le monopole de la lutte contre l'Occident au niveau mondial.

Les deux thèses sont donc vraies parce que l'homme a des besoins corporels, mais aussi idéologiques et religieux. Dans certains conflits, l'élément déclenchant est la religion, dans d'autres c'est l'idéologie, ou encore l'économie. Souvent tous les éléments y sont mêlés. Parfois, au contraire, les intérêts économiques font que deux pays opposés deviennent des alliés, comme c'est le cas des États-Unis et de l'Arabie Saoudite. Dans ce cas, sans la convergence d'intérêts communs, un conflit naîtrait sûrement tant leurs cultures s'opposent. Alors, dans ce cas, que dirions-nous sur les causes ?

Parfois l'opposition entre les cultures, les idéologies ou les religions est comme le gaz, et les questions stratégiques comme l'allumette. Quelle est donc la cause du feu ?

Ce qui est certain c'est que si l'on répète constamment dans certaines mosquées sunnites que les chiites, les chrétiens et les athées brûleront en enfer (ainsi que beaucoup d'autres musulmans) cela ne peut que contribuer à la violence, soit active, soit réactive.

Conclusion : un travail en direction de toutes les causes

Si l'Europe veut travailler contre la radicalisation, il faut qu'elle le fasse de façon globale, parce que les causes sont multiples :

Il faut dans un premier temps une action sociale. Il faut se demander pourquoi entre 50 et 70 % des détenus en France sont des musulmans. Il faut analyser les conditions de vie dans les banlieues, la qualité de l'éducation… Il faut investir dans le développement des pays du Sud, soutenir la Tunisie pour l'aider économiquement tout en espérant qu'elle devienne un modèle à l'avenir pour les autres pays arabes.

Il faut un travail de politique étrangère. L'Occident devrait faire une liste des erreurs commises dans la région tout en expliquant les raisons justes ou injustes qui en ont été la cause, et demander pardon. Et à l'avenir, il conviendrait de fonder un observatoire qui analyse régulièrement la réception des actions de nos pays européens par les pays à majorité musulmane. Les alliances avec les dictatures arabes et africaines sont à évaluer en permanence à partir du rejet qu'elles causent chez les populations autochtones, et des conséquences de la propagation de l'islam salafiste.

Il est également très important de favoriser un islam qui sait vivre paisiblement dans un contexte de pluralisme et de sécularisation. Un certain nombre d'imams et d'intellectuels musulmans européens se sont engagés dans cette mission[50]. Il nous faut encourager cet islam et prioriser leurs discours dans les médias. Avec cet islam, la rencontre interreligieuse est possible et nécessaire. Le travail interreligieux peut changer nos regards mutuels.

En effet, de même que le dialogue interreligieux requiert une disponibilité d'écoute de l'autre et une ouverture au changement par la rencontre, il faut comprendre l'intégration de l'islam en

---

[50] L'imam de Bordeaux, Tareq Oubrou, par exemple. Voir : Tareq Oubrou, *Ce que vous ne savez pas sur l'Islam*, Paris, Fayard, 2016.

Europe comme un changement mutuel, de l'islam et de nos sociétés. Il ne s'agit pas d'un élément qui doit s'insérer dans un milieu, mais une « *co-intégration* », une sorte d'insertion mutuelle. Il s'agit d'une véritable rencontre.

Enfin, il y a un grand nombre de défis face à l'islam qui surgissent en Europe dans un moment de crise économique, identitaire, politique et sécuritaire. L'Europe pourrait se briser si nous ne sommes pas capables d'apporter une solution satisfaisante à toutes ces questions qui apparaissent en même temps. L'islam est sans doute un de ces défis, mais il nous faut lutter contre les populismes qui essaient de nous faire croire que l'islam et les immigrés sont la source de tous nos problèmes.

4- La galaxie néo-salafiste quiétiste : un apolitisme en trompe l'œil[51] ?

Haoues Seniguer

En prélude, nous avançons deux hypothèses non exhaustives et non exclusives l'une de l'autre. D'une part, il est important d'accorder une autonomie aux acteurs sociaux en général et aux figures religieuses en particulier, en évitant de les appréhender sur un mode exclusivement déterministe, comme s'ils étaient forcément et tout le temps le jouet d'un contexte sur lequel ils n'auraient aucune espèce de prise pour opérer des choix libres et construire des visions du monde [52]. D'autre part, l'hyper conservatisme religieux, en apparence seulement orienté vers l'individu lui-même ou centré sur sa personne, son intimité, voire son entourage, peut néanmoins *nolens volens* déborder cet espace de l'intime, et avoir, ce faisant, des implications hic et nunc *pour* ou *sur*

---

[51] Il existe une étude très instructive sur un sujet similaire, quoique différente de la nôtre dans l'économie générale et les hypothèses discutées : François Burgat et Muʿhammad Sbitli, « Les *Salafis* au Yémen ou… La modernisation malgré tout », *Chroniques yéménites* [En ligne], 10 | 2002, mis en ligne le 07 septembre 2007, consulté le 02 janvier 2017. URL : http://cy.revues.org/137 ; DOI : 10.4000/cy.137. Nous partageons néanmoins un point fort mis en évidence dans l'étude susmentionnée : « Nous nous emploierons ensuite et surtout à montrer comment la volonté des *Salafis* de s'abstraire de l'histoire ne suffit pas à les en protéger et comment ils sont inéluctablement pris dans ces dynamiques modernisatrices dont ils ont la prétention de se prémunir et que le regard extérieur ignore trop souvent. Nous tenterons de définir les termes changeants de leur insertion, active ou passive, dans le jeu politique yéménite, régional et international, en rappelant l'importance de l'impact, direct ou par manipulation interposée, de l'environnement dans lequel ils évoluent et, enfin, la complexité de leur attitude à l'égard du recours à la violence ».

[52] C'est le substrat, et justement la carence explicative remarquable, qu'on peut déceler dans les travaux par ailleurs très éclairants sur bien des plans du politiste français François Burgat ; c'est pourquoi la thèse que ce dernier défend justement ardemment, qui voudrait expliquer l'émergence et la prédominance des courants islamistes ou néo-salafistes (nous reviendrons par la suite sur cette dénomination que nous privilégions) sur une pluralité de scènes politiques du monde, par un nord hégémonique qui dominerait un sud dominé, est incomplète ou pas totalement satisfaisante. Voir le dernier ouvrage de François Burgat, *Comprendre l'islam politique. Une trajectoire de recherche sur l'altérité islamiste 1973-2016*, Paris, La Découverte, 2016. [52] Nous reviendrons par la suite sur cette dénomination que nous privilégions.

autrui, ou *sur* des franges de la société, en d'autres termes impacter la perception *du* ou de *la* politique du sujet « *salafi* », et donc potentiellement se répercuter ensuite ou en même temps sur la collectivité ; c'est sur ce point que nous souhaiterions fonder l'édifice de notre analyse.

De cette façon, aborder un tel sujet suppose au moins deux préalables méthodologiques qu'il convient d'investir en liminaire. Focaliser en premier lieu sur des considérations de type méthodologique a pour visée primordiale d'éclaircir ce qui est sous-tendu par l'intitulé même de notre contribution, à savoir qu'il n'est jamais de césure définitive et totale entre politique et religion, y compris dans la pensée « *salafie* » dite quiétiste ou apolitique, et que, au contraire, l'interaction et la porosité des deux champs considérés grandit non seulement en fonction de la place de l'islam au niveau de l'État et de la société, mais également à mesure que le contexte génère de la conflictualité plus ou moins aiguë, et que les mécanismes démocratiques institutionnalisés sont de surcroît absents ou grippés.

En effet, à cet égard, aucun acteur social, individuel ou collectif, n'est totalement immunisé ou insensible à ce qui se produit autour de lui, au sein de l'environnement sociopolitique dans lequel il inscrit sa pensée et élabore son action. C'est la raison pour laquelle nous procéderons pour commencer en deux temps : *primo* (I), en bornant, autant que possible, un champ de réflexion ou d'investigation, sans quoi notre propos manquerait de contextualisation suffisante pour penser des acteurs précis, qui plus est *in situ* ; *deuzio* (II), en opérant une clarification terminologique, car, précisément, les incompréhensions ou les confusions se dressent et s'enracinent aussi bien à l'ombre d'indéterminations langagières que de l'absence de déconstruction en règle de termes qui tendent ce faisant par trop à être naturalisés. En d'autres termes, leurs usagers, dans des conditions de flottement sémantique, ne s'interrogent pas ou plus suffisamment sur les présupposés et les effets de leur emploi sur le grand public, ce qui constitue autant de voiles opacifiants, qui obèrent ensuite une perception juste, raisonnée, de faits de société, à l'instar de ce qui est communément appelé le *salafisme*, et sur lequel beaucoup d'observateurs achoppent, en se méprenant encore trop souvent sur les réalités qu'il recouvre.

C'est la raison pour laquelle aussi nous proposerons une réflexion construite pour l'essentiel en trois temps : un temps sera consacré à la doxa salafiste, telle que théorisée par quelques-uns de ses clercs autorisés, au premier rang desquels Nâsir al-Dîn al-Albânî (1914-1999), auteur d'un ouvrage traduit en français intitulé *Le salafisme, du mythe à la réalité*[53] (I) ; puis un second et troisième temps (II et III) consacrés à des cas pratiques, tirés à la fois de la France et du monde arabe majoritairement musulman (nous nous concentrerons à cette occasion essentiellement sur l'Égypte, avec des exemples ponctuels référant à l'Arabie saoudite, tout en expliquant pourquoi).

I. Penser le salafisme : jalons épistémologiques

Dans quel champ et dans quelles limites épistémologiques situons-nous la présente contribution ? Premièrement, nous prenons en compte la parole des doctrinaires de ce que nous appellerons, encore à ce stade, *salafistes*, c'est-à-dire ceux-là mêmes qui énoncent, par une production doctrinale, éditoriale, souvent régulière et foisonnante, et faisant autorité chez de nombreux émules, ce que salafisme (*al-salafiyya*) et être salafî (*salafî*) veut dire. Il faut prendre au sérieux leurs discours, parce qu'ils trouvent un écho auprès de musulmans d'ici et d'ailleurs, en dépit du fait que ces derniers puissent en apprécier la teneur et en investir le sens différemment, en fonction de là où ils se trouvent dans l'espace des interactions sociales et des possibilités d'action qui leur sont octroyées. À ce propos, nous ne sommes par conséquent pas naïfs sur le décalage qui peut exister çà et là entre le vécu et le prescrit, le désir d'être ou le vouloir-être et la réalisation pratique. Mais l'idéologie et le langage qui la matérialise influent certainement sur les acteurs sociaux en les conditionnant ou maintenant à l'intérieur d'un paradigme de pensée déterminé, en les installant, pour ainsi dire, dans un certain rapport au monde, en leur offrant pour cela un horizon existentiel ou de sens *désirable*. Autrement dit, les fidèles ou sympathisants salafistes chercheront précisément à résorber au maximum l'écart qui peut demeurer entre ce qu'ils *sont* et ce qu'ils *voudraient être*. Par ailleurs, cela ne doit pas nous empêcher, bien au

---

[53] Muhammad Nâsir al-Dîn al-Albânî, *Le salafisme du mythe à la réalité. Fondements, équivoques, positions, vérité*, Bruxelles, Éditions al-Hadîth, 2008.

contraire, de voir ce que disent et comment se comportent les salafistes plus anonymes, ou ordinaires, sur le terrain, en particulier en matière de mobilisation, de prise de parole privée (voire semi privée) ou publique, dans le cadre d'entretiens plus personnalisés.

Deuxièmement, pourquoi privilégier dans le titre *néo-salafisme* plutôt que salafiste ? Cette distinction est plus décisive que, de prime abord, elle pourrait spontanément le laisser penser ; elle permet à la fois de singulariser et de différencier le salafisme contemporain, voire très contemporain, avec certaines de ses *autres* expressions, lesquelles eurent cours dans la pensée arabe du XIXe siècle notamment. Pour faire aussi simple que bref, le salafisme, que nous rebaptisons en l'espèce néo-salafisme, auquel nous nous intéressons présentement, relève davantage de l'héritage de Mohammed Ibn Abdel Wahhâb d'Arabie (1703-1792) et du « wahhabisme » (*al-wahâbiyya*), qui en sera le prolongement les années suivantes, que de la *Nahda*, incarnée par quelques-unes de ses figures cardinales que purent être Jamal al-Din al-Afghani (1838-1897), Mohamed Abduh (1849-1905) ou Rashid Ridha (1865-1935). Le recours au vocable néo-salafisme suggère ainsi des ruptures dans les représentations de la *salafiyya* : pour les uns (les personnages-clés de la *Nahda*), il faudrait s'inspirer avant tout de l'esprit des trois premières générations de l'islam, en stimulant, pour ce faire, l'innovation, la raison critique, conformément aux exigences du temps présent et suivant les lieux où le musulman se trouve ; le rapport à la norme religieuse se prêtant dès lors à une plus grande malléabilité ou plasticité pratique ; pour les autres, à savoir Ibn Abdel Wahhâb, ses fidèles ou épigones, passés et présents, il importerait, en revanche, de coller au plus près *des* résultats des interprétations religieuses de ces premières générations, indépendamment du contexte et du temps dans lesquelles celles-ci auraient été produites, en d'autres termes, s'attacher à *la lettre* beaucoup plus qu'à *l'esprit*[54], ce qui donna lieu,

---

[54] Voir le travail très éclairant de Dr. Muhammad 'Immâra, *al-Salafiyya* (le salafisme), en arabe, Sousse-Tunis, Dâr al-Ma'ârif li al-Tabâ'a wa al-Nashr, sans date. La description que nous venons de proposer dans le corps du texte serait toutefois incomplète si nous n'ajoutions pas que l'héritage des penseurs précités de la *Nahda* est lui-même éminemment ambigu. Qu'est-ce à dire ? En effet, R. Ridha et M. Abduh rendent hommage dans certains de leurs textes à Muhammad Ibn Abdel Wahhâb le présentant positivement comme un pourfendeur des innovations religieuses, des croyances mythiques et le défenseur de l'authentique unicité de Dieu (*al-tawhîd*). M. Abduh parlera même

progressivement, à une absolutisation de plus en plus irréfléchie de la parole des Anciens ; dans cette configuration religieuse singulière, primauté est donc donnée à l'accumulation et à la répétition d'un savoir religieux secrété il y a plusieurs siècles. Toutefois, nous commettrions une erreur factuelle en différenciant radicalement ou définitivement *islamisme*, en référence au courant idéologique fondé par l'Égyptien Hasan al-Banna en 1928, et *néo-salafisme*. Schématiquement, il s'agit selon nous d'une différence de degré et non pas, fondamentalement, d'une différence de nature[55], car si la souplesse, toujours relative, est plus grande dans l'islamisme, en particulier vis-à-vis de la modernité politique, celui-ci n'est pas pour autant entièrement coupé des racines idéologiques sur lesquelles s'est construit, a prospéré et prospère le dénommé *wahhabisme*. Ce n'est certes pas ici l'objet principal de notre propos que d'entrer plus avant dans les détails de ce type d'interrelation entre deux courants apparemment distincts, voire opposés, mais nous prendrons trois illustrations rapides, lesquelles témoignent assurément d'une proximité idéologique affinitaire, nonobstant des divergences ou des oppositions ponctuelles, çà et là, entre les

---

du « grand réformateur » Ibn Abdel Wahhâb ! Cf. *Cheikh Mohammed Ibn Abdel Wahab, ses croyances, sa réforme et les témoignages des ulémas en sa faveur*, par Ahmed Ibn Hajâr, traduit par Dr. Khadim Mbacke, corrigé et préfacé par son éminence cheikh Abdel Aziz Ibn Abdellah Ibn Bâz, sous l'égide de l'Agence des publications et d'impression, imprimé et publié par le Ministère des Affaires islamiques, royaume de l'Arabie saoudite, 1996, p. 203.

[55] De nombreux faits établis dénotent, dès l'apparition du mouvement égyptien des Frères musulmans au cours de la première moitié du XXème siècle, des rapports étroits et confraternels, tant au plan politique qu'au plan religieux, entre Hasan al-Banna, et les Frères de façon générale, et la monarchie saoudienne, qui a même accueilli des contingents islamistes en provenance d'Égypte dans les années 1950-1960, en leur octroyant des postes de travail, au premier chef dans le domaine religieux, bien que l'Arabie saoudite promouvait depuis longtemps déjà la théologie dite wahhabite. Le tout premier contact entre des représentants de l'Arabie et les Frères est noué dès novembre 1928, au moment où il fut proposé, sans succès à l'époque compte tenu des tensions entre Riyad et Le Caire, à l'imam Hasan al-Banna, de venir enseigner dans le royaume saoudien. L'autre moment phare, et sans doute le point de départ des relations étroites entre la sphère politico-religieuse saoudienne et les Frères, date du pèlerinage à La Mecque des cadres Frères musulmans, H. al-Banna en tête, en 1936, lesquels furent reçus en personnalités de marque. La presse saoudienne de l'époque se fit d'ailleurs l'écho de cette visite en des termes extrêmement élogieux. Cf. http://www.ikhwanwiki.com/index.php?title=تاريخ الإخوان في المملكة العربية السعودية Consulté le 24 décembre 2016.

islamistes héritiers de la théologie de Hasan al-Banna, qui brillent par un remarquable pragmatisme, et la théologie des néo-salafistes héritiers de Mohamed Ibn Abdel Wahhâb, qui, en revanche, elle, manifeste une plus grande rigidité et hostilité de principe quant au changement de toute nature. Les différends sont au demeurant généralement d'ordre politique et sur des détails du dogme religieux afférent, beaucoup plus que sur les plus grandes perspectives historiques que serait notamment l'avènement d'un « État de l'islam » (*dawlat al-islâm*) souhaité par tous deux.

(I) À la page 21, à la section *Islâmunâ* (notre islam) tirée de *L'Ensemble des Épîtres de l'Imâm Hasan al-Banna*[56], le fondateur des FM, en s'adressant à ses frères au sens large, explique que leur compréhension de l'islam doit s'en tenir, *stricto sensu*, « au Livre de Dieu (*kitâbu allah*, le Coran), à la Sunna et à la vie des pieux prédécesseurs parmi les musulmans (*al-salaf al-çâlihîn min al-muslimîn*) », lesquels seraient « l'exemplification » même des enseignements du Coran et de la Sunna.

(II) Une tribune signée par Y. al-Qaradhâwî, le 14 juillet 2015, dans le journal arabophone *al-Sharq*, au titre dithyrambique : *Shaykh al-Albânî kâna ahad kibâr 'ulamâ' al-hadîth fî 'açrinâ*[57] (« Cheikh al-Albânî fut l'un des plus grands oulémas du hadîth de notre époque »). Le cheikh qatarien commence par affirmer que la plus grande des calamités qui guetteraient les musulmans, se trouverait justement dans la disparition des oulémas, et que, à ce titre, fatalement, il ne devait rester que « des ignorants ». Pour Qaradhâwî, les oulémas ne sont pas considérés à leur juste valeur dans notre temps présent, alors que leur disparition serait « une calamité » pour le devenir de l'islam et des musulmans, voire de l'humanité dans son ensemble. Qaradhâwî reconnaît toute autorité et légitimité à al-Albânî en ce qui concerne l'authentification des *ahâdîth*. Il raconte une rencontre avec ce dernier, et une discussion qui s'ensuivit au sujet de la licéité ou non licéité de la photographie, Qaradhâwî l'approuvant dès lors que la personne photographiée est habillée (décemment s'entend), al-Albânî, au contraire, l'interdisant catégoriquement. Lors d'autres rencontres, de la manière dont cela est rapporté, relaté dans le témoignage précité, le prédicateur qataro-égyptien fit part au

---

[56] Cf. *L'Ensemble des Épîtres de l'Imam Hassan al-Banna (en arabe)*, Misr al-Mançûra, Dâr al-Kalima wa al-Tawzî', 2005.
[57] http://al-sharq.com/news/details/354476 Consulté le 4 septembre 2016.

cheikh al-Albânî de la nécessité de construire « un pont » (*qantara*) entre les *ahl al-fiqh* (les spécialistes de la théologie normative) et les *ahl al-hadîth* (les spécialistes du *hadîth*), au service « de la science et du triomphe de la *sharî'a* en toute vérité ». Or, l'on sait combien la Sunna, considérée de manière acritique, est précisément source de rigorisme, comportemental et idéologique, qui peut même parfois dériver en des formes débridées de violence (les doctrinaires de l'État islamique ou Daech, justement, la surexploite).

Enfin, troisièmement (III), en France, néo-salafistes et néo-Frères musulmans, sur le front de la lutte contre les discriminations et actes antimusulmans (islamophobie), bel et bien réels, gomment leurs éventuels désaccords religieux ponctuels, pour s'associer, sans rechigner. Cela ne s'explique pas forcément par un intérêt vital commun, autrement dit combattre politiquement ce type de racisme, mais par des convergences religieuses réciproques : banaliser les pratiques les plus orthodoxes dans l'espace public français, et faire en sorte que ce à quoi Dieu et/ou son prophète obligent ou exhortent les musulmans, par exemple le port du voile simple, du voile intégral, etc., ne soit jamais l'objet d'une législation séculière restrictive ou prohibitionniste. Pour les néo-frères du CCIF (Collectif contre l'Islamophobie en France), par exemple, toucher à la doctrine néo-salafiste, la contester publiquement, c'est s'allier aux adversaires ou ennemis de l'islam, faire preuve d'islamophobie, fût-ce inconsciemment, et, par-dessus tout, porter atteinte à l'intégrité des « frères » en islam, en flirtant avec la *fitna*[58] (la sédition).

Le vocable *salafiyya* (qui du strict point de vue linguistique signifie dans les ouvrages des premiers Arabes ou dans le Coran, « le passé » (*al-mâdhî*), ce qui est antérieur à la vie présente de l'individu, etc.) et les représentations qu'il véhicule dans l'imaginaire musulman, sont clivés : consécration de la raison pour les uns (*al-'aql*), les membres de la *Nahda* en particulier, abdication de la raison au profit de l'imitation stricte de la Tradition (*naql*) pour les autres, les « wahhabites » ; la raison, dans ce dernier cas, ne recevrait aucune espèce d'efficience positive, utile à la foi ; bien au contraire, sur ce plan-là, la raison la corromprait et pourrait constituer une menace.

---

58   https://www.youtube.com/watch?v=5ZvE21TcMQA   Consulté le 29 décembre 2016

À présent, pourquoi parler *d'apolitisme en trompe l'œil* à propos du néo-salafisme dit quiétiste ? Nous voudrions, à cette occasion, interroger de façon critique la typologie souvent évoquée distinguant trois formes de salafisme : quiétiste, activiste et djihadiste. Des formes de salafisme ordinairement labellisées *quiétistes* sont-elles *nécessairement, unilatéralement* et *définitivement*, apolitiques ? Faut-il s'en tenir aux seules déclarations des leaders ou militants de ce courant, qui affirment ne pas faire de politique, pour les déclarer ainsi ? Pour tenter d'y voir plus clair, cela suppose, à cet égard, une discussion brève sur le concept de *politisation*, qui touche manifestement des secteurs de l'activité sociale qui sont, en apparence seulement, déconnectés d'avec les affaires publiques et politiques. Comment ce salafisme dit quiétiste est-il d'ordinaire présenté par les meilleurs spécialistes de la question ? Le politiste Bernard Rougier, auteur de l'important ouvrage collectif *Qu'est-ce que le salafisme*[59] *?*, affirme que « le salafisme littéraliste prône l'immersion du croyant dans l'univers des textes religieux et récuse les diverses formes de participation politique. Pour cette raison, ces représentants exècrent l'organisation islamiste des Frères musulmans, accusée de préférer la recherche de positions de pouvoir à la défense du corpus divin »[60] L'auteur reconnaît néanmoins l'existence d'exceptions où le piétisme n'est jamais absolu et définitif : « L'hostilité de principe à l'égard de la pratique électorale peut s'accompagner d'une attitude plus conciliante, comme ce fut le cas au Koweït, dès lors qu'il s'est agi de combattre l'influence des Frères. »[61] Ainsi, en évoquant l'apolitisme en trompe l'œil, nous partons de l'idée force, qui n'est pas foncièrement originale, selon laquelle la politique peut se faire en dehors du champ institutionnel ou partisan, autrement dit en dehors des arcanes habituels de l'encadrement et de l'action publique, comme ceci a ordinairement cours au sein des partis politiques par exemple. Aussi, suivant que nous adoptions une conception élargie ou plus restreinte de la politique, il sera possible, ou pas, de voir dans le néo-salafisme, qui se présente pourtant *expressis verbis* comme quiétiste, des dispositifs ou des velléités de politisation.

---

[59] Bernard Rougier (dir.), *op. cit.*
[60] *Ibid.*, 15.
[61] *Ibid.*

Les chercheurs Lionel Arnaud et Christine Guionnet notent que « le politique est d'abord le produit de rencontres, d'interactions, de moments. Il se "construit" en permanence (pratiques, catégories légitimantes, ressources, savoir-faire, rhétoriques, représentations, relations internes et externes à l'univers politique). »[62] *Le* ou *la* politique n'est, partant, pas réductible à ce que les acteurs disent de leurs propres pratiques, parce que le rapport au politique se construit précisément également dans des interstices du discours, qui semblent principalement porter sur autre chose, à commencer par la religion, qui norme, plus ou moins selon les individus, le comportement social public. Plus précisément, s'agissant de la pensée néo-salafiste, y compris quiétiste, il est une espèce d'amalgame subtile entre *pouvoir* (en son étymologie latine, *potestas*, qui exprime la domination, l'hégémonie) et *politique* (en son origine grec, *polis*, la cité et l'organisation de celle-ci), car tous les néo-salafistes n'ont pas renoncé à l'établissement d'un ordre politique idéal dans lequel l'islam serait central et présiderait aux destinées des hommes et des femmes. Al-Albânî aurait toutefois déclaré : « C'est politique que de délaisser la politique » : *min al-siyâsa tark-u al-siyâsa*[63], omettant, pour celles et ceux qui convoquent cette parole, de rappeler que le même cheikh estime quand même que « la politique légale », c'est-à-dire la politique assise sur des considérations exclusivement religieuses, participe pleinement de l'apostolat islamique[64]. Cette figure d'autorité néo-salafiste, comme d'autres de ses pairs, s'appuie également généralement sur un *hadîth*, qui est pris littéralement et pour argent comptant par les disciples de ce courant ; ce propos attribué au prophète de l'islam, Muhammad, est censé servir de guide pour la vie du musulman dans son rapport à soi-même et au monde : « "Les Juifs se sont divisés en soixante et onze groupes, les Chrétiens se sont divisés en soixante-douze groupes et ma communauté se divisera en soixante-treize groupes, tous seront en Enfer sauf un". On demanda : "Quel est-il, ô Messager d'Allah ?" Et lui de répondre : "C'est l'Unité". Dans une autre version

---

[62] Lionel Arnaud, Christine Guionnet (dir.), *Les frontières du politique. Enquête sur les processus de politisation et de dépolitisation*, Rennes, Presses Universitaires de Rennes, 2005, p. 15-16.
[63] http://www.kulalsalafiyeen.com/vb/showthread.php?t=25259 Consulté le 28 décembre 2016.
[64] http://www.sahab.net/forums/?showtopic=118693 Consulté le 28 décembre 2016.

expliquant la première, il dit : "C'est celui qui suivra ma voie et celle de mes Compagnons". »[65]

Cette déclaration, *a priori* fondée simplement sur une appréciation religieuse ou théologique, a irrémédiablement des répercussions sur l'individu musulman là où il évolue. En effet, celle-ci peut conditionner un rapport au monde fait de ruptures, de défiances, et d'exclusivisme sectaire, tant vis-à-vis de la légitimité du pouvoir politique en place que vis-à-vis des autres individus et communautés, musulmans ou non, qui vivraient dans le même espace ou sur un autre territoire. Outre le Coran, la Sunna, dans le néo-salafisme, serait autosuffisante, automotrice, en dehors de prise de la raison, ce qui rendrait les interprètes autorisés de la parole religieuse les seuls et uniques détenteurs de l'autorité et du pouvoir sur les musulmans. Ce point d'explication est corroboré par le témoignage, dans le texte, d'un certain Amr 'Abd al-Mun'im Salîm, qui déclare : « (…) La simple adhésion au Livre et à la Sunna, sans véritablement s'y reposer et les mettre en pratique, sera alors une banale prétention sans nulle valeur. »[66] Al-Albânî, comme son commentateur dans l'ouvrage traduit, estime que dénomination et propriétés doivent strictement correspondre ou converger pour faire du musulman un vrai *salafi*. La Sunna ne peut faire l'objet de discussions contradictoires, ce qui suppose, implicitement, et consciemment ou non, que tous les *ahâdîth* relatifs au *jihâd*, par exemple, seraient valides et potentiellement mobilisables, dès lors que leur degré de véracité serait établi. N'est-ce pas là paver la voie à la propagande de l'organisation État islamique, sans crier gare ? Un imaginaire est par conséquent perfusé et entretenu par une rhétorique particulière, dans laquelle cohabitent étroitement visées politiques et religion, violence et paix, légalisme à l'égard des uns, et déloyauté possible à l'endroit des autres.

D'autres paroles consignées dans les commentaires adjoints au texte d'al-Albânî vont dans le même sens : « (…) Celui qui accepte d'accomplir la prière présidée par un vertueux comme un pervers, le jihad avec tout calife, n'est pas favorable à l'insurrection contre

---

[65] Cité dans Muhammad Nâsir al-Dîn al-Albânî, *Le salafisme du mythe à la réalité. Fondements, équivoques, positions, vérité*, Bruxelles, Éditions al-Hadîth, 2008, p. 21-22.
[66] *Ibid.*, p. 25.

les gouverneurs par l'épée et invoque Allah pour qu'ils deviennent meilleurs, se sera totalement démarqué du kharijisme. »[67] Des sites ou blogs confessionnels de langue arabe ou de langue française relayent en abondance des avis de figures de proue du néo-salafisme, notamment au sujet *du* ou de *la* politique, et plus précisément à propos de questions ayant trait à la démocratie. Que dit précisément al-Albânî à ce sujet ? La démocratie ou l'élection d'individus, fût-ce au service de l'islam, ou encore pour « la protection des communautés islamiques » (*al-jamaʿât al-islâmiyya* : expression qui peut aussi renvoyer aux groupes islamistes de la tendance des Frères musulmans) ne présenterait, selon le cheikh, « absolument rien de bon »[68], ni l'élection de membres d'un parlement, qui ne serait de toutes les façons pas régi par « la loi de Dieu » (*sharʿ Allah*). Il promeut donc, par idéologie religieuse littérale radicale, l'abstention ou le boycott, car dans les systèmes politiques, en Occident (Europe de l'Ouest et Amérique du Nord en particulier), qui sont de type représentatif, des musulmans sont « gouvernés par des non-musulmans », ce qui du point de vue magistériel, selon lui, est inacceptable ; la démocratie, fort ancienne en certains cas, viendrait particulièrement des États-Unis, qui « chercheraient à présent à contrôler, par leurs idées et leurs principes mécréants, les pays islamiques/musulmans ».

Enfin, sur ce volet, al-Albânî récuse fermement la démocratie dans la mesure où, en islam, la souveraineté appartiendrait entièrement à Dieu et à sa Loi, tandis que dans les régimes démocratiques, des hommes peuvent en principe faire ou défaire la loi, « en fonction de leurs passions », à l'instar des lois autorisant la vente et la consommation d'alcool que réprouverait intrinsèquement l'islam. Al-Albânî affirme que « le régime démocratique est mécréant », puisqu'il met les individus sur un même plan, notamment au moment des élections, qu'ils soient mécréants ou musulmans, femmes ou hommes (le cheikh n'accepte pas qu'il ne soit fait aucune différence entre l'homme et la femme), « le vertueux et le criminel » ; la femme peut être élue, tandis qu'elle est « perverse, immorale, non voilée, et pis, mécréante ». Se basant sur un *hadîth* rapporté par le traditionniste Bukhârî (810-870), al-Albânî dit même en substance que les affaires d'un peuple ne pourraient être

---

[67] *Ibid.*, p. 27.
[68] http://mahmaed.blogspot.fr/2015/03/blog-post_71.html Consulté le 4 septembre 2016.

gérées avec réussite s'il se trouvait à sa tête une femme. Or, précisément, les élections rendent possible l'arrivée au pouvoir d'une femme, ce que réprouve fermement le cheikh. Ce dernier dénonce, dans un même élan réprobateur, la diffusion, par « les mécréants », de l'idée démocratique en terres d'islam majoritaire.

Donnons un autre exemple de question éminemment politique investie par les grands noms du courant néo-salafiste. Comme on va s'en apercevoir, il s'agit bel et bien d'un nouveau cas exemplaire d'une politisation de l'islam, à savoir la mise en cause, au nom d'une interprétation particulière de la religion musulmane, de la présence des musulmans en terres de « mécréance » (*sic*), avec, de nouveau, toutes les conséquences que cela peut induire dans une société dans laquelle l'État est laïque, au sein de laquelle l'islam est non seulement minoritaire, et où prédomine, *de facto*, le fait multiculturel et pluri-religieux. Ce genre d'avis place les musulmans évoluant dans ces contextes en situation de tension avec leur environnement culturel et sociopolitique. C'est une interrogation[69], qui fut soulevée auprès du cheikh saoudien Ibn al-Uthaymîn (1925-2001), et qui revient de façon récurrente dans les milieux néo-salafistes français, à savoir « la résidence/présence (de musulmans) au pays des mécréants », à propos de laquelle le religieux répond comme suit : « La résidence/présence (*al-iqâma*) dans pays de mécréants représente un grand danger pour la religion du musulman, pour son éthique/sa morale et son comportement ». Le cheikh fait également remarquer « les nombreuses déviances » de ceux qui, parmi les musulmans, sont partis s'installer dans ces contrées dites mécréantes. Ceux qui en sont ensuite revenus, c'est-à-dire les personnes qui ont regagné les terres d'islam, auraient été « pervertis ». Al-Uthaymîn assortit « deux conditions essentielles » aux personnes installées en terres de « mécréance », pour qu'elles puissent continuer d'y vivre sans risque pour l'observance stricte des normes religieuses : (I) la foi, se tenir loin des déviances, cultiver « implicitement hostilité et haine à l'égard des mécréants », en se tenant qui plus est « éloignés de leur amitié et affection ». Car ces deux traits, à savoir l'amitié, la fidélité ou l'affection corrompraient sournoisement la foi du musulman, et l'amèneraient chemin faisant à tourner casaque, en prêtant crédit aux non-musulmans. (II) : que le

---

[69] http://www.saaid.net/fatwa/f26.htm Consulté le 5 septembre 2016.

musulman ne soit pas empêché dans toute forme de démonstration de son appartenance religieuse, et ce, dans le cadre strict « des lois de Dieu », là où il vit, sinon la *hijra* s'imposerait, sans échappatoire. Est-ce que toutes ces injonctions ne renferment pas, peu ou prou, un prurit politique ?

II. Un néo-salafisme français pas si quiétiste ou apolitique que cela…

En France, on trouve des exemples de néo-salafisme a priori seulement quiétistes, mais qui, par des effets de contexte, quittent progressivement le terrain apparent de l'apolitisme originaire pour s'engager plus ostensiblement dans l'activisme politique. Nous citerons le cas de l'organisation groupusculaire française, Islam & Info [70], qui agit et mobilise les musulmans francophones essentiellement sur les terrains virtuels. Le site en question a diffusé un document en pdf, signé sous pseudonyme, *Islam Idéologique* et Abou Khaled, intitulé *La démocratie est un système politique impie et illicite pour le musulman*[71], en date du 18 avril 2012. Une fois encore, il est indispensable de bien souligner que dénoncer la démocratie ou le système de représentation politique, occidental notamment, traduit toujours, en creux et fût-ce *négativement*, une opinion politique, que les néo-salafistes, tout quiétistes qu'ils disent être, justifient à l'aide d'une grammaire religieuse : « Nous observons depuis un certain nombre d'années une partie des musulmans appeler au vote lors des élections démocratiques et ils militent également pour l'implication au sein des partis démocratiques. Cette adhésion à la démocratie se justifie selon eux par la nécessité de participer à la vie politique afin de peser au sein de la société, d'obtenir des droits et de freiner l'islamophobie. En Occident, ces musulmans pensent que leur action démocratique leur permettra de faire pression sur les autorités pour qu'ils (*sic*) cessent leurs offensives contre l'islam et les musulmans. Ces « musulmans démocrates » emploient des arguments rationnels liés au contexte sans se poser des questions sur la position de l'islam vis-à-vis de la démocratie. Leur

---

[70] http://www.islametinfo.fr Consulté le 28 décembre 2016.
[71] http://www.islametinfo.fr/wp-content/uploads/2012/04/La-démocratie-est-un-système-politique-impie-et-illicite-pour-le-musulman-Islam-Idéologie.pdf Consulté le 6 septembre 2016.

raisonnement rationnel prend donc le dessus sur les textes du Coran et de la Sunna alors que le musulman doit analyser selon son credo islamique car tout acte du musulman doit être basé sur la Loi islamique ».

C'est systématiquement le même sacro-saint principe intangible qui est martelé, à savoir la primauté de la souveraineté de Dieu et de sa Loi sur tout autre législation humaine, ce qui vient, implicitement, justifier du musulman observant la désobéissance civile et l'hostilité vis-à-vis des lois et de la culture des « mécréants ». Autrement dit, les tenants de cette doctrine ne reconnaissent aucune légitimité ni aucune efficience aux lois humaines, a fortiori quand celles-ci s'émancipent de la tutelle des clercs consacrés : « En démocratie, si la majorité décident (*sic*) d'une loi, elle est validée tandis qu'en islam, il est illicite que des hommes s'opposent à l'application d'une loi divine même s'ils sont majoritaires ». Dieu serait le seul « à décider du permis et de l'interdit », affirmant explicitement que « les musulmans d'Europe » feraient fausse route en invoquant laïcité et démocratie, fût-ce comme moyen, car celles-ci seraient précisément d'ordinaire utilisées contre eux par leurs « adversaires » non-musulmans ! D'autres passages tirés de ce document sont éloquents, en ce qu'ils sont une dénonciation absolue des fondements principaux du système démocratique, à l'instar de la liberté d'expression. Un imaginaire fait de ruptures et de dispositions à la méfiance généralisée, voire à l'expression de la violence physique, est, comme on peut aisément le constater, savamment entretenu : « La liberté d'expression telle que la conçoit (sic) les démocrates est interdite en islam car au nom de ce principe, il est interdit en islam d'insulter Dieu et les Messagers comme l'a fait l'occident avec les caricatures contre le Messager de Dieu Mohammed. Comment des musulmans peuvent adhérer à la démocratie qui est basée sur ce principe ayant porté atteinte à l'honneur de notre Prophète ? ». Par ailleurs, plusieurs tribunes régulièrement postées sur le site Islam & Info témoignent aussi largement d'un grand attrait pour la politisation - souvent sous un format très conflictuel -, des questions liées à l'islam et à la présence musulmane en France, à l'exemple d'un texte rédigé le 19 août 2016, en pleine polémique sur le *burkini* (vêtement de plage, qui couvre les cheveux, le cou et le corps, porté par des musulmanes), par l'un des responsables du site, Sami Zeïd[72] :

« La polémique autour du fameux *burkini* n'est que le dernier épisode d'une longue série visant la visibilité des musulmans. » Le nouveau « grand vizir » de la République, Jean Pierre Chevènement, pressenti au poste de responsable de La Fondation de l'Islam de France, a déjà fait savoir à ses nouveaux « sujets » qu'ils devaient être plus discrets.

« Le conseil que je donne dans cette période difficile – comme le recteur de la mosquée de Bordeaux – est celui de discrétion. »

Le musulman invisible théorisé par l'imam autodidacte Tareq Oubrou a fait des émules dans la classe politique française. Il est vrai qu'à l'instar de la période coloniale, le colonisé doit être émasculé, sa femme dévoilée. Cette fameuse affiche de propagande intitulée « N'êtes-vous donc pas jolies ? Dévoilez-vous ! » n'a jamais été autant d'actualité. Manuel Valls, premier Ministre, évoquait un signe de soumission de la femme tout en appelant à l'interdiction des étudiantes voilées dans les universités, un contre-sens qui visiblement ne pose plus aucun problème à une classe politico-médiatique en roue libre.

Le CFCM, appareil d'État qui a échoué dans sa mission de domestication de l'Islam en France, n'a jamais réagi face à la montée de l'islamophobie, préférant à l'image de son président, Anouar Kbibech, présenter certains de ses coreligionnaires comme opposés au « vivre ensemble ». Une fatwa ouvrant la porte à des mesures liberticides sous couvert de lutte contre le « communautarisme ».

Contrairement donc aux idées reçues, le néo-salafisme quiétiste est immanquablement à la jonction du politique et du religieux, dans laquelle une grammaire islamique ou non est convoquée pour nourrir la polémique et/ou armer la critique à l'endroit des politiques, leaders d'opinion, individus et autres acteurs communautaires, qu'ils soient musulmans ou non. Plus significativement encore, Islam & Info, très peu loquace en matière de dénonciation des exactions commises au nom de l'islam par des acteurs individuels et/ou collectifs, privilégiera de la sorte la

---

[72] http://www.islametinfo.fr/2016/08/19/les-musulmans-revent-dun-super-heros-alors-quils-le-sont-tous-un-peu/ Consulté le 6 septembre 2016.

dénomination jihadiste/djihadiste s'agissant de l'organisation Daech, plutôt que « terroriste », alors même que le site n'hésite pas à relayer ou à diffuser des messages très engagés, tels que « Israël Terroriste » ou « Israël Assassin[73] ». Aussi, pourquoi affubler les uns d'attributs ou d'épithètes pouvant valoir beaucoup plus pertinemment pour d'autres ?

Les fidèles, y compris rigoristes, ne sont jamais complètement insensibles à leur environnement sociopolitique, au point de renoncer définitivement à émettre des jugements de valeur de cet acabit. Ceux-là, et non point forcément tous, font montre d'une capacité ou d'une propension à politiser une question, étant entendu que, comme l'indique le politiste Paul Bacot, « la politisation est un processus de transformation d'un problème quelconque en problème politique, ce qui suppose une sélection et un traitement particulier, consistant à replacer ledit problème dans l'ensemble plus vaste de la conflictualité sociale. Ce processus résulte des interactions d'acteurs multiples, et apparaît comme tel à tout ou partie de la population concernée, la politisation d'une question pouvant faire l'objet de polémique (…) »[74]. C'est typiquement le cas du site Islam & Info sur certains événements que ses membres couvrent ou ont pu couvrir, en particulier à l'occasion d'émeutes qui se sont déroulées à Trappes pendant quelques jours à l'été 2013, au cours desquelles police et médias furent accusés d'avoir tues les véritables motivations, sans doute islamophobes à leurs yeux (même si le terme islamophobie n'est pas utilisée dans l'article), qui auraient conduit au contrôle policier d'une femme voilée accompagnée de sa mère[75]. C'est également Islam & Info qui relayera « un appel à témoins » lancé par des enquêteurs, suite aux agressions (taxées d'islamophobes cette fois-ci par les rédacteurs) de deux femmes, en mai et juin 2013, toujours à Argenteuil[76]. Enfin, dernièrement, les rédacteurs rebondissaient sur les déclarations du candidat à la Primaire de la

---

[73] http://www.islametinfo.fr/2014/07/17/israel-terroriste-et-israel-assassin-tagues-sur-un-pont-dune-autoroute/ Consulté le 6 septembre 2016.
[74] Paul Bacot, *Guide de sociologie politique*, Paris, Ellipses, 2016, p. 280-281.
[75] http://www.islametinfo.fr/2013/07/20/trappes-les-medias-vous-mentent/ Consulté le 6 septembre 2016.
[76] http://www.islametinfo.fr/2013/07/10/description-argenteuil-appel-a-temoins-des-enqueteurs-suite-aux-agressions-islamophobes/ Consulté le 6 septembre 2016.

droite (des Républicains), François Fillon, lui reprochant de vouloir « déclarer la guerre à la communauté musulmane en France », et même, à ce propos, tancé ses « appels à la croisade », concluant la tribune comme suit : « La vraie question à se poser est désormais jusqu'à où la presse et les politiques français iront-ils pour provoquer une Saint Barthélémy anti-musulman(e)s ? »[77] La dramatisation a pour but de solidariser les musulmans pratiquants ou culturels, en invoquant une identité islamique assiégée et menacée par un contexte d'islamophobie généralisée, qui serait activée depuis les sommets de l'appareil d'État, pour, à cette fin, nourrir plus facilement un combat unificateur de ces croyants. Les exemples de porosité avancée entre formes apparemment piétistes de néo-salafisme et politique sont tout aussi manifestes, sinon davantage, ailleurs, en particulier dans les pays majoritairement musulmans au sein desquels l'islam est en la circonstance institutionnalisé.

C'est la raison pour laquelle aux fins de mesurer l'ampleur d'une telle porosité, nous allons consacrer nos prochaines lignes au cas égyptien. Celui-ci illustre parfaitement l'influence des sollicitations du contexte sur les acteurs et leur idéologie. Des circonstances objectives, auxquelles ils prennent une part active, amènent les activistes néo-salafistes, à maints égards, à réinvestir, en les reconsidérant, les appréciations théologiques initialement adoptées[78].

III. Quand politique et religion interagissent chez les néo-salafistes piétistes égyptiens : un cas paradigmatique

Le cas égyptien est particulièrement heuristique et éloquent des évolutions de la nébuleuse néo-salafiste traditionnaliste. De ce point de vue, ce qui s'est passé au moment des révoltes populaires en Égypte en 2010-2011, est combien révélateur du caractère pas toujours hermétique de l'action et pensée néo-salafistes quiétistes

---

[77] http://www.islametinfo.fr/2016/09/01/francois-fillon-a-t-il-declare-la-guerre-a-la-communaute-musulmane-video-islamophobie/ Consulté le 6 septembre 2016.
[78] Voir à ce sujet, entre autres l'étude récente du politiste français Stéphane Lacroix, http://carnegie-mec.org/2016/11/01/ar-pub-64984 Consulté le 2 janvier 2017.

avec *le* ou *la* politique. À cet égard, deux études en langue arabe, l'une d'un journaliste saoudien, Nawâf al-Qudaymî, intitulée *Les islamistes et le printemps des révolutions*[79], l'autre, d'un chercheur jordanien, Muhammad Abû Rummân, intitulée *Les salafistes et le printemps arabe*[80], sont extrêmement instructives. Les deux observateurs montrent en détail comment une partie de cette catégorie d'acteurs religieux dit « piétistes », au premier rang desquels leurs leaders religieux, sont progressivement passés, en un laps de temps relativement court, d'une condamnation sans ménagement de la rébellion contre les détenteurs de l'autorité politique, fussent-ils autoritaires, de la démocratie et des élections, à une entrée de plain-pied dans le jeu politique, et ce, suite à la chute du président Hosni Moubarak en janvier 2011, particulièrement au moment de l'ouverture du débat autour de la future constitution. Quelle fut la priorité de ces néo-salafistes naguère opposés à toute intrusion dans le champ de la politique instituée ? Comment raisonnaient-ils à propos de la *res politica* ? Comment ont-ils évolué, du moins pour certains d'entre eux, entre l'avant et l'après révolution ?

Le journaliste saoudien, dans son opuscule, souligne que tout au long de ces dernières années, bien en amont des processus révolutionnaires donc, en Arabie saoudite particulièrement, terre d'élection et d'exportation de la doctrine néo-salafiste la plus littéraliste à l'échelle mondiale, nombre de fatwas, articles et livres ont tous convergé vers la dénonciation radicale d'une perversité prêtée intrinsèquement au régime démocratique et à ses adeptes, musulmans ou non. Or faut-il savoir que certains thuriféraires de ladite doctrine ont justement inspiré des épigones égyptiens, lesquels ont de la sorte communié dans une même réprobation de l'activité politique, au premier chef de type démocratique. Parmi les plumes du néo-salafisme saoudien, Abdallah al-Dalâl au travers de son ouvrage, *Les islamistes et le mirage démocratique* ; Muhammad Shâkir al-Sharîf au travers de son ouvrage, *La vérité de la démocratie*, ou bien encore, Muhammad Ahmad Mufti, à travers sa *Critique des racines intellectuelles de la démocratie occidentale*, etc. Quant au cheikh

---

[79] Nawâf al-Qudaymî, *Les islamistes et le printemps des révolutions : la pratique productrice d'idées (en arabe)*, Le Caire, al-tanwîr, 2013.
[80] Muhammad Abû Rummân, *Les salafistes et le printemps arabe. La question de la religion et de la démocratie dans la politique arabe* (en arabe), Beyrouth, Markaz dirâsât al-wahda al-'arabiyya, 2013.

saoudien, Safar al-Hawâlî, pourtant rangé par al-Qudaymî dans la catégorie du *salafisme activiste*, il soutint, encore jusqu'à une période très récente avant de changer d'avis à l'occasion du printemps arabe, que la démocratie relève de « la mécréance » (*kufr*) et de « l'association à Dieu » (*shirk*), que « l'arbitrage démocratique consiste à suivre les passions perverties de ceux qui ne savent pas[81] ». En général, pour cette catégorie de clercs qui tient en haute suspicion le jeu politique, outre le caractère foncièrement impie de la démocratie, outil selon eux de la propagande occidentale et de la colonisation de l'esprit des peuples musulmans, le principe d'élection est combattu non seulement car celui-ci considère que la source de la loi est la souveraineté populaire, et non la *sharî'a*, mais également parce qu'une voix en vaudrait une autre. Un tel principe ne ferait pas de distinction cruciale entre l'homme pieux et le pécheur, le noble et le pervers, le musulman et le non musulman, l'homme et la femme, etc. Or, pour ce genre de théologiens, ce qui prédomine clairement est une conception censitaire, élitiste et aristocratique du choix des gouvernants, du pouvoir et de l'autorité des musulmans.

Cependant, les mobilisations d'une ampleur considérable et inédite contre les dictatures de Hosni Moubarak, en Égypte, et de Zine el-Abidine Ben Ali, en Tunisie, ont eu raison d'une bonne partie du logiciel idéologique ancien des figures d'autorité religieuse du néo-salafisme traditionaliste ou quiétiste (*al-salafiyya al-taqlidiyya*), saoudien, et par-delà les frontières du royaume. Les révoltes arabes ont par conséquent débordé leurs espaces originaires, y compris en matière théologique, puisqu'elles sont à l'origine de recompositions au niveau du paradigme néo-salafiste mondial. En effet, même légèrement *a posteriori*, ces théologiens sunnites ont ainsi fini, après un temps de refus net, par soutenir et appuyer les revendications des manifestants à partir de leur propre grille d'analyse, pas si éloignée que cela des autres forces politiques oppositionnelles, évoquant alors une « lutte contre l'injustice et pour la libération des peuples contre la dictature, voie pour l'application de la *sharî'a* », avec un regain d'intérêt et d'attention pour la réforme politique et le problème des prisonniers privés de jugement. Cela marqua également une sensible évolution dans l'appréciation du régime démocratique, de ses outils et mécanismes. Yûsuf al-Ahmad,

---

[81] Nawâf al-Qudaymî, *op. cit.*, p. 62.

naguère pourfendeur de la démocratie, a justement signé, avec d'autres acteurs sociaux, un texte intitulé : *Document à propos d'un État de droit(s) et d'institutions*, promouvant la constitution d'un parlement, qui puisse être élu et être tenu comptable de ses décisions, à la tête duquel siégerait un Premier ministre devant obtenir un vote de confiance avant d'être nommé, en vue d'établir la liberté d'expression, de pensée et d'opinion dans la société, ainsi que la création d'associations, de syndicats, etc.[82] Safar al-Hawâlî a également changé d'avis : d'ordinaire associé à « la mécréance » et à « l'associationnisme », le prêcheur littéraliste a admis le caractère positif du régime démocratique, lors d'un discours tenu le 15 décembre 2011. Il soulignait alors que les pays du monde arabe étaient loin « de la liberté et de la démocratie ». Il appela même les élites étatiques n'ayant pas (encore) connu un épisode révolutionnaire à se réconcilier avec leurs peuples, en introduisant précisément des réformes « complètes », en autorisant la constitution de partis politiques, de syndicats, avec de surcroît la tenue d'élections libres et impartiales. Sauf exception, les grandes autorités néo-salafistes saoudiennes, et une fois de plus au-delà, ont procédé à une autocritique, à une révision de leurs positions antérieures, en reconnaissant le bien-fondé des partis, l'idée d'élection, ainsi que la séparation des autorités, avec le respect strict dû au verdict politique de la Oumma, quand bien même cette dernière déciderait de destituer la *sharî'a*[83] ! Mais attention à ne pas aller trop vite en besogne : il n'est pas exclu que cet avis ou jugement soit réversible dans le temps.

Quelle fut la position soutenue par le cœur vivant du néo-salafisme égyptien au sujet des révoltes dans le monde arabe en général et en Égypte en particulier, en l'occurrence la *da'wa salafiyya* (la prédication salafiste) d'Alexandrie, d'inspiration « albaniste » (*al-salafiyya al-albâniyya*) ? Le premier réflexe du mouvement religieux en question a été de refuser la participation aux manifestations populaires égyptiennes fixées au 25 janvier 2011. Ce refus a été réitéré à travers des annonces officielles ou des déclarations de personnalités importantes du courant alexandrin. Le porte-parole du mouvement, cheikh Abdel Moneïm al-Shahhat, lors d'une conférence qui s'est tenue le 16 janvier 2011 dans le pays, a

---

[82] *Ibid.*, p. 72.
[83] *Ibid.*, p. 74.

vigoureusement critiqué les rassemblements de jeunes qui appelaient aux protestations, déclarant : « Il y a des jeunes indociles mus par l'Internet, qui veulent mettre le feu au pays », lesquels seraient, de la sorte, les instruments de « très grands complots[84] ». Le 21 janvier, une autre figure centrale du courant néo-salafiste alexandrin, Yasar al-Burhami, donna son avis sur la manifestation prospective en question, estimant que les participants contribueraient à la *fitna* (sédition mortifère).

Ces positions étaient somme toute cohérentes avec celles défendues auparavant. En effet, la plupart des organisations néo-salafistes égyptiennes était opposée au régime démocratique, à l'action partisane et bien sûr aussi à la participation aux élections à l'assemblée du peuple. Abdel Moneïm al-Shahhat dit dans l'une de ses conférences avant la fondation du parti al-Nour à laquelle il contribuera : « Nous ne disons pas seulement que la démocratie est illicite…mais, bien plus, que la démocratie est mécréance ». De son côté, Yasar al-Burhami considérait que « la participation à des élections exige beaucoup trop de concessions sur les principes de la religion. »[85] C'est le même al-Shahhat qui soutenait aussi que « la démocratie est l'une des branches du sécularisme, lequel consiste en la séparation de la religion d'avec la vie. Ainsi, la démocratie est refusée du point de vue religieux, que les islamistes l'instrumentalisent ou non. »[86] Quant au cheikh Sayyid bin Sa'd al-dîn al-Ghabbâshî, autre grande référence de la prédication néo-salafiste en Alexandrie, il publia dans les années 1980 un opuscule stipulant que l'entrée au parlement était un outrage fait à l'unicité divine ! Le véritable grand moment de bascule, de rupture, entre cette vision éminemment péjorée des outils privilégiés de la modernité politique (démocratie- souveraineté-élection), et une vision désormais plus conciliante, moins heurtée, de la démocratie et de la politique, se situe au tournant du 25 janvier 2011, lors des manifestations fleuves au Caire et à leurs suites immédiates.

Bien que al-Shahhat, avant la création du parti Nour, ait affirmé, on l'a suggéré précédemment, que « le régime des partis diverge d'avec le régime islamique », et que, de surcroît, « la *da'wa salafiyya* à Alexandrie ne créera pas de parti politique », Y. Burhânî, après la

---

[84] *Ibid.*, p. 83.
[85] *Ibid.*, p. 90-91. Pour cette citation et la précédente.
[86] *Ibid.*, p. 91.

néanmoins formation du parti en question, verra cette organisation comme ressortant d'une relation de filiation entre père (la *da'wa*) et fils (le parti), affirmant, comme garantie morale : « Le parti Nour a été fondé par des personnes de la *da'wa*. Nous en avons discuté. Puis, nous nous sommes mis d'accord et nous avons accepté de les soutenir. Ce sont les enfants de la *da'wa* qui ont créé le parti. Est-ce que l'enfant refuserait d'obéir à son père ? »[87]

Sur la démocratie, les acteurs de la *da'wa salafiyya* cherchent à disjoindre « la philosophie » de la démocratie d'avec son utilisation comme « instrument » pratique, al-Shahhât précisant qu'il faut accompagner celle-ci, pour résoudre la tension ou la contradiction éventuelle qui pourrait apparaître avec l'islam, et ce, par la « référence à la *sharî'a* islamique », pour opérer de la sorte, à toutes fins utiles, une mise en conformité entre les produits de ladite démocratie et les principes de l'islam. Il y eut cependant des résistances et des protestations au sein de la mouvance néo-salafiste égyptienne face à cette soudaine mutation idéologique, tel le shaykh Ahmad al-Naqîb, pour lequel « la fin ne justifie pas les moyens », contrairement à Y. al-Burhâmî, qui lui répondit, au nom du principe « du moindre mal », de la sorte : « (…) Il ne faut pas laisser le champ libre aux sécularistes, aux libéraux, à ceux qui participent de l'action islamique et qui sont d'accord avec eux »[88], en essayant d'incarner une espèce d'organe de « contrôle » des échanges parlementaires et des gouvernants. Il faudra, selon Burhami, agir en tenant « le principe d'équilibre entre les bonnes actions et les péchés, les bienfaits et les scories ». Les néo-salafistes, y compris quiétistes, en raison même de l'ampleur des événements auxquels ils furent bon gré mal gré associés, se révélèrent éminemment pragmatiques, la politique et les affaires publiques exerçant sur eux comme sur d'autres, une sorte d'irrépressible attraction.

Conclusion

Au cours de cette contribution, nous avons souhaité interroger les angles morts de la typologie communément adoptée et admise à propos du salafisme, rebaptisé, pour des raisons critiques d'ordre

---

[87] *Ibid.*, p. 95.
[88] *Ibid.*, p. 96-97.

sociohistorique, néo-salafisme. Pour ce faire, nous avons tenté de mettre l'accent, au rebours de certaines approches académiques ou essayistes, sur les porosités de nature politique qu'offre le courant quiétiste ou piétiste, trop fréquemment présenté unilatéralement ou de façon acritique comme étant foncièrement apolitique. Les cas français et égyptien nous ont permis, au contraire, d'entrevoir que le mouvement néo-salafiste est non seulement hétéroclite, mais également évolutif suivant les acteurs et les contextes de sa présence. En effet, bien souvent, derrière le refus apparemment obstiné de prendre part à l'action partisane ou aux élections, se cachent des desseins politiques alternatifs, explicites et/ou implicites, qui s'expriment largement sur un mode au moins contestataire et, partant, quelquefois très engagé. Cela peut facilement se concevoir : le néo-salafisme n'est jamais à ce point hors-sol qu'il puisse s'abstraire entièrement de l'espace-temps, et par conséquent échapper au temps politique. Faut-il alors se résoudre à ne conserver de la typologie ordinairement adoptée que deux sortes de néo-salafisme, à savoir activiste/politique, d'un côté, et combattant/violent, de l'autre, tout en insistant sur la variation ou les degrés variables de politisation et de violence chez les membres de l'une ou l'autre de ces catégories ? Peut-être.

DEUXIÈME PARTIE : APPROCHE THÉOLOGIQUE

5- De la violence en islam et dans le Coran en particulier.
Défis théologiques islamiques en postmodernité

Emmanuel Pisani

Dans un colloque de 1974, l'historien tunisien Abdelmajid Charfi abordait la question de la violence et de l'islam en termes de défis et de réponses[89]. Sa problématique s'inscrivait dans la perspective de l'historien des religions Arnold Toynbee[90]. En effet, en suivant l'historien britannique, l'évaluation et la croissance d'une civilisation – et donc d'une religion – doit être abordée non selon l'angle traditionnel cause-effet, mais selon l'angle défi-réponse. La substitution de la grille d'analyse permet de poser un regard renouvelé quant à l'avenir des civilisations car, « à la différence de l'effet d'une cause, la réponse à un défi n'est pas prédéterminée, n'est pas nécessairement uniforme et, par conséquent, est en soi imprévisible »[91]. Charfi identifiait alors clairement la violence comme le défi majeur de l'islam et l'historien tunisien se posait la question de savoir dans quelle mesure la religion musulmane pouvait-elle être un vecteur de pacification et de neutralisation de la violence ? En termes toynbeeien, la question était fondamentale puisqu'il s'agissait par-là de mesurer la possibilité de pérennité de l'islam par sa créativité et sa réactivité au défi de la violence. Loin de la création de camps djihadistes en Afghanistan ou de l'actualité du terrorisme islamiste d'al-Qaïda à Daesh, pourquoi l'historien faisait-il déjà de la violence le marqueur permettant d'apprécier, d'évaluer, de noter la viabilité d'une religion ?

La violence en tant qu'elle constitue une action volontaire en vue de contraindre un individu ou un groupe, en l'exposant à un mal physique ou moral afin d'obtenir de lui une attitude ou de posséder un bien qui lui appartient est, à en croire les grands récits mythiques, au cœur de l'homme et des sociétés. Mais à suivre Norbert Elias, la modernité dépeint ce processus sociétal qui l'identifie pour la dénoncer, l'expurger de la vie quotidienne et la

---

[89] Abdelmajid Charfi, « L'islam et la violence », Colloque islamo-chrétien de Tunis (11-17 septembre 1974), *Études arabes*, 40, 1975, p. 54-67.
[90] Arnold Toynbee, *A Study of History*, Oxford, 1987, Vol.1.
[91] *Ibid.*

domestiquer[92]. S'interroger sur l'islam et la violence revient donc à soulever de manière moins frontale la question de la capacité de l'islam à s'inscrire dans le processus de la modernité.

Quarante ans plus tard la question soulevée par Charfi se pose toujours avec la même acuité, mais elle est traitée d'une manière renouvelée et paradoxale : depuis les années 80, la violence terroriste perpétrée au nom de l'islam et promue par des groupes musulmans est revendiquée comme une force sociale, virile, douée d'une capacité révolutionnaire et structurante en vue de combattre l'ennemi mécréant et de chasser définitivement l'infidélité (*kufr*) au sein d'un territoire. La violence y est justifiée pour sa dimension instrumentale car elle purifie une terre, elle ordonne et structure. Par ailleurs, loin d'être cause de déclin civilisationnel, elle témoigne d'une capacité mobilisatrice en permettant de créer une identité forte et en désignant l'ennemi à abattre. Ainsi, les islamistes renforcent-ils la cohésion de leurs groupes, construisent-ils des réseaux sociaux transfrontaliers, et donnent-ils à l'*umma* une réalité nouvelle. Les exécutions sanguinaires et la sauvagerie du traitement infligé aux chrétiens, aux yézidis mais aussi aux syriens membres de l'armée de Bachar al-Assad avec ces têtes coupées, ces crucifixions, ces égorgements, ces vandalismes, ces viols, ressemblent à un épisode de *Game of Thrones*. La stupeur nous saisit lorsque l'on sait qu'il ne s'agit pas d'une série mais d'une réalité géopolitique[93].

Devant cette exacerbation de la violence au Moyen-Orient accomplie au nom d'Allāh, au sein du noyau géographique qui a donné naissance à l'islam comme civilisation, on est tenté d'exprimer une certaine perplexité quant à la capacité de l'islam à répondre au défi de la violence. Mais on ne peut abandonner l'hypothèse selon laquelle le paradigme postmoderne marqué par son lot de violences froides[94] signerait aussi le retour légitime de la violence physique. Dans ce cas, les violences islamistes révéleraient que l'islam dispose de ressources théologiques qui lui permettent de répondre au défi contemporain. La civilisation des mœurs serait alors rejetée à l'état d'un paradigme dépassé, celui d'un âge révolu, celui des Lumières, celui de Kant et de son projet de paix

---

[92] Norbert Elias, *La civilisation des mœurs*, Paris, Calmann-Lévy, 1973 (1939).
[93] Dominique Moïsi, *La géopolitique des séries*, Paris, Stock, 2016.
[94] Joyce Aïn (dir.), *Violences chaudes, violences froides*, Paris, Erès, 2012.

perpétuelle. Si le défi civilisationnel reste fondamentalement celui de la violence, il l'est non plus comme l'avait vu Charfi dans la nécessité de la neutraliser mais au contraire dans la capacité à l'orienter et la promouvoir en vue d'un projet sociétal alternatif porté au sein de la modernité. Quoi qu'il en soit de nos positionnements personnels, les deux visions du monde sur la légitimité ou l'illégitimité de la violence instrumentale articulée à un système sociétal s'affrontent aujourd'hui et le défi de la violence y est formulé d'une manière diamétralement opposée. Mais si les islamistes tentent d'imposer une théologie islamique de la violence par une lecture belliciste du Coran et des traditions prophétiques, nombre de penseurs musulmans ou d'institutions académiques y répondent en promouvant une orientation autre qui permet l'esquisse d'une théologie islamique de la non-violence. Le choc des paradigmes est aussi celui des théologies.

I. De quelle violence parle-t-on ?

La violence est plurielle et recouvre de multiples aspects : violence morale, physique, psychologique, etc. Elle est un concept polymorphe et nulle réflexion sur le défi de la violence ne peut faire l'économie de définir son champ d'expression et le jeu d'interactions entre ses différentes modalités. À cet égard, la violence ne peut pas être limitée à une de ses expressions : la violence symbolique appelle et implique à plus ou moins longue échéance une autre violence. L'approche philosophique de Slavoj Zyzek et de son concept de « violence invisible »[95] permet de bien mettre en lumière les combinaisons de la violence selon les acteurs sociaux et leurs situations. Pour lui, le monde global capitaliste est traversé par une violence invisible qui a pour finalité de maintenir le système. Mais ce monde engendre de nouvelles ségrégations, des antagonismes, des exclus, des apartheids. Seule la violence peut « interrompre les choses », seule la violence a une capacité de libération et permet de sortir du rêve d'un monde multiculturel. Cette philosophie dialectique n'est pas sans intérêt pour décrypter l'idéologie djihadiste qui revendique son refus du village planétaire capitaliste et qui voit dans le multiculturalisme une forme de légitimation de l'associationnisme. Cette théologie politique est

---

[95] Slavoj Zizek, *Violence*, London, Pofile Books, LTD, 2008.

articulée à l'économique et au social puisqu'elle s'appuie sur l'union des marginalisés, des exclus et des déracinés pour recruter de nouveaux adeptes. À cet égard, Zyzek rejoint l'approche du sociologue américain Ted Gurr qui a analysé la violence dans sa dimension instrumentale[96]. Pour lui, la violence est un instrument pour combler un désavantage politique. La violence collective est une réponse à la privation d'un pouvoir : plus le sentiment de privation est grand, plus la violence est aiguë. Dans cette optique, la violence islamiste est une réponse à cette frustration, et à le suivre, elle ne se dissipera qu'avec l'exercice du pouvoir. Le monde ne change pas et nonobstant les promesses électorales du changement vitupérées par les politiciens des démocraties occidentales, la précarité ou l'absence de sens est le dénominateur commun aux vétérans djihadistes partis en Syrie. On ne peut ignorer cette analyse pour comprendre l'essor et le succès militaire des groupuscules islamistes depuis les années 90. Les succès militaires en Irak et en Syrie de Daesh en 2014-2016 s'expliquent en grande partie en raison de la compétence de ses officiers, souvent des anciens militaires sunnites de l'armée de Saddam Hussein qui ont été exclus et humiliés par le gouvernement shī'ite de Nūrī al-Mālikī[97].

Pour autant, cette lecture sociale et politique ne doit pas faire oublier que la violence perpétrée par les islamistes est aussi une violence religieuse, structurée par un registre théologique qui naît de l'affrontement entre d'un côté un groupe mobilisé et cimenté par une identité religieuse et de l'autre, des groupes dont l'identité est considérée comme rivale, concurrente, menaçante, décadente. En ce sens, la violence des terroristes islamistes est une « violence de reconnaissance » pour reprendre le concept d'Alessandro Pizzorno[98] : il s'agit par le conflit de reconnaître une identité et de la construire, la renforcer, la structurer. Dès lors, la violence est le seul moyen pour les islamistes d'exister. Mais si elle peut conduire au triomphe de l'idéologie promue, la violence appelle la violence par la réaction de celui qui la subit. Aujourd'hui, nous voyons dans l'islamisme le lieu de l'affrontement entre deux paradigmes, deux

---

[96] Ted Gurr, *Why Men Rebel*, Princeton, Princeton University Press, 1970.
[97] Myriam Benraad, *Irak, la revanche de l'histoire. De l'occupation étrangère à l'État islamique*, Paris, Vendémiaire, 2015.
[98] Alessandro Pizzorno, « Come pensare il conflitto », *in Le radici della politica assoluta e altri saggi*, Milano, Feltrinelli, 1994, p. 187-203.

conceptions du monde, le moderne et le postmoderne, le libéral-capitalisme et l'islam politique.

Mais la violence n'est pas que physique ou militaire ; elle recouvre des réalités symboliques de domination. En effet, les groupes islamistes exercent une violence en recourant au symbolisme, en imposant comme seules légitimes des significations aux textes sacrés, des rapports de sens ; cette violence est arbitraire puisqu'elle définit une théologie en rejetant les autres, elle intègre un groupe en excluant l'autre. L'intérêt de cette approche est de mettre l'accent sur le symbolisme, l'univers de sens, de compréhensions, de lectures et donc sur le « théologique » : Comment comprendre le Coran ? Comment lire la Sunna du Prophète ? Comment ces textes sont-ils mobilisés pour justifier l'action violente d'un groupe sur un autre ? Ici, la question ne se réduit pas à des causes sociales, mais elle intègre l'univers théologique. Cet univers de sens est-il fondamentalement violent ? Appelle-t-il nécessairement à la violence ? Tout est-il question d'interprétations ? La *Baghavad Gita* qui est considéré comme l'abrégé de toute la doctrine védique est un récit de guerre ! Qu'en est-il du Coran et de ses versets douloureux ?

II. Les versets violents du Coran

Dans son dernier livre intitulé *Violence et Islam*, le poète syrien Adonis affirme sans ambages et à la lumière du Coran que « la violence est intrinsèque à l'islam »[99]. Il poursuit : l'islam a adopté le langage de la tribu, celui de la vengeance, du supplice, de la razzia, de l'extermination, des batailles et des conquêtes. Sa trilogie, *al-Kitāb*[100], est un voyage dans le monde arabe, une exhumation historique des politiques califales, de l'enfer ici-bas, d'un monde cauchemardesque où, comme l'écrit sa traductrice, « les têtes chutent, les corps se brisent et les membres volent en éclats »[101]. Certes, on pourrait répondre qu'il ne faut pas confondre la politique et la religion ; de même que les papes ne sont pas le christianisme, de même les califes ne sont pas l'islam. Et comme

---

[99] Adonis, *Violence et islam*, Paris, Seuil, 2015, p. 52.
[100] Adonis, *Le Livre I-II-III, al-Kitāb, Hier Le lieu Aujourd'hui*, traduction de Houria Abdelouahed, Paris, Seuil, 2007-2013-2015.
[101] Houria Abdelouahed, « L'inquiétante étrangeté au cœur de la traduction », *Critiques méditerranéennes*, 90, 2014, p. 58

l'on ne saurait réduire le christianisme aux turpitudes d'un César Borgia et à ses chantres, on ne peut réduire l'islam aux déclamations poétiques d'al-Ḥaǧǧāǧ Ibn Yūsuf al-Ṯaqafī sur l'art de tacher le glaive de sang[102].

La confusion existe parfois, et elle se trouve chez Adonis peut-être en raison du poids incontournable de la langue arabe, considéré comme langue sacrée de l'islam. En chantant le meurtre et le sang, l'arabe ne lie pas seulement le linguistique à la violence mais aussi le théologique. Pour autant, Adonis ne se limite pas à l'épopée belliciste des califes et des hymnes de leurs poètes. Il exhume et dénonce la violence imbriquée dans le Coran lui-même, source du monde musulman, mère du livre et de tous les récits de vie de ceux qui se nomment croyants et musulmans. Ainsi, écrit-il : « C'est un texte extrêmement violent. J'ai compté 80 versets sur la Géhenne (…) le supplice et ses dérivés font l'objet de plus de 370 versets. Sur 3000 versets, 518 portent sur le châtiment. L'enfer est mentionné 80 fois ». Le poète contempteur est aussi compteur et nul ne lui en fera le reproche, mais sa plume ou son jugement achoppe et manque le sens premier du texte car la violence mentionnée dans le Coran revêt avant tout une dimension eschatologique. Elle n'est pas celle d'ici-bas, de l'aujourd'hui, mais celle qui attend l'homme demain, dans l'autre lieu, l'au-delà, en l'absence de sa conversion. Dans le Coran, la violence est d'abord un avenir, un possible pour l'homme. Les châtiments décrits, aussi impitoyables soient-ils, ne sont pas à prescrire et à appliquer au mécréant ou à l'hypocrite ici et maintenant. La violence est celle de la littérature apocalyptique ; elle sonne comme un avertissement, une menace, non comme une exécution à accomplir.

Pour autant, les châtiments ne sont-ils dans le Coran que ceux que Dieu infligera aux infidèles ? Ne trouve-t-on pas dans le livre de l'islam le verset suivant : « Ne laisse pas sur terre le moindre habitant qui soit au nombre des incrédules » (S. 71, 26). Ne peut-on y lire le fondement théologique de l'appel à l'extermination, à la décapitation, à l'éradication de l'incrédule et du non musulman et dont Daesh a fait le cœur de son Appel ? Nonobstant la question déterminante de l'abrogation et de la structure rhétorique du Coran, le verset communément cité par les djihadistes est amputé de ses trois premiers mots : *wa-qāla Nūḥ*, « Et Noé dit ». L'ordre

---

[102] *Ibid.*

sacré de profaner la vie par l'odeur de la mort n'est pas intimé par Dieu à l'homme mais il est une supplique, une prière, un appel de l'homme à Dieu afin que dans sa justice, il anéantisse l'autre, l'immonde, le non musulman, l'injuste, le pervers. Mais à cette demande humaine, si humaine, trop humaine, le Coran enseigne que Dieu juste est aussi patient et en dépit de la supplique implorante de Noé, la vie sera laissée aux mécréants.

Mais l'appel au meurtre n'est pas absent du Coran. On parle à juste titre de versets du glaive. Ils existent, à l'instar du cinquième verset de la sourate *al-Tawba*, Le repentir : « Après les mois sacrés, tuez-les associateurs où que vous les trouviez. Capturez-les, assiégez-les et guettez-les dans toute embuscade » (S. 9,5). Ce verset et bien des traditions prophétiques justifient la violence et l'exécution. Nombre des commentateurs l'ont ainsi compris et y ont vu le verset qui abrogeait tous les traités de conciliation, d'ententes, de partenariat que le Prophète de l'islam avait pu contracter avec des tribus non musulmanes. Le hanbalite Ibn Katīr dans son fameux commentaire du Coran fait du verset du sabre celui qui « est venu abroger tout pacte et traité entre le prophète et les idolâtres », et avec le soin d'en faire l'ultime commandement il rapporte d'après al-'Awfī qu'Ibn Abbās a dit à propos de ce verset « qu'aucun des idolâtres n'a bénéficié après la révélation dudit verset d'un traité ou d'une protection »[103]. Plus de contrat, plus de traité avec un non musulman, seul le glaive s'impose. Telle est aussi la lecture du fondateur du wahhabisme, le Sheikh Muḥammad Ibn 'Abd al-Wahhāb, qui sut poser les jalons d'une secte honnie de tous mais qui parvint à imposer son credo au point qu'elle est devenue aujourd'hui la nouvelle orthodoxie sunnite[104]. Il affirme que « l'essence du message divin et de la prédication prophétique est l'unicité d'Allāh sans rien lui associer ainsi que la destruction des idoles. Or, il est bien connu que leur anéantissement ne peut se réaliser qu'avec une inimitié marquée et le brandissement de l'épée »[105]. Pourtant, le verset conditionne l'action de tuer à une précision temporelle : « après les mois sacrés ». L'ordre est ainsi

---

[103] Ibn Katīr, *Tafsīr al-Qur'ān al-'azīm*, t. 4, p. 99.
[104] Hamadi Redissi, *Le Pacte de Nadjd ou comment l'islam sectaire est devenu l'islam*, Paris, Seuil, 2007 ; et Yadh Ben Achour, *Aux fondements de l'orthodoxie sunnite*, Paris, PUF, 2008.
[105] Muhammad 'Abd al-Wahhāb, *Mufīd al-mustafīd fī kufr tārik al-tawhīd*, Maktabat al-hikma, p. 7.

délimité à un contexte temporel, tandis qu'il neutralise son application contemporaine en obligeant d'attendre que soient passés ces mois, sans rien en dire de précis obligeant à l'interprétation avec sa part de subjectivité. Par conséquent, l'ordre ne peut plus être accompli. Il est suspendu. Or, tous les groupes qui utilisent ce verset dans leurs discours, à l'exemple de Ben Laden ou de Daesh, omettent de prendre en compte cette partie du verset. Pourtant, elle conditionne le passage à la violence et signale que dans le Coran, cette violence est restreinte, limitée, encadrée et qu'elle doit répondre à des conditions.

Mais il y a plus, nonobstant les versets eschatologiques, nonobstant le verset du glaive et ceux qui appellent au combat (ǧihād), le Coran dessine-t-il les éléments constitutifs d'une approche non violente ?

III. Esquisse d'une théorie de la non-violence dans le Coran

La non-violence a donné lieu à une philosophie promue au vingtième siècle par Mahatma Gandhi qui puise notamment dans le concept védique d'*ahimsā* (du sanskrit a – négation et de *himsā*, violence). Elle renvoie à l'idée de bienveillance, de respect de l'autre, d'amour comme réponse à un conflit, une injustice, une velléité. Gandhi affirme que « la non-violence parfaite est l'absence totale de malveillance à l'encontre de tout ce qui vit (…). Sous sa forme active, la non-violence s'exprime par la bienveillance à l'égard de tout ce qui vit. »[106] L'importance prise par la question écologique et la préoccupation à l'égard de la disparition des espèces est un indice de l'acuité de la problématique de la non-violence comme défi civilisationnel. Elle passe aussi par la non-violence à l'égard de l'homme et il s'agit donc de vérifier s'il est possible de mettre en exergue des éléments coraniques constitutifs d'une théorie musulmane de la non-violence.

Dans cette perspective, l'étude sémantique du mot violence (*'unf*) est déjà instructive puisque le mot est absent du Coran. Certes, sa réalité existe, notamment en matière de châtiments divins concernant les versets eschatologiques, mais ici-bas, en dehors des

---

[106] Gandhi, *Young India*, 1919-1922, Madras, S. Ganesan Publisher, 1924, p. 286.

conditions posées, le meurtre est à maintes reprises proscrit ; ne pas tuer est le signe de la crainte révérencielle du croyant. Ainsi Abel dit-il à Caïn : « Si tu portes la main sur moi, tu me tueras. Moi, je ne porterai pas la main sur toi pour te tuer, car je crains Dieu, le Seigneur des mondes » (S. 5, 28). De même, alors qu'il a entendu un membre de son peuple appeler au secours, Moïse tue son ennemi. Si tuer l'ennemi de son ami pourrait être considéré comme un acte de bravoure, le Coran disqualifie cette manière de voir et qualifie ce meurtre d'« acte de Satan » (S. 28, 15). La leçon est claire : tuer est diabolique.

Pourtant, le Coran limite aussi sa propre philosophie de la non-violence et autorise la violence selon les circonstances. Ainsi, on retrouve le grand principe talmudique : « Quiconque tuerait une personne non coupable d'un meurtre ou d'une corruption sur la terre, c'est comme s'il avait tué tous les hommes » (S. 5, 32). Tuer une personne innocente, c'est tuer l'humanité. Dans le Traité Sanhedrin, au chapitre 5, il est dit : « C'est pour cela que l'homme a été créé seul, pour t'apprendre que celui qui ôte la vie à un fils d'Israël, détruit un monde entier, et celui qui sauve la vie d'un fils d'Israël, sauve un monde entier ». Certes, si le Coran fait écho à la *Mishna*, il va plus loin en en faisant un principe universel étendu à tout homme en dehors de toute référence religieuse ou ethnique. Mais on y trouve aussi une limite qui n'était pas dans la Mishna : le verset mentionne deux situations dans lesquelles le meurtre est accepté : celui du châtiment à l'égard d'un assassin ou celui d'une réponse à cause de la corruption de la terre, du choix d'un mal, d'une malveillance (*fasad*). Le principe d'une violence comme réponse à une violence est affirmé notamment dans le verset S. 2, 194 qui stipule la graduation de la réaction en fonction de la violence infligée : « Si quelqu'un vous est hostile, ayez envers lui la même hostilité qu'il a envers vous » (S. 2, 194) ou encore « La sanction d'un mal est un mal semblable » (S. 42, 40). Par cette approche, le Coran reconnaît que le châtiment infligé est justice, mais il neutralise l'ascension de la violence tout en valorisant le pardon, la patience, la réconciliation, à l'image du verset : « Quiconque pardonne et se réconcilie aura sa récompense auprès de Dieu » (S. 42, 40).

Si la violence dans le Coran prend aussi la forme de la guerre (ḥarb), guerre que Dieu mènera contre l'usurier (S. 2, 279), contre le feu de la guerre que les juifs allument (S. 5, 64), guerre des croyants contre ceux qui ont rompu le pacte (S. 8, 57), contre les mécréants (S. 47, 4) qu'il faudrait frapper avant de les libérer ou de les emprisonner jusqu'à ce que la paix soit déclarée, il convient de souligner l'appel souvent répété à la non-violence. À maintes reprises en effet le Coran exhorte à abandonner la force et à préférer la paix et il invite à s'éloigner des associateurs et de ceux qui refusent le message divin (S. 15, 94-96). À ceux qui voudraient que le musulman converti revienne à ses croyances passées, il appelle au pardon (S. 2, 109). Ce pardon est aussi requis comme acte de bienfaisance pour celui qui a oublié ou a détourné le sens du message (S. 5, 13). Le Coran refuse la violence de la polémique stérile et appelle à rester équitable envers ceux qui s'adonnent à leurs passions (S. 42, 15) ou envers ceux qui n'ont pas combattu les musulmans et n'ont pas cherché à les chasser de leurs demeures (S. 60,8). Il appelle les croyants à maintenir une attitude droite et endurante contre les paroles [injustes] (S. 50, 39) qu'ils pourraient subir, il exhorte à ne pas exercer la contrainte envers ceux qui ne croient pas : « Si ton Seigneur l'avait voulu, tous ceux qui sont sur la terre auraient cru. Est-ce à toi de contraindre les gens à devenir croyants ? » (S. 10, 99 ; voir aussi S. 2, 256 et 50, 45). La vocation du musulman, est-il dit, n'est pas de contraindre mais de rappeler le message (S. 88, 21).

Tous ces versets, infiniment nombreux, ponctuent le texte coranique : ils établissent un esprit, une dynamique qui valorise et privilégie la non-violence sur la violence. Mais de la même manière que la non-violence ne nie pas la possibilité du combat, dans la mesure où elle n'est pas résignation, de même, le Coran est traversé par une logique exhortative, militante : c'est le *ǧihād*. La qualification sémantique et théologique du *ǧihād* dans le Coran apparait déterminante pour notre question.

IV. Le *ǧihād*, cadre légal de la violence ?

On trouve en effet un cas, où le meurtre est reconnu possible : c'est celui qu'accomplit le *ǧihādiste* dans son combat sur le chemin de Dieu. Nombreux, et notamment parmi les soufis, sont ceux à avoir établi la distinction entre le grand *ǧihād* et le petit *ǧihād*[107], distinction maintes fois répétée et presque devenue triviale aujourd'hui. Pour certains, le *ǧihād* est d'abord un effort spirituel, un combat contre ses propres passions[108]. Pour d'autres, le combat est le zèle missionnaire (*da'wa*) à annoncer la parole de Dieu, à promouvoir l'islam, à assurer son expansion et sa force. Symptomatique de ce zèle missionnaire sont les mouvements piétistes islamiques et revitalistes à l'exemple du Tablīǧī Ǧamā'at fondée par le très charismatique Muḥammad Ilyās (1885-1944) ou la Da'wat-e Islāmī fondée en 1981 par Muḥammad Ilyās Qadri. Ces mouvements missionnaires visent à raviver la pratique de l'islam et font de la mission la plus grande forme du *ǧihād*[109]. Pour d'autres enfin, le *ǧihād* est celui du combat par le feu et l'épée afin de détruire les idolâtres.

La légitimité du meurtre dans le Coran repose sur un verset qui dit du désordre qu'il est plus grave que le meurtre (*al-fitna ašaddu min al-qatli*) (S. 2, 191). Suit alors cette exhortation : « Et tuez-les, où que vous les rencontriez ; et chassez-les d'où ils vous ont chassés : la *fitna* est plus grave que le meurtre. Mais ne les combattez pas près de la Mosquée sacrée avant qu'ils ne vous y aient combattus. S'ils vous y combattent, tuez-les donc. Telle est la rétribution des mécréants. »

En partant d'une justice où la peine ne peut excéder le dommage subi, où l'on ne tue qu'en réponse à un meurtre perpétré ou à un choix délibéré pour le mal, le Coran ouvre une troisième voie justifiant l'assassinat : la *fitna*. Mais que signifie-t-elle ? Le lexique arabe d'Ibn Manẓūr[110] révèle sa polysémie : épreuve, sécession, guerre, désordre. La compréhension du mot *fitna* et l'exégèse de ce passage coranique sont déterminants pour légitimer la violence et le meurtre. La *fitna* est inséparable du souvenir de l'islam primitif

---

[107] Distinction clairement posée par al-Ġazālī : Voir Emmanuel Pisani, « Le ǧihād chez al-Ġazālī », *RSPT* (à paraître).
[108] Emmanuel Pisani, « La violence dans le Coran », *Croire*, juillet-août 2015.
[109] Alfred Morabia, *Le Gihad dans l'Islam médiéval. Le "combat sacré" des origines au XIIᵉ siècle*, Paris, Albin Michel, 1993, p. 225-227 et 324-331.
[110] Lexicographe égyptien du IXᵉ/XVᵉ siècle. Ibn Manẓūr, *Lisān al-'arabal-muḥīṭ*, éd. s.n., Beyrouth, 1408/1988, rubrique *f.t.n.*

où à la mort de Muḥammad la « *grande fitna* »[111] faillit entraîner la jeune communauté musulmane dans le chaos. À cet égard, Yusūf al-Qaraḍāwī salut la poigne du premier calife de l'islam Abū Bakr sans qui il n'y aurait plus d'islam[112]. Chez Ibn Khaldūn, la *fitna* est avant tout une violence sauvage, celle du pillage des mercenaires mais aussi celle des administrations décadentes, corrompues et déliquescentes [113]. Cependant, en l'associant à la notion de mécréance, le Coran fonde l'interprétation dichotomique entre le *dār al-islām* et le *dār al-ḥarb*, la demeure de l'islam et la demeure de la guerre. Toute mécréance (*kufr*) est *fitna*. Dans une théologie de l'unicité divine (*tawḥīd*) et de dénonciation de toutes formes de *ṭāġūt*, ces transgressions de la profession de foi, toutes les formes d'adorations qui contreviennent à l'unicité divine, toutes manifestations d'associationnisme (*širk*) sont *fitna*. En ce cas, la *fitna* est à la fois externe et interne à l'islam : elle est une transgression, un désordre, une épreuve pour la pureté de la foi. Seul le combat (*ǧihād*) permet de restaurer l'unicité, de raviver la foi pure. Ce combat peut être obtenu par la mission (*daʿwa*) ou par les armes. C'est ainsi que les théoriciens de l'islam politique, à l'exemple de Sayyid Quṭb, le conçoivent. C'est aussi la manière avec laquelle le comprennent islamistes tels le groupe égyptien Ǧamāʿat Anṣār Bayt al-Maqdis du Sinaï ou bien sûr l'État islamique de l'Iraq et du Levant dont la propagande fait de la *fitna* le vecteur idéologique d'opposition au monde occidental mais aussi aux musulmans imprégnés des idées de la modernité et qui présentent l'islam comme une religion de la paix alors qu'elle est, disent-ils, une religion du sabre[114]. Dans cette optique, le rétablissement du califat répond au désordre interne à la communauté, aux compromissions des musulmans avec la modernité occidentale et les régimes démocratiques, aux expressions populaires ou soufies de l'islam, à la disqualification opérée par des institutions nationales ou académiques telles l'université al-Azhar à l'encontre de ceux qui, pour avoir dénoncé et mis à jour ces pratiques et

---

[111] Hicham Djaït, *La Grande Discorde. Religion et politique dans l'Islam des origines*, Paris, Fayard, 1989.
[112] Yūsuf al-Qaraḍāwī, « Le danger de l'apostasie et la lutte contre la zizanie », sur le site islamophile.org
[113] Gabriel Martinez-Gros, « Introduction à la *fitna* : une approche de la définition d'Ibn Khaldûn », *Médiévales*, 60, printemps 2011, p. 7-15.
[114] *Dabiq*, Ǧumada al-aḫirah 1436, n° 8.

ambiguïtés sont accusés d'appartenir au groupe sectaire des kharijites[115].

Conclusion

À suivre Toynbee, la réponse à un défi civilisationnel nécessite créativité, libre imagination, intelligence de l'esprit humain, combinaison et redéploiement, bref refondation. Si dans les relations humaines la violence est toujours diffuse, implicite, symbolique, le recours à la violence physique peut constituer la réponse à un rapport de domination, à une exclusion ou une injustice dans le cadre de mémoires blessées. Il reste que pour l'islam, en tant que matrice religieuse, le défi posé, au-delà des questions économiques ou sociétales, est fondamentalement théologique : dans quelle mesure, l'islam justifie-t-il et fonde-t-il le recours à la violence physique ? Le défi de la violence pour la pensée musulmane consiste donc à relire ses sources et à y exhumer une lecture non violente. Nous avons vu que le Coran peut se prêter à une telle lecture et nous en avons esquissé l'approche. Pour autant, il est certain que la violence perpétrée par l'islam politique amenuise considérablement la capacité de l'islam à témoigner de la maîtrise de l'interprétation de ses textes fondateurs, à orienter et neutraliser d'une manière définitive les versets qui justifient la violence par le feu et l'épée. La violence islamiste est loin d'être éradiquée ; elle l'est d'autant moins qu'elle est pour certains musulmans la condition *sine qua non* pour l'islam de se perpétuer. Cependant, dans ce débat, dans ce choc des théologies et des interprétations, il se dessine peut-être la possibilité pour l'islam de retrouver son sens premier, celui d'une attitude spirituelle, confiante, fervente, dévouée à Dieu, le seul adoré.

---

[115] *Dabiq*, Safar 1437, n° 12, p. 39.

6- Vers une théologie islamique dialogique et a-polémique

Adnane Mokrani

Le but de cette communication est de formuler une théologie islamique dialogique, unitaire et pluraliste, fondée sur la théologie mystique, qui va au-delà du dualisme ontologique qui a marqué la théologie islamique classique, *Kalām*, en surmontant ses implications et connotations conflictuelles et polémiques. Le point de départ de cette réflexion est l'étude des approches islamiques vers les autres religions. Parmi celles-ci, il en existe deux qui sont totalement opposées : l'approche polémique théologique, et l'approche compréhensive soufie. Pour creuser plus profondément dans les vraies raisons de cette opposition radicale, j'ai étudié leurs respectives visions cosmiques et structures ontologiques et épistémologiques.

I. Les racines de la divergence

Le point de départ de cette réflexion théologique est l'étude des approches islamiques vers les autres religions. Parmi les principales approches, deux sont opposées : l'approche théologique polémique et l'approche soufie compréhensive. Pour creuser plus profondément dans les vraies raisons de cette opposition, on doit étudier leurs visions cosmiques respectives ainsi que leurs structures ontologiques et épistémologiques de base.

Il ne suffit pas de dire que les spiritualités unissent et que les théologies séparent, ou que la mystique cherche les convergences et les points communs, tandis que la polémique cherche les lignes de démarcation, soulevant les frontières et préparant les défenses contre l'ennemi présumé. Tout cela n'explique pas les conditions épistémologiques profondes qui ont permis l'opposition entre mystique et polémique. Cette même opposition n'est pas nécessairement considérée comme telle par les mystiques, car la théologie, la polémique incluse, est considérée plutôt comme un niveau de connaissance moins inclusif que celui de la mystique et qui, en d'autres termes, ne peut pas voir la pleine unité de l'Être.

On trouve dans le rationalisme théologique un dualisme ontologique[1] qui ne répond pas à l'idéal de l'unité chère aux Soufis. Dans la vision théologique, la Réalité est divisée en deux, Dieu et la création, d'où le tiers est ontologiquement et logiquement exclu, respectant ainsi le principe de la non-contradiction : ils sont deux réalités distinctes et radicalement opposées et différentes. Le mot-clé ici est la transcendance, *tanzīh*. Les seuls moyens de communication entre le Créateur et le créé sont la raison et la révélation. Selon l'école théologique, l'accent est mis sur l'un ou l'autre moyen : les Muʿtazilites donnent la priorité à la raison, et les Ashʿarites, en revanche, sur la révélation, pour ne pas mentionner les littéralistes qui ont, comme point de référence, l'apparence des Textes sacrés, *sola Scriptura*.

Pour les Soufis, cela ne suffit pas pour réaliser l'unité sur les plans cognitif et ontologique. Par conséquent, le tiers est inclus, et la distinction entre Dieu et la création n'est pas dualiste mais dans un certain sens *trinitaire* : Mystère - Noms divins - Création. La création n'est rien d'autre que l'expression relationnelle des Noms divins. Le mot-clé ici est immanence, *tashbīh*, ou mieux, transcendance dans l'immanence et immanence dans la transcendance[2]. La raison théologique (et analytique) sépare et

---

[1] Ce "dualisme ontologique" est exprimé d'une façon claire par un théologien musulman contemporain, fidèle aux schémas traditionnels du *Kalām*, Ismāʿīl Rājī al-Fārūqī (m. 1986), en considérant la "dualité" comme une caractéristique de "l'unité" : "Reality is of two generic kinds, God and non-God; Creator and creature. The first order has but one member, Allah (SWT). He alone is God, the Eternal, the Creator, the Transcendent. 'Nothing is like unto Him' [42, 11]. He remains forever absolutely unique and devoid of partners and associates. The second is the order of space-time, of experience, of creation. It includes all creatures, the world of things, plants and animals, humans, jinn and angels, heaven and earth, paradise and hell, and all their becoming since they came into being. The two orders of Creator and creation are utterly and absolutely disparate as far as their being, or ontology, as well as their experience and careers, are concerned. It is forever impossible that the one be united with, infused, confused with or diffused into the other. Neither can the Creator be ontologically transformed so as to become the creature, nor can the creature transcend and transfigure itself so as to become, in any way or sense, the Creator". *Al-Tawhīd: Its Implications for Thought and Life*, The International Institute of Islamic Thought, Herndon, Virginia, 1992, p. 10-11.

[2] Voir : Ibn ʿArabī, « Extrait du chapitre : De la Sagesse de la Transcendance (*al-ḥikma al.subbūḥiyya*) dans le Verbe de Noé », in : *La Sagesse des Prophètes (Fuṣūṣ al-ḥikam)*, tr. Titus Burckhardt, Paris, Albin Michel, 1955, p. 57-61 ; Emir Abd el-

distingue pour comprendre et dominer, l'esprit mystique unit pour aimer et aime pour unifier. Les catégories qui semblent séparées en théologie, sont nuancées et croisées dans la mystique.

II. L'humanité du langage divin

Reformulons la question : Dieu, comme Mystère transcendant, se manifeste et communique à travers le langage humain. Comment ce langage limité et imparfait peut-il refléter l'infiniment parfait ? Comment l'humain peut-il exprimer le divin ?

Dans la théologie islamique classique, comme déjà mentionné, la Réalité est divisée en deux : Dieu et le monde, qui sont deux réalités ontologiquement différentes et opposées : Créateur/créé, Seigneur/serviteur, Éternel/mortel, Parfait/imparfait, Infini/fini, Libre/conditionné etc. Cette théologie souligne la transcendance et voit dans la similitude un risque d'anthropomorphisme dangereux pour la foi, qui impose des limites sur l'infiniment Grand. Dieu est au-delà de tout ce que l'homme peut imaginer ou concevoir.

Cette obstination transcendantaliste dans la théologie islamique classique, *Kalām*, est compréhensible si l'on considère l'environnement polythéiste dans l'Arabie du VIIe siècle où l'Islam est né. Peut-être les chrétiens, sortis d'un environnement monothéiste juif, étaient-ils moins préoccupés d'affirmer la transcendance. La même chose peut être dite pour le soufisme philosophique, apparu après des siècles de transcendantalisme théologique. La pensée religieuse oscille entre transcendance et immanence.

Quels sont les problèmes que l'approche transcendantaliste rencontre, surtout dans sa version plus extrême ? Existe-t-il une impasse transcendantaliste ?

Tout d'abord, pour maintenir la séparation essentielle et existentielle entre les deux catégories fondamentales, et en même temps permettre la communicabilité entre eux, les théologiens ont déterminé que les seuls moyens de communication entre le divin et l'humain sont, comme je l'ai évoqué plus haut, les deux R : la révélation et la raison. Ces deux moyens sont de nature différente :

Kader, *Ecrits spirituels (Kitāb al-mawāqif)*, tr. Michel Chodkiewicz, Paris, Seuil, 1982, p. 113-115.

la révélation et les Livres saints sont de nature rhétorique et allégorique, les récits (les mythes), les images et les symboles y font le tissu du discours divin. La raison, par contre, est d'ordre conceptuel et théorique. Cela semble contradictoire : le texte est, par nature, imaginal, dans un sens anthropomorphique, car il souligne l'immanence ; alors que la raison religieuse est, par nature, transcendentaliste. Le rôle de la théologie, dans ce contexte, est de passer de l'image au concept, l'interprétation étant précisément la conceptualisation de l'image et de la métaphore, l'extraction des doctrines pour les exprimer dans un langage rationnel théorique.

Cette polarité entre le texte *imaginal*[3] et la théologie/philosophie conceptuelle, a pris une forme extrême chez certains philosophes musulmans, qui considéraient la révélation comme un langage populaire divulgatif, pour ne pas dire infantile, servant à éduquer les gens ignorants, en exprimant la vérité d'une façon allégorique et indirecte. La philosophie et la théologie, en revanche, avec leur langage sophistiqué et raffiné, parviennent à exprimer la vérité directement et clairement. C'est un discours d'élite qui a des outils rationnels et conceptuels et n'a pas besoin de recourir à la rhétorique. Il est le mépris du mythe, ou la démystification de la religion. Les théologiens musulmans, bien qu'ils prétendent être au service de la révélation, considèrent non sans présomption que leur langage rationnel est plus proche de la « pensée » divine.

Nous revenons au passage interprétatif de la rhétorique à la notion rationnelle. Nous savons que dans les langues, les mots trouvent leurs origines dans le monde réel et matériel, alors que le concept rationnel transcendantal vient après, il est l'étape suivante. Par conséquent, sur la base de cette considération, l'expression « Dieu est l'Audient » est enracinée dans l'expérience humaine quotidienne de l'écoute. Il en est de même quand nous disons : Dieu voit, parle, aime... etc. La question est encore plus claire quand nous parlons du Trône de Dieu, ou de sa Main. Tous ces mots sont interprétés en théologie, *Mu'tazilite* en particulier, comme des expressions allégoriques, *majāz*, et ainsi le Trône devient la Majesté de Dieu, sa Main devient son soutien...

---

[3] Selon la terminologie d'Henry Corbin. Voir : *L'imagination créatrice dans le soufisme d'Ibn 'Arabi*, Paris, Flammarion, 1958 ; William C. Chittick *Imaginal Worlds, Ibn al-'Arabī and the problem of Religious Diversity*, State University of New York Press, Albany, 1994.

Cependant, le problème persiste : s'il est vrai que les mots jaillissent du monde matériel, alors qui est vraiment à l'image de l'autre ? Dieu est à l'image du monde et de l'homme, ou bien l'inverse ?

Certains théologiens croyaient que les attributs sont vrais pour Dieu et allégoriques pour l'être humain et le monde[4]. L'Écoute, par exemple, est vraie et parfaite pour Dieu, allégorique, donc imparfaite, pour l'être humain. L'allégorie, selon ce point de vue, est l'ombre de la vérité : la vérité absolue est Dieu ; par conséquence, l'Écoute, la Parole sont réelles pour Dieu sans aucune ombre d'allégorie.

Ibn Ḥazm l'Andalou (m. 456/1064) a trouvé une autre solution, en considérant les langues d'origine divine[5]. Selon lui, Dieu a révélé aux hommes les langues, les mots et leurs significations, à travers des prophètes. Ainsi, la conceptualisation, à travers l'interprétation allégorique, n'est pas un passage du matériel originel au rationnel transcendantal, mais plutôt un retour à l'origine divine et idéale de la parole en Dieu.

III. Au-delà de la rhétorique et de la dualité

Ces « jeux de mots » n'ont pas satisfait les mystiques de l'Islam et leur soif d'une unicité divine plus radicale et absolue de celle imaginée par les théologiens. Le fossé ontologique et la polarité existentielle heurtent la vision mystique unitaire : le Vrai est Un et pas deux.

Pour récupérer cette unicité mal présentée par les théologiens, les mystiques ont reconsidéré le discours narratif de la révélation (les mythes), les histoires des prophètes, les contes populaires, et surtout la poésie... c'est le retour à la rhétorique de l'image et du symbole.

Voici les caractéristiques de cette approche :

---

[4] Ibn Qayyim al-Jawziyya (m. 1350) attribue cette opinion au théologien muʿtazilite, Abū al-ʿAbbās al-Nāshī (m. 905-6). *Badāʾiʿ al-fawāʾid*, al-Qāhira: Maktabat al-Qāhira, 1972, vol. 1, p. 186.
[5] Roger Arnaldez, *Grammaire et théologie chez Ibn Ḥazm de Cordoue : Essai sur la structure et les conditions de la pensée musulmane*, Paris, Vrin, 1956, p. 37-47.

- Maintenir l'équilibre et l'unité entre la transcendance et l'immanence : l'immanence n'est pas nécessairement un anthropomorphisme à rejeter, mais plutôt une présence divine à vénérer, une proximité, ou plutôt « unité de l'être ». L'être humain et le monde sont créés à l'image de Dieu, ils sont parfaits selon leur potentiel et niveau existentiel. Les Noms divins sont les vrais ponts relationnels entre le Mystère et ses manifestations. Les Noms sont dispersés dans le monde, réunis dans l'Homme universel. Le but de l'homme est d'être comme Dieu, en s'habillant de ses Noms[6].

- Le signe est différent du concept, il indique et dirige, mais sans emprisonner la vérité dans une boîte mentale. Il ne définit pas la vérité, mais l'expérimente. La spiritualité est un dialogue permanent avec et entre les signes de Dieu : les signes coraniques, les signes cosmiques et les signes humains (Coran, 51, 20-21). Le rôle de la révélation coranique est d'ouvrir les yeux des croyants à la révélation cosmique et celle intérieure (psychique) et entre les hommes (sociale et culturelle), pour voir l'unité derrière la diversité des manifestations et la pluralité des théophanies.

- Une des raisons de l'ouverture de la théologie mystique est son caractère asystématique. Sans nier la validité relative de la théologie systématique, elle essaye de la surmonter vers un horizon plus unitaire et inclusif, nourri par l'expérience de Dieu. La théologie mystique ne nie pas la pluralité ou la dualité, comme niveaux de la réalité, mais les transcende. C'est une théologie basée sur les signes, *āyāt*, une sorte d'*ayatologie*[7], qui ne peut pas être systématique, parce qu'elle n'est pas conceptuelle. Au contraire, elle résiste aux tentations de la conceptualisation fermée et de la dogmatisation. C'est une théologie qui transcende les

---

[6] Dans une perspective chrétienne, c'est Dieu qui *s'habille* de l'Homme, pour permettre aux hommes de *s'habiller* de Dieu.
[7] *Ayatologie* est un terme utilisé par Prof. Aref Ali Nayed, "Ayatology and rahmatology: Islam and the environment", in: *Building bridges*, Georgetown University Press, Washington, 2008, p. 153-160. Voir aussi: "Compassion and understanding in Islam", *in*: *Islamochristiana*, n. 33, 2007, p. 145-148.

religions, bien qu'elle soit forcément enracinée dans une tradition religieuse, une théologie qui voit dans la conceptualisation dogmatique un anthropomorphisme élitiste camouflé pas moins dangereux que l'anthropomorphisme populaire.

- Le dualisme théologique est polémique par nature et potentiellement violent. Ma religion contre toutes les religions, mon école théologique contre toutes les autres écoles de la même foi, et à la fin ma position théologique contre toutes les positions au sein de la même école. Entre vrai et faux, il n'y a pas de troisième voie, pas de zone grise qui permette la complexité et la complicité.

La religion est essentiellement une expérience d'Amour, où tous les mots, les concepts, les images, le monde entier, sont des signes *allégoriques*, signifiants mais relatifs, indiquent la voie sans la remplacer. Les concepts et les doctrines théologiques sont anthropomorphiques, en raison de la condition humaine et de la nature du langage. L'approche soufie à la question linguistique et sémantique permet la diversité et le pluralisme, ce qui se reflète bien sûr dans l'approche des autres écoles et religions.

IV. Un résumé schématique

La série suivante de diagrammes illustratifs résument ce qui a été présenté jusqu'ici, dans une tentative de conceptualiser l'inconceptualisable et systématiser l'insystématisable ! C'est une systématisation partielle et approximative, dirais-je, intéressée aux éléments de base, comparant les différentes visions cosmiques au sein de l'Islam.

La figure (1) représente la base commune de plusieurs paradigmes. On peut l'appeler « la vision dualiste de la réalité ». La principale caractéristique de cette base, comme déjà mentionné, est la séparation, ou mieux dire le fossé ontologique et existentiel entre le Créateur et la création, entre Dieu d'un côté et le cosmos et l'homme de l'autre, mettant ainsi l'accent sur la transcendance radicale du divin et de l'opposition dualiste entre deux entités totalement différentes: (Créateur-création), (Parfait - imparfait), (Pur-impur), (Infini-fini), (Transcendant-immanent) ... les ponts de communication possibles entre ces deux entités sont : la Raison (ascendante) et la Révélation (descendante), dans son acception de révélation scripturaire. Cela sert de base à plusieurs paradigmes :

La figure (2) représente, toujours à partir de la même base dualiste, la vision théologique *Mu'tazilite*, première école théologique systématique, et jusqu'à un certain point, les opinions philosophiques aristotéliciennes. La principale caractéristique de cette approche est de mettre l'accent sur la raison. La révélation n'est que la confirmation de ce que la raison établit.

La priorité de la raison se manifeste dans les principes *Mu'tazilites* suivants : (1) l'autonomie de la raison humaine et sa capacité morale à distinguer entre le bien et le mal, *al-taḥsīn wa al-taqbīḥ al-'aqliyyān* ; (2) l'être humain est le créateur de ses actes, en mettant l'accent sur la liberté humaine et la responsabilité éthique ; (3) la création du Coran ; dans un langage moderne, on pourrait dire : le Coran est *dans* l'histoire et pas *au-dessus de* l'histoire.

D'un certain point de vue philosophique et rationaliste extrême (la figure 3) : la raison est révélation ; la révélation scripturaire n'est que l'expression, imparfaite et relative, de la raison pure et absolue, à savoir la Raison divine. La différence entre les deux révélations dans le sens large du terme, réside dans la nature et la qualité du langage : le langage rationnel et conceptuel de la philosophie ; et le langage poétique, métaphorique et symbolique de la révélation scripturaire. Cela peut impliquer un certain mépris de la révélation scripturaire, considérée de nature populaire moins élevée et sophistiquée que la pensée de l'élite philosophique illuminée par la *révélation* rationnelle.

Les approches, illustrées par les figures (2) et (3), représentent l'anthropologie du progrès et du musulman confiant et victorieux. La théologie *Mu'tazilite* était pratiquement l'idéologie religieuse de la révolte, puis paradoxalement celle de l'empire Abbasside - une époque où la civilisation islamique a atteint son apogée de développement scientifique et rationnel, mais aussi son expansion et sa croissance impérialiste maximale. Cette vision donne une grande force à l'homme qui croit dans sa capacité intellectuelle et son efficacité opérationnelle.

La figure (4) représente, en revanche, la vision théologique *Ash'arite*, connue aussi comme la théologie de l'orthodoxie sunnite, celle qui donne la priorité à la révélation sur la raison. Le rôle de la raison est limité à comprendre et à mettre en pratique le contenu de la révélation, l'unique source de la métaphysique et de l'éthique. La raison humaine est incapable, dans cette vision, de distinguer entre le bien et le mal ; seule la raison éclairée par la révélation peut faire ce discernement. Cette approche nie aussi la création des actes par l'homme, de crainte que cela ne confirme l'existence de deux créateurs : Dieu et l'homme. Dans la théorie *Ash'arite* du *kasb*, l'acquisition des actes, Dieu crée les actes désirés par l'homme.

L'Ash'arisme a confirmé la doctrine très ambiguë de Ahl al-Ḥadīth : la non-création du Coran, qui signifie l'éternité ou la préexistence du Livre révélé, une doctrine fortement rejetée par les *Mu'tazilites* au risque de reconnaître l'existence d'un second éternel à côté de l'Éternel !

L'Ash'arisme est une théologie de médiation et de compromis par excellence, entre la théologie rationaliste *Mu'tazilite* et la position des traditionnistes, Ahl al-Ḥadīth. Ce dernier groupe représente une tendance moins confiante dans la raison humaine, considérée comme une source probable d'hérésie, *bid'a*, préférant la fidélité à la lettre et l'apparence du texte, limitant ainsi le champ de l'interprétation, en référant la connaissance du vrai sens à Dieu, *tafwīḍ* (littéralement délégation ou procuration), un type de théologie apophatique où Dieu seul connaît le sens.

La vision de Ahl al-Ḥadīth, dans sa forme extrême, illustrée par la figure (5), conduit à une religion sans philosophie ni théologie, qui condamne toute pensée spéculative et critique. La religion, selon ce point de vue, est surtout obéissance *ṭā'a*.

Les premiers théologiens *Ash'arites* ont été formés à l'école Mutazilite, le fondateur même du *Ash'arisme* (Abū al-Ḥasan al-Ash'arī, m. 324/936) était mutazilite, ils ont continué au début dans la même ligne interprétative spéculative avec une modération typiquement *Ash'arite*. Le changement dans les contenus et la méthodologie a été plutôt progressif, en arrivant à la fin, avec l'hégémonie graduelle de Ahl al-Ḥadīth dans le monde sunnite, à l'abandon presque total de la méthode rationnelle d'interprétation. L'approche désormais dominante donne la priorité à l'Écriture sur la raison, en exprimant une régression anthropologique : l'état du musulman moins confiant dans ses semblables et dans sa raison, qui cherche les garanties dans les textes, dans la Parole de Dieu conservée dans la lettre. C'est une religiosité plutôt formaliste sinon fondamentaliste.

Ceci explique l'hégémonie de la religiosité légaliste et la mort, dans une grande partie du monde islamique, de la philosophie et de la théologie. La religion exotérique qui réduit la foi à une liste de choses licites ou illicites, affaiblit paradoxalement le discernement éthique de l'homme qui est au cœur de son humanité, en le considérant *de facto* mineur qui doit être guidé et protégé par les juristes qui décident à sa place ce qui est mieux pour lui. Ici, nous sommes en pleine décadence : l'homme écrasé par son destin et ses obligations, risquant continûment la colère de Dieu (ou des chefs religieux).

Peut-on dire que pour récupérer le sens de la dignité, la responsabilité et la liberté, il suffit de retourner au modèle rationnel *Mu'tazilite* ? À mon avis, le néo-Mu'tazilisme n'est pas nécessairement le « sauveur » qui doit nous libérer de la religion formaliste et fondamentaliste :

Tout d'abord parce que le même Mu'tazilisme a montré ses limites, étant l'idéologie d'un empire historique, celui des Abbassides. L'apogée de la crise *Mu'tazilite*, qui représente paradoxalement son triomphe et son échec, est la *miḥna*, l'épreuve ou l'inquisition, lorsque le Mu'tazilisme est devenu religion d'État qui persécutait les opposants, à savoir Ahl al-Ḥadīth qui ne croyaient pas à la doctrine de la création du Coran.

En second lieu, parce que les *Mu'tazilites*, comme les *Ash'arites* et les traditionnistes, partagent la même vision cosmique dualiste, laquelle est potentiellement conflictuelle et exclusiviste sans le remède de l'unité, où la relation entre l'homme et la création, et celle entre l'homme (musulman) et ses semblables est une relation de domination et d'exclusion. La même distance ontologique qui sépare le Créateur de la créature se reproduit entre l'homme (vicaire de Dieu) et le reste de la création, entre le musulman et le reste de l'humanité.

Logiquement, en utilisant le principe du tiers exclu, X est vrai ou faux et ne peut être vrai et faux en même temps. Sur le plan religieux, cela implique nécessairement la polémique, mais le monde réel, y compris les religions, est très complexe et irréductible au dualisme formel.

Le dernier paradigme, illustré par la figure (6), représente le paradigme l'unité de l'Être [8]. Ce paradigme, adopté par les théoriciens du Soufisme et les philosophes mystiques, dépasse le paradigme dualiste sans le nier ; ce dernier reste nécessaire, en tant que phase transitoire qui ne suffit pas pour avoir une compréhension inclusive de la réalité. En ce sens, la conscience humaine transcende la multiplicité vers la dualité pour arriver à l'unité. Le dualisme n'est qu'une étape nécessaire qui prépare la vision unitaire plus fidèle à l'unicité radicale, *al-tawḥīd*. Les Noms divins ont un rôle crucial dans cette vision, comme un pont ontologique entre le Mystère de l'Invisible et la création visible et manifeste.

Comme déjà mentionné plus haut, le transcendantalisme dualiste des *Mu'tazilites* est l'héritage d'une culture née dans un environnement polythéiste. L'approche soufie, en revanche, n'a pas cette préoccupation, c'est une pensée qui réunit la transcendance et l'immanence. En effet, selon Ibn 'Arabī (m. 1240), la transcendance est dans l'immanence et l'immanence est dans la transcendance. Ici, le tiers n'est pas exclu mais plutôt inclus, car la réalité est paradoxale dans son unité. Le paradigme soufi représente une religiosité esthétique [9] concernée par la Présence divine et ses manifestations dans la création. La transcendance reste une condition de dépassement et une garantie pour le dynamisme du cheminement et contre les risques de

---

[8] Il est intéressant de comparer cette doctrine soufie de l'unité de l'Être avec la vision trinitaire et cosmo-théandrique (Dieu-Homme-Cosmos) de Raimon Panikkar. Voir son livre : *Visione trinitaria e cosmoteandrica : Dio-uomo-cosmo*, Opera omnia vol. VIII, Jaca Book, Milano, 2010, pp. 165-319. Pour une courte bibliographie sur la vision unitaire soufie : William C. Chittick, *The Sufi Path of Knowledge, Ibn al-'Arabi's Metaphysics of Imagination*, State University of New York Press, 1989. *The Self-Disclosure of God, Principles of Ibn Al-'Arabi's Cosmology*, State University of New York Press, 1998. Toshihiko Izutsu, *Sufism and Taoism: a Comparative Study of Key Philosophical Concepts*, University of California Press, 1984 (reprint 2016). *Concept and Reality of Existence, the Keio Institute of Cultural and Linguistic Studies*, Tokyo, 1971 (reprint: Islamic Book Trust, 2007). Sachiko Murata, *the Tao of Islam: a Sourcebook on Gender Relationships in Islamic Thought*, State University of New York Press, 1992.

[9] Voir l'œuvre de : Souâd Ayada, *L'islam des théophanies, une religion à l'épreuve de l'art*, Paris, CNRS Éditions, 2010.

l'idolâtrie. C'est une anthropologie qui considère l'être humain dans sa totalité, irréductible à une seule dimension.

Rūmī (m. 1273) décrit le cheminement spirituel de l'homme comme un voyage universel, une conscience cosmique en mouvement :

Je suis mort à l'état inorganique et suis devenu doué de croissance, puis je suis mort à l'état végétal et parvins à l'animalité.

Je suis mort à l'animalité et devenu Adam : que craindrais-je donc ? Quand ai-je été diminué par la mort ?

Puis je mourrai à l'état d'homme afin de pouvoir prendre mon essor parmi les anges.

Et je dois échapper même à cet état angélique : *toute chose est périssable, sauf Sa Face* [Coran (55: 26-27].

À nouveau, je serai sacrifié et mourrai à l'état d'ange : je deviendrai ce que l'imagination ne peut concevoir.

Puis je deviendrai non-existence : la non-existence me dit, comme un orgue : *En vérité, à Lui nous retournerons* [Coran (2: 156)][10].

L'anthropologie, comme cheminement de transformation et de divinisation, est une anthropologie dynamique qui n'offre pas à l'homme une position ontologique et hiérarchique fixe ; l'homme, de ce point de vue, peut être inférieur aux animaux ou supérieur aux anges. Le but de ce voyage est d'actualiser et de réaliser l'image de Dieu, ou le souffle divin, au sein de chacun, comme une conscience cosmique en devenir.

La théologie mystique propose une nouvelle compréhension de la révélation, basée sur les trois niveaux du signe : les signes dans le cosmos, l'homme et les Livres. Le rôle des signes scripturaires est d'ouvrir aux autres signes. Le Texte ne constitue pas une fin en soi, autrement, il deviendra une idole.

Nous leur montrerons Nos signes dans l'univers (littéralement les horizons) et en eux-mêmes (ou bien dans leurs propres âmes),

---

[10] Rūmī, *Mathnawī, La Quête de l'Absolu*, tr. Eva de Vitray Meyerovitch, Djamchid Mortazavi, Editions du Rocher, 1990, [vol. III] p. 771, vers 3901-3906. Pour Mulla Sadra et la théorie du mouvement substantiel, voir par exemple : Ibrahim Kalin, *Knowledge in Later Islamic Philosophy: Mulla Sadra on Existence, Intellect, and Intuition*, Oxford University Press, Oxford, 2010.

jusqu'à ce qu'il leur devienne évident que ceci est la Vérité. (41, 53).

Historiquement, ce paradigme a trouvé son expression la plus évoluée à une époque où il ne pouvait empêcher la glissade dans la décadence. Aujourd'hui, il représente un potentiel à explorer et développer pour formuler une nouvelle théologie inclusive et dialogique, où l'amour est l'essence de l'expérience religieuse :

> *Mais quant à l'amour pour Dieu, il se trouve caché dans toute la création, chez tous les hommes, zoroastriens, juifs, chrétiens, en tous les êtres. Comment quelqu'un n'aimerait-il pas son Créateur ? L'amour pour Lui se trouve caché en chacun, mais il y a des obstacles qui voilent cet amour. Lorsque ces empêchements sont levés, cet amour se manifeste[11].*

---

[11] Rūmī, *Le Livre du Dedans* [*fīhi mā fīh*], tr. Eva de Vitray Meyerovitch, Sindbad, Paris, 1982, p. 261. Voir aussi: Carl-A. Keller, "Perceptions of Other Religions in Sufism", in: *Muslim Perceptions of Other Religions, a Historical Survey*, Oxford University Press, 1999, p. 186.

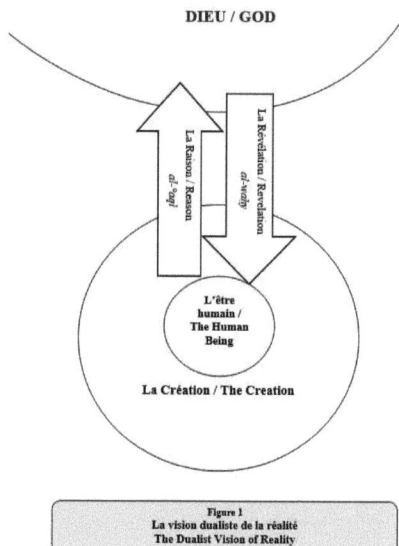

Figure 1
La vision dualiste de la réalité
The Dualist Vision of Reality

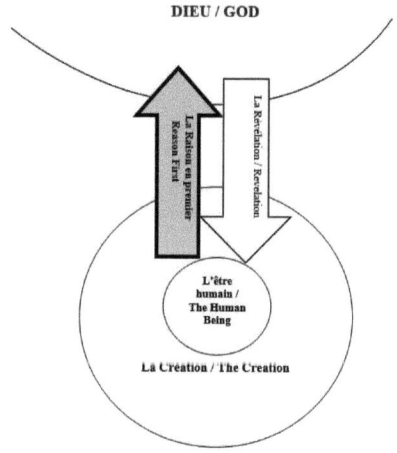

Figure 2
La vision théologique Mu'tazilite / philosophique pro-aristotélicienne
The Mu'tazilite Theological / Pro-Aristotelian Philosophical Vision

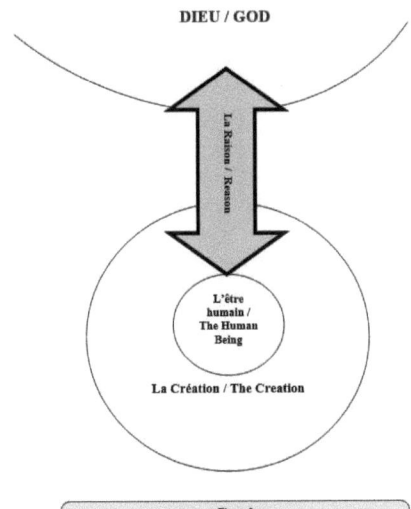

Figure 3
La vision rationaliste extrême
The Extreme Rationalist Vision

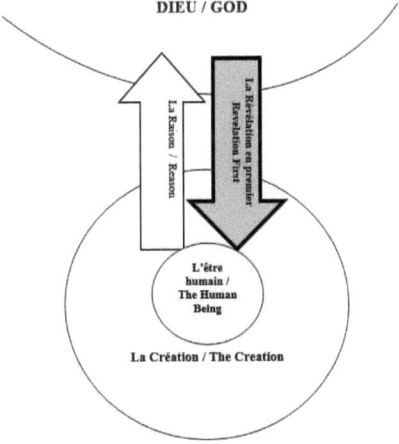

Figure 4
La vision théologique Ash'arite
The Ash'arite Theological Vision

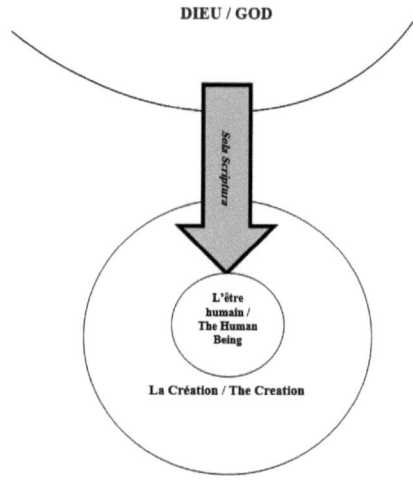

Figure 5
La vision de Ahl al-Ḥadīth (les traditionnistes)
Ahl al-Ḥadīth's Vision (the Traditionists)

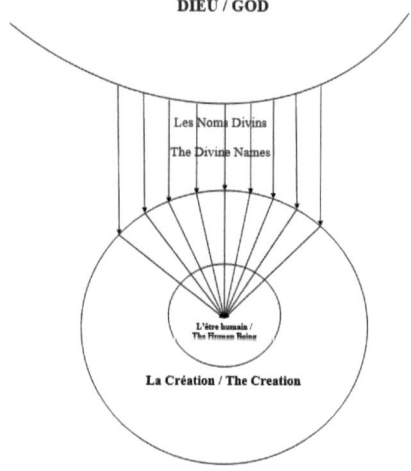

Figure 6
La vision soufie
The Sufi Vision

7- Pour une théologie systémique du dialogue islamo-chrétien

Michel Younès

Plus qu'à tout autre moment de l'histoire, le rapport entre christianisme et islam semble occuper une attention particulière. L'histoire contemporaine, les mutations profondes des sociétés ou encore les phénomènes de globalisation placent ce rapport au cœur du dialogue interreligieux. D'un point de vue chrétien, au-delà d'une question d'ordre géopolitique, cette particularité est fondamentalement due à l'émergence de l'islam et à son développement historique après l'avènement du Christ ce dernier étant, pour la foi chrétienne, l'accomplissement définitif de la révélation divine. Le dialogue islamo-chrétien apparaît ainsi comme irréductible à toute autre forme de dialogue. Il y a, pourrait-on dire, une spécificité paradigmatique.

Or, dans un contexte de crispations où se superposent les registres, politique, culturel, religieux et sociétal, l'attitude apologétique tend à reprendre le dessus sur le dialogue, compris comme étant la rencontre enrichissante de croyants, capables de provoquer leur déplacement dans la découverte de leur propre vérité et de la vérité de l'autre. L'apologétique devient le moyen de résister et de se conserver face à toute volonté d'annexion ou d'assimilation supposée ou réelle. Si le dialogue est l'antidote aux rapports de force qui habitent les relations humaines, son absence est un indicateur d'identités exacerbées et suffisantes. Il est évident que la perception de l'autre et de son statut juridique, sociétal et théologique conditionnent la relation et le dialogue. La réalité sociopolitique n'est pas sans conséquences sur la rencontre religieuse, interreligieuse ou intra-religieuse, surtout avec la mondialisation et l'accélération du temps. Comment dialoguer avec quelqu'un considéré d'un rang inférieur, maintenu dans une forme d'inégalité structurelle qu'elle soit politique, juridique, sociétale ou théologique ?

Du côté chrétien, surtout catholique, le XXe siècle constitue un tournant majeur dans la perception du dialogue interreligieux en général, et islamo-chrétien en particulier. Fondée sur une ecclésiologie en dialogue avec le monde[12] et sur une théologie du germe du Verbe présent dans les cultures et dans les religions[13], l'approche conciliaire permet un développement sans précédent qui sera visible à travers les rencontres mondiales comme celle d'Assise (1986, 2002, 2011), ou des rencontres nationales et locales.

Les religions, et les cultures, sont donc potentiellement ouvertes à l'œuvre de l'Esprit saint qui les guide vers le Royaume de Dieu et les ordonne à son Église, rendant possible l'effectivité d'un dialogue interreligieux que les deux documents du Conseil pontifical pour le dialogue interreligieux : *Dialogue et mission* (1984) et *Dialogue et annonce* (1991), structurent autour de quatre formes : le dialogue de la vie, des œuvres, le dialogue théologique et d'échange spirituel. Cette théologie chrétienne du dialogue est habitée sur le plan épistémologique par une contestation de toute absoluité historique de soi qui implique une prise en compte de l'autre. Une démarche reflétée par les études comparées où l'on met l'accent sur ce qui est analogue entre le christianisme et les autres religions.

Mais depuis une quinzaine d'années, on observe une contestation de la théologie du dialogue islamo-chrétien. Cette contestation n'émane pas forcément des chrétiens orientaux qui subissent une persécution ou du moins une discrimination qui freine le développement d'une attitude dialogale, exception faite du Liban. Un peu partout dans le monde, nous assistons à une forme croissante de clivage qui devient de plus en plus profond entre ceux qui sont persuadés de l'importance du dialogue basé sur la richesse de l'autre, et ceux qui mettent en doute l'utilité et l'efficacité de l'idée même du dialogue. Parfois, la revendication ou le refus du dialogue par les uns devient *ipso facto* une démarche douteuse aux yeux des autres.

Autrement dit, ceux qui refusent le dialogue sont considérés comme radicaux, rigoristes et rigides. Ceux qui le souhaitent sont perçus comme des naïfs qui ne voient pas le danger de l'islam[14]. Le dialogue se trouve ainsi en opposition avec la mission

---

[12] Voir l'Encyclique *Ecclesiam Suam* du pape Paul VI, ainsi que les constitutions *Lumen Gentium* (sur l'Église) et *Gaudium et Spes* (sur le rapport Église-monde).
[13] Voir notre étude, *Pour une théologie chrétienne des religions*, Paris, DDB, 2012.
[14] À titre illustratif, voir M.-Th. Urvoy et E.-M. Gallez, *Le malentendu islamo-chrétien*, Paris, Salvator, 2012.

évangélisatrice de l'Église et comme sourd à l'appel à la conversion au Christ. Malgré la volonté d'articuler les deux et de montrer leur non-opposition, une certaine conception du dialogue fait aujourd'hui difficulté et ne semble plus aller de soi. Ce qui provoque à nouveaux frais l'interrogation sur la nature du dialogue islamo-chrétien. Quelle théologie adéquate aujourd'hui ? En quoi un dialogue systémique est-il plus à même de provoquer à nouveau une dynamique du dialogue à distance de positions tranchées se situant sur le plan convictionnel ?

Pour répondre à ces questions, je procéderai en trois temps d'inégale longueur, mais nécessaires dans la construction de mon propos. Je voudrais revenir brièvement sur les raisons de la contestation actuelle avant d'élaborer une nouvelle posture théologique et de mesurer ses enjeux.

I. Les raisons d'un clivage

Sans vouloir être exhaustif, on pourrait retenir trois sortes de raison à l'arrière-fond de la contestation théologique actuelle du dialogue islamo-chrétien. La première consiste à mettre en contraste, pour ne pas dire en opposition, le christianisme qui a opéré une distance critique par rapport à son absoluité historique traduite dans une forme d'hégémonie universaliste et l'islam qui fonctionne toujours selon cette logique. Selon ceux qui refusent le dialogue islamo-chrétien, l'islam est resté fondamentalement absolutiste, dans son rapport à soi, à autrui et au monde, d'autant plus qu'il confond les registres politiques et religieux.

Ainsi, l'histoire de l'islam sera relue à travers un axe majoritaire considéré comme dimension universaliste, prenant pour illustration signifiante l'absence de liberté de conscience, comme l'obligation faite au non-musulman de se convertir pour épouser une musulmane. Les citations coraniques généralement évoquées pour stipuler la liberté, l'absence de contrainte (« Nulle contrainte en religion » [s. 2,256], « si Dieu l'avait voulu il aurait fait de vous une seule communauté » [s. 48, 5], s.18, 28)… sont remises dans leur contexte et relues à la lumière du développement *shariaïque*. Un absolutisme sur un fond de confusion des registres qui s'exprime à travers une conversion à sens unique, sur un fond d'idéalisation de la religion islamique réputée de provenance divine, ou encore sur un fond d'exclusivisme idéologique ou pratique, manifesté dans la logique du *halal*, du voile ou le refus de serrer la main aux femmes…

C'est à ce niveau que l'exemple des chrétiens d'Orient est souvent invoqué pour illustrer l'impossibilité du dialogue islamo-chrétien. L'islam dominant est structurellement oppressant et antichrétien. Ce serait une illusion de vouloir y changer quoi que ce soit.

La deuxième raison du refus concerne les intellectuels, notamment chrétiens qui restent prisonniers du « politiquement correct ». Au nom du dialogue, on s'interdit les approches critiques sur le plan historique, anthropologique ou philologique et on se contente des faux-semblants. Importante est la littérature dans ce domaine où l'on souligne l'inutilité du dialogue puisqu'on utilise les mêmes mots pour couvrir des réalités différentes, voire opposées : la perception de Dieu, de l'histoire, de l'humain, de la miséricorde, de la prière, de l'Écriture, de la fin des temps, du salut…[15] Or, selon ceux qui s'opposent au dialogue, nous n'avons ni le même Dieu ni les mêmes approches. La principale raison de cette opposition tient à l'histoire de l'émergence de l'islam qui proviendrait d'une dérivation judéo-chrétienne ayant épousé des réalités multiformes, donnant lieu à un objet fondamentalement altéré, extérieurement varié[16]. D'où la connexion ici entre le refus du dialogue et l'investissement dans des études historiques et philologiques.

La troisième et ultime raison du refus est principalement liée à la manifestation croissante du fondamentalisme au nom de l'islam. Pour ceux qui refusent le dialogue, la multiplication des formes et des lieux de ce fondamentalisme s'enracine historiquement dans la violence connaturelle à cette religion. Malgré les exceptions d'une certaine spiritualité soufie, marginale, la relecture de l'histoire ferait apparaître le caractère profond d'une violence qui se serait exprimée très tôt à travers les principales figures de l'islam. Ici sont

---

[15] Les travaux de Fr. Jourdan s'inscrivent dans cette perspective. Voir : *Dieu des chrétiens, Dieu des musulmans* (Paris, Flammarion col. Champs, 2012) ; *La bible face au Coran* (Œuvre 2011) ; *Le Messie en croix selon les premières Églises face à l'islam* (Éditions de Paris 2010)

[16] Voir l'hypothèse d'al-Ustaz al-Haddad dans une étude parue en arabe en 1986 sous le titre : *Le Coran, un appel 'nazoréen'* aux éditions Paulistes ; J.-M. Gallez, *Le messie et son prophète. Aux origines de l'Islam*, T. I : De Qumrân à Muhammad, T. II : Du Muhammad des Califes au Muhammad de l'histoire, éditions de Paris, 2005, 525 p. et 582 p.

opposés la douceur de Jésus et son message de paix au caractère guerrier de Muhammad ; la persécution subie par les premiers chrétiens au nom de leur foi et la persécution organisée par les musulmans au nom de leur foi. La montée de l'islam politique, qu'il soit lié aux Frères musulmans ou au wahhabisme, ou encore le *djihadisme* porté par al-Qaïda ou par l'État islamique, accroît cette identification entre islam et fondamentalisme violent avec lequel aucun dialogue ne sera possible.

II. Vers une approche systémique du dialogue islamo-chrétien

Face aux réticences, la théologie du dialogue islamo-chrétien peut encore s'appuyer sur ses fondements tels qu'on les trouve dans le sillage du concile Vatican II. Je ne reviendrai pas ici sur ces assises extrêmement importantes, en termes d'unité du genre humain (NA, §.1), de reconnaissance de ce qui est vrai et saint dans chacune des traditions religieuses (NA, §.2) ou encore du dialogue confiant et fraternel, fondé sur la charité et la prudence (entendez par là le discernement). En s'appuyant sur ce socle et afin de préserver sa crédibilité et consolider sa pérennité, la théologie du dialogue islamo-chrétien doit œuvrer conjointement suivant trois approches que je souhaite brièvement développer. D'abord une vision systémique, ensuite une approche comparative, enfin une posture différenciée.

En effet, l'exigence systémique du dialogue islamo-chrétien conduit à l'impossibilité de faire abstraction d'un des aspects majeurs qui impactent profondément la réalité des personnes impliquées. Qu'on le veuille ou non, les dimensions géopolitique, sociétale ou économique ne sont pas annexes dans une démarche de dialogue, y compris sur le plan théologique, anthropologique ou spirituel. De plus, la mondialisation conduit inévitablement à une interconnexion.

Analogiquement, cette exigence méthodologique fait écho à ce que Muhammad Arkoun appelait l'islamologie appliquée par rapport à l'islamologie classique. Sans confondre les registres, il s'agit de mesurer leur imbrication. Prendre en considération le politique, l'historique, le culturel, le sociétal, l'institutionnel, l'écologique, l'anthropologique et le spirituel c'est prendre acte d'une complexité, seule en mesure de résister aux réductionnismes et aux simplifications, et dans le même temps, seule en mesure de résister aux abstractions catégorielles qui peuvent s'avérer néfastes sur le moyen et le long terme. Autrement dit, tout dialogue doit prendre en considération l'interdépendance des registres. Une démarche certes plus exigeante, mais qui préserve de toute forme d'excès. Se positionner uniquement sur le registre spirituel ou ne pas prendre en compte la critique de la réalité juridique ou politique, n'est plus tenable.

La deuxième approche à développer consiste à passer d'une perspective comparée à une démarche comparative. Si jusque-là, l'approche comparée permettait une meilleure compréhension de soi et de l'autre – bénéfice non négligeable – tissant par là des ponts et des analogies entre des notions et des mécanismes qui fonctionnent en parallèles, elle devrait davantage se mouvoir en une démarche comparative, dans un sens plus interpellatif que descriptif. Malgré son incontestable intérêt, la limite de la démarche comparée réside dans une forme de juxtaposition, aussi bien des similitudes que des différences. La méthode comparative consiste à se donner la possibilité de questionner, suscitant l'écoute en retour. Mais à la différence de l'apologétique qui transforme l'interrogation en un interrogatoire pour mettre en difficulté l'autre à partir de ce que l'on considère être ses points de faiblesse, l'attitude comparative interpelle pour mieux saisir de l'intérieur l'écart parfois indépassable, et créer un espace de questionnement en l'autre pour sortir des fausses certitudes. On passe de l'affirmation des certitudes qui obéissent à leur propre logique à l'épreuve de la critique dans le sens d'évaluation.

D'une théologie de la similitude provoquée par la recherche du commun analogue, il s'agit d'une théologie de la différence où celle-ci n'est pas perçue comme une opposition, mais comme lieu d'échange. Bien entendu, cette attitude appelle une vigilance en permanence pour ne pas glisser en une provocation de l'autre. En s'appuyant sur ce que Dennis Gira appelle les amis du dialogue, comme le respect, l'amitié, l'humilité, la patience et l'écoute, il s'agit, par le questionnement, d'avancer ensemble et de questionner en présence de l'autre ses propres incompréhensions, en examinant aussi les idées que l'autre a forgé sur soi. L'approche comparative permet d'écouter les questions de l'autre et de rendre compte d'une façon audible ce que l'interpellation génère comme clarification de soi. S'instaure ainsi un dialogue dans un va-et-vient bénéfique à ceux qui s'y sont impliqués.

La troisième approche à prendre en considération est ce que l'on pourrait appeler la posture différenciée de soi et d'autrui. Quelles que soient la vigilance et l'attention portée à l'autre, le dialogue islamo-chrétien souffre souvent d'une forme d'essentialisme structurel qui conduit inévitablement à un parti pris. Tant que l'on se situe au niveau du « christianisme » et de « l'islam » comme étant des entités, on est tenté par la volonté d'accuser ou d'innocenter. Or, l'islam et le christianisme sont pluriels. Nous nous berçons dans des facilités de langage ou bien dans des synthèses conceptuelles qui offrent de faux conforts. La réalité c'est que l'islam et le christianisme n'existent pas en soi, mais d'une façon appropriée par des structures (comme l'Église, ou les écoles juridiques), ou encore par des personnes pris dans des contextes variés, marquées par des schèmes de pensée. Par conséquent, le dialogue islamo-chrétien ne peut faire l'économie des personnes qui dialoguent, de leur trajectoire, de leur représentativité ou de leur absence de représentativité. Concrètement le dialogue ne peut s'élaborer que proportionnellement à l'appropriation par chacun de sa propre trajectoire.

Or l'un des pièges du dialogue islamo-chrétien c'est la volonté de se faire le « porte-parole de », ou de se faire l'exégète de toute une tradition qui ne cesse d'épouser des formes variées et d'évoluer à travers l'histoire. L'approche différenciée c'est la prise en compte de la diversité interne constitutive de chacune des traditions religieuses et de l'impossibilité de l'une de ses composantes de se substituer à l'ensemble. Ni le soufisme, ni le fondamentalisme, ni le juridisme – et on pourrait prolonger la liste côté musulman comme du côté chrétien – ne peuvent résumer l'ensemble. Ce sont des orientations présentes dans chacune d'elles. Le dialogue fait apparaître le registre dans lequel on s'inscrit.

III. Enjeux d'un dialogue systémique dans sa dimension comparative et différenciée

Je pars du principe que le dialogue n'est pas *seulement* se placer dans une posture, fondée sur l'ouverture et la rencontre, mais aussi un outil, un moyen en vue d'un déplacement pour échapper au risque identitaire, inhérent à la réalité humaine quand elle se situe sur un registre confessant. Toute confession – et la confession d'une foi religieuse en fait partie – comporte en elle-même le risque de se confondre avec son objet en le totalisant, l'idéalisant, en y adhérant d'une façon qui exclut une distance minimale, se voyant dans une forme de fidélité absolue qui n'altère aucunement la pureté originelle. Or l'intérêt du dialogue, notamment islamo-chrétien, suivant l'approche systémique ici développée à travers ses dimensions comparative et différenciée, c'est de créer un espace de non-identification absolue pour contrecarrer toute logique de substitution. L'autre, dans sa différence et dans sa cohérence, sa logique et son intelligence, implique une prise de recul nécessaire qui interdit l'absoluité historique de soi ou de sa religion.

Ici réside le principal enjeu du dialogue, à condition de s'approprier cinq caractéristiques majeures qui sont en quelque sorte l'expression de la théologie systémique qui lui est sous-jacente. La première des caractéristiques est celle d'un dialogue en vérité et non pas de convenance. Pour la foi chrétienne, l'exemple de Jésus dans son dialogue avec la Samaritaine par exemple dans Jean 4, est non seulement un dialogue courageux parce qu'il dépasse les frontières déjà tracées entre Juifs et Samaritains, mais un dialogue qui déplace les attentes. Jésus ne se contente pas d'un politiquement correct pour séduire son interlocutrice, mais il fait apparaître un autre horizon de sens quand il est question de l'adoration de Dieu non pas sur l'une des deux montagnes, mais en Esprit. Il déplace aussi les attentes en termes d'eau de source éphémère. Il interpelle la femme sur sa vie et sur ses maris. S'il n'est pas habité par un dialogue en vérité, le dialogue islamo-chrétien risque la platitude des discussions quotidiennes.

La deuxième caractéristique est celle du dialogue qui implique un déplacement mutuel. À la suite de Paul Ricœur[17], il convient de faire la différence entre mutualité et réciprocité. Une distinction que Ricœur applique au don et qui est valable pour le dialogue. A la différence d'un échange dans une forme de réciprocité stipulant un caractère obligatoire d'un donnant-donnant, ou encore comme une exigence qui surplomberait les acteurs du dialogue, la mutualité se tiendrait entre les acteurs d'un dialogue dans une

---

[17] Voir P. Ricœur, « La reconnaissance mutuelle », *Parcours de la reconnaissance*, Paris, Stock, 2004, p. 221-355, ici p. 337-338.

forme relationnelle qui implique écoute et déplacement. Le dialogue, ici islamo-chrétien, ne peut se contenter d'une juxtaposition de paroles, mais il doit impliquer une séquence centrale, ce que Ricœur évoque en termes de : donner-recevoir-rendre[18], où le « recevoir » occupe une place axiale entre le don et le contre-don. Or la clé de la mutualité réside dans la manière de recevoir.

La troisième caractéristique est la dimension critique, dans le sens d'une prise de distance nécessaire pour éviter l'identification absolutiste. Quelle que soit la religion et malgré l'importance de l'approche confessante, il se produit un phénomène de substitution qui empêche l'autocritique. Il ne s'agit pas ici d'opposer l'attitude confessante à l'approche critique, foi et savoir, ou encore théologie et sciences religieuses, tel qu'on les a vues au XIXe et au XXe siècle, mais de libérer, par le dialogue, le regard sur soi et sur autrui. L'approche critique du dialogue stipule la même exigence, la même honnêteté et la même sincérité chez soi et chez autrui. Il s'agit au fond de la faculté du discernement : rendre compte de sa foi d'une façon audible par l'autre implique la même exigence quand c'est l'autre qui rend compte de sa foi. Le dialogue est cet espace où l'acte de rendre compte est confronté à la rationalité d'autrui.

La quatrième caractéristique est la résistance. Un dialogue théologique islamo-chrétien est d'abord un acte de résistance à tout type d'hégémonie, d'impérialisme ou d'essentialisme d'une pensée simpliste ou de raccourcis trompeurs et faciles. C'est un acte de résistance aux amalgames non pas pour dédouaner faussement l'implication de l'autre dans une démarche critique, mais une résistance aux amalgames qui empêchent de penser, de traverser l'épreuve et la complexité du réel. Le dialogue est une résistance à la simple tolérance que j'accorde à l'autre ; le dialogue est un dialogue de résistance contre les « tentations de pouvoir » au nom d'une religion ou au nom d'une certitude de foi[19]. Dans ce sens, le dialogue n'est pas simplement une découverte de l'autre et de ses pratiques, mais l'interpellation de ce qui peut le conduire à m'annexer.

---

[18] *Ibid*. p. 351-352.

[19] On le voit parfois dans des rencontres dites de dialogue islamo-chrétien où certains disent : moi ma foi m'oblige à avoir ceci ou cela, d'où j'impose un univers que je considère comme étant convenable (*halal*).

Enfin, la cinquième caractéristique du dialogue, particulièrement du dialogue islamo-chrétien est celle de l'espérance. Il convient ici de rappeler la différence entre l'espoir et l'espérance : l'espoir dans le sens d'une attente passive d'un changement extérieur, alors que l'espérance c'est l'attitude d'accueil d'un changement à venir dans lequel on est déjà impliqué. À la différence de l'espoir qui peut décevoir, l'espérance s'ouvre sur la perspective d'une transformation de soi qui implique un autre rapport au temps. Or s'il n'est pas habité par l'espérance, le dialogue islamo-chrétien peut apparaître désespérant en raison des changements qui peinent à arriver, en raison aussi de la très lente transformation des mentalités qui semblent plus en régression qu'en progression.

Conclusion

Plus que tout autre dialogue, le dialogue islamo-chrétien est à la fois un pari à relever et il est un indicateur de l'état du monde dans sa mutation profonde. Ne pas le réussir c'est risquer une plus grande crispation, une plus grande tension. Ne pas le prendre au sérieux par tous les partenaires peut conduire à une exacerbation encore plus violente des identités devenant meurtrières. Se mettre à l'épreuve du dialogue c'est vivre l'épreuve de la vérité spirituelle et historique telle qu'elle s'exprime à travers l'état du monde dans sa diversité et dans sa complexité. Passer du catégoriel au systémique, et ce en incluant l'exigence que cette méthodologie du dialogue implique, c'est garder ouvert ses potentialités.

Sous cet angle, il devient impossible d'en finir avec le dialogue. Le dialogue rend possible une posture qui vise un au-delà de soi. Alors que spontanément on aurait tendance à se ranger et à ranger l'autre dans des cases prédéfinies : religion du livre, associationniste, ou hérésie déviante… le dialogue théologique dans une perspective systémique est une résistance critique en vue d'un déplacement mutuel en vérité qui s'ouvre sur une espérance nouvelle de transformation de soi et d'autrui, de transformation de soi en relation avec autrui, dans un monde en perpétuel complexification. Le dialogue systémique ne peut se réduire à une simple déclaration d'intention, il est une mise à l'épreuve de soi, de ses convictions, de ses certitudes, conduisant à une forme de tension, parfois insoutenable, pour certains, Mais c'est seulement au prix de cette exigence que le dialogue islamo-chrétien pourra être bénéfique pour ceux qui le vivent et pourra émerger dans le monde actuel comme un signe de paix, d'amitié et de fraternité.

Vingt-cinq ans après l'avoir écrit dans son livre : *Projet d'éthique planétaire* (1991), cette affirmation de Hans Küng reste d'actualité. « Pas de paix entre les nations sans la paix entre les religions. Pas de paix entre les religions sans dialogue entre les religions. Pas de dialogue entre les religions sans recherche fondamentale à l'intérieur des religions ».

8- From Apology to Dialogue with the Other in Islamic Shiʿa Studies: The Case of Muḥammad Jawād al-Balāghī[1]

Muhammad Hasan Zaraket

I.   Foreword

It could be fairly said that the relation between Islam and Christianity has started with the early beginnings of Islam. Much has also been said on the very nature of the relation between the two religions that had been diversely addressed and studied differently by Muslims, Christians, Orientals and Orientalists as well. Perhaps I would not add to what has been already said in this regard; to that end, I will not expound upon the details of this theme. I will rather start from the very hypothesis that suggests that interaction between Islam and Christianity dates back to the early beginnings of the History of Islam itself.

One of the accounts that Muslims take as an indication of this early interaction with Christianity is the (1) use of the term "Naṣārā"[2] in the Holy Qurʾān alluding to Christians, and (2) the title of "Maryam" [Mary] given to a *sūra* in the Qurʾān in reference to Seyyeda Maryam, as the lady chosen above the world's women, in the following *aya*: "Oh Mary, Allah has chosen you and purified you, and He has chosen you above the world's women".[3] The Qurʾān's position towards Christianity is not negative at all, despite of the clear declaration on the difference between Christianity and Islam in regards to some theological matters, and in particular in reference to Jesus (Messiah), as Islam reiterates his human nature[4] while Christianity regards him differently.

---

[1] Translated by Fatima Mohammad Zaraket.
[2] It is worth noting here that some scholars reject this idea holding that the Christianity mentioned in the Qurʾān is the official Christianity. Amongst these scholars, we mention Métropolite George Khodr, who has reiterated this idea on many occasions. I will return to this point later.
[3] *Sūrat ʾĀl ʿImrān* (Family of Imrān), v. 43. Cf. *The Qurʾān, With a Phrase-by-Phrase English Translation*, trans. ʿAlī Qulī Qarāʾī, 2nd edn. (London, ICAS Press, 2005).
[4] *Sūrat ʾĀl ʿImrān* (Family of Imrān), v. 59; {Indeed the case of Jesus with Allah is like the case of Adam: He created him from dust, then said to him, "Be," and he was}.

One of the much quoted verses in the context of interaction among religions is a verse known as the *"aya of al-Kalimat as-Sawā'"* (the verse of the common word).

"Say, "Oh People of the Book! Come to a word common between us and you: that we will worship no one but Allah, and that we will not ascribe any partner to Him, and that we will not take each other as lords besides Allah." But if they turn away, *say*, "Be witness that we are Muslims [that is, those who have submitted to Allah]".[5]

This verse is highly important, especially in regards to the following points:

    a. Calling for a common word and for the settling of disputes through dialogue;

    b. Acknowledging the principle of equality among all humans before Allah;

    c. Putting an end to discussion with the very matter of faith;

    d. Declaring the principle of having faith but in Allah as a common principle that might serve as a point of departure towards agreement among humans.

Anyhow, regardless to certain discussions that I pointed out to above concerning the group alluded to in the Qur'ānic speech and to the extent it belongs to official Christianity, Muslims generally considered the community alluded to in the Qur'ān as "the People of the Book" as the official Christianity. This paper is set out to expound upon the relation between Christianity and Islam, Shi'a Islam in particular and namely the case of Muḥammad Jawād al-Balāghī. The paper will also briefly lay down particular instances of the Shī'ī-Christian interaction in general.

II.   Relation between Shia Islam and Christianity

Muslims and Christians have fallen short of developing a dialogical relation in the full sense of the word, despite the interaction between both communities in different forms; however, for a myriad of reasons, debates and mutual polemics were recurrent

---

[5] *Sūrat 'Āl 'Imrān* (Family of Imrān), v. 64.

among both parties in different stages of the history of their relation.

III. Reasons of Severance

1.   Skepticism in the Christianity of the West

Some of the scholars concerned with the history of the church see that the image presented by the Qur'ān and Islamic religious texts about Christians does not correspond to the theological tradition of the church. Amongst those the name of Métropolite George Khodr, who is concerned with the Muslim Christian dialogue, stands out. On many occasions, Khodr declared this view point, indirectly pointing out that[6]:

"It is valid to accept the Arabness of some churches, not only because of the early Arabs, but also because the principial communication that had happened among Muḥammad and the Naṣārās in the house of Khadījah[7]."

In his insistence to use the Qur'ānic term, "naṣārā," instead of Christians, Khodr is hinting at his reservation. In this regard, one might also mention what has been pointed out to by Radwan al-Sayyed on the difference between Christianity mentioned in the Qur'ān and that expounded upon in the apologetic writings of some Muslim scholars.[8] I shall admit here that the final say in this polemical issue need a separate scholarly research; however, a close reading of the qur'ānic indication to the *naṣārā*, the People of the Book, and a number of personalities mentioned in the Bible is sufficient to assert that at least this community (or communities) alluded to in the Qur'ān is a form of Christianity that was living in Arabia, even if it differs in some of its doctrines from the official Christianity canonized by councils or coded in books. The early

---

[6] George Khodr et al., "Al-Masīḥiyyah al-'Arabiyyah w-al-Gharb," in *al-Masīḥiyyun al-'Arab: Dirāsāt wa Munāqashāt* (Beirut: Mu'assasat al-'Abḥāth al-'Arabiyyah, 1981), p. 83.

[7] Khadīja b. Khuwaylid is the first wife and follower of prophet Muḥammad.

[8] Cf. Radwan al-Sayyed, "al-Taffakur al-'Islāmī fī al-Masīḥiyyah: al-Jidāl w-al-Ḥiwār w-al-Fahm fī al-'Uṣūr al-Wusṭā." Retrieved from: http://www.ridwanalsayyid.com/cms/assets/pdf/8920f49e0c11413d8414096b21dd5cb9.pdf. (Accessed on: Dec. 17, 2016).

writings of early Muslim writers in response to Christianity improve the matter, as they inevitably demonstrate their knowledge of the written Christianity.⁹

2. Polemical Dialogue

The polemical writings between Islam and Christianity date back to the early period of the Islamic History, to the 3rd Hijri Century. I would like to point out to the letter that documents the debate between ʿAbd Allah b. Ismail al-Hāshimī and Abd al-Masīh b. Ishāq al-Kindī. ʾAbū ar-Rayhān al-Bayrūnī, the writer of *al-ʾĀthār al-Bāqiyya ʿan al-Qurūn al-Kāliyah*, ascribes this letter to al-Hāshimī and al-Kindī and dates it back to the the 3rd century.¹⁰

Many works have been classified under this topic, some of which reached our days while others did not. In what follows, I'll mention some of the works that reached our days:

- *Ar-Rad ʿalā an-Nasārā* by ʿAlī b. Rabban at-Tabarī (157 H./772 – 240 H./855);
- The letter of al-Hāshimī and al-Kindī mentioned above;
- *Ar-Rad ʿalā an-Nasārā* by Turjumān ad-Dīn al-Qāsim b. ʾIbrāhīm al-Hasanī ar-Rassī (170 H./785 – 246 H./860);
- *Maqālah fī Ar-Rad ʿalā an-Nasārā* by ʾAbū Yūsuf Yaʿqūb b. Ishāq al-Kindī (circa 185 H./801 – 252 H./866);
- *Ar-Rad ʿalā an-Nasārā* by ʾAbū ʿUthmān b. Bahr al-Jāhez (circa 160 H./776 – 255 H./869).

The date of birth and that of death of these writers indicates that they generally lived in the second and third Hijri centuries. It is remarkable that one of these writers, Turjumān ad-Dīn ar-Rassī, was a Zaydi Shia -which refutes the claim of some writers that the debate between Christianity and Shia Islam postdates its Sunni counterpart.

---

⁹ Ibid.
¹⁰ ʾAbū ar-Rayhān al-Bayrūnī, *al-ʾĀthār al-Bāqiyya ʿan al-Qurūn al-Kāliyah*, p. 205.

IV. Manifestations of the Islamic Christian Severance

Among the most fundamental themes that fostered intellectual communication between Islam and Christianity, we mention: the *tafsīr* (exegesis) of the Qur'ān, *Kalām* (dialectic theology), and the theme of religions and sects (*al-milal w-al-niḥal*). In what follows, I'll present the manifestations of severance in each of the three themes, to, later, move on to expound upon the Shia circles.

1. The Exegesis of the Qur'ān

The Holy Qur'ān extensively talks upon Christianity, either directly or indirectly, in almost 220 verses. Accordingly, it was inevitable for written Qur'ānic exegesis to comment on such verses. The importance of exegesis in the Islamic tradition not only lies in the exegesis as such, being an interpretation and exposition of the Holy Book, but also being a science that has no unique, specialized identity, but one that is centered upon the theme the *aya* is setting forth. That's why exegetes play a multifaceted role that of the jurist, theologian, and historian as well, based on the very theme of the verse they are commenting on. Thus, commentators would naturally comment on Christianity, either through dialogue or debate, whilst interpreting the verses that expound upon this religion.

However, tracing the exegesis research on Christianity reveals that a number of commentators found it suffice to conduct linguist research on the reasons behind naming Christianity as naṣārā, without delving into details upon Christianity as such. One of the early Shia commentators, Sheikh Muḥammad b. al-Ḥasan aṭ-Ṭūsī, found it sufficient to say the following on Christianity:

"Naṣārā is the plural of naṣrān[...] And they took this very name for they used to provide help to each other; the *ayas* that we already mentioned serve as an evidence. It has been also said that Christians were named naṣārās for they settled in land called Nāṣira, where 'Īsā [Jesus] used to settle and, thus, he was ascribed to it in his name of "'Īsā al-Nāṣirī" [the Jesus of Nāṣira]. Then, his disciples were ascribed to him, and thus dubbed naṣārā. It has also been said that Christians were dubbed as such driven by the verse of {Who will be my helpers toward Allah?[11]}".[12]

Such was the case of the commentators at the time or those belonging to the later period as well.

One of the forms of severance between Islam and Christianity is the reservation, expressed by a number of scholars in their methodology of exegesis, about deploying the written tradition in interpretation. One of the methodologies of exegesis is the *"Tafsīr bil 'Athar"* - a method based on using the tradition and narrations of the prophet, *imāms*, or companions. Most of the scholars concerned in the exegesis of the Qur'ān assert the correctness of this method in interpreting the Qur'ān, as the Prophet is the most suited person to understand the Qur'ān; thus, if he narrates a hadith that could be deployed to understand a certain verse, then it is deemed acceptable to use this hadith in order to interpret the verse in question. This holds true in terms of the prophetic narrations as well as other narrations but with certain differences.

However, the hadith tradition in Islam had witnessed the transmission of a body of narrations narrated often by Jews and occasionally by Christians, which were used by certain narrators as exegetical evidence. Thus, the scholars concerned in the methodology of Qur'ānic exegesis pointed out to the flaws of such method of exegesis in regards to invoking evidences extrinsic to the Islamic tradition *per se*, dubbed as *"Isrā'īliyyāt,"*[13] an accusation directed to some commentators as a form of debilitation and undermining.[14] Generally, what has been said in terms of the *isrā'īliyyāt* is correct to a wide extent, as what was transmitted to

---

[11] *Sūrat 'Āl 'Imrān* (Family of Imrān), v. 52. {And when Jesus sensed their faithlessness, he said, "Who will be my helpers toward Allah?" The Disciples said, 'We will be helpers of Allah. We have faith in Allah, and bear witness that we are muslims'}.

[12] Muḥammad b. al-Ḥasan aṭ-Ṭūsī, *al-Tabyān fī Tafsīr al-Qur'ān* (Qum: Maktab al-'I'lām al-'Islāmī, 1409 H.), vol. 1, p. 281.

[13] Or Israelites which is the body of narratives transmitted to the Islamic tradition from Jewish or Christian tradition.

[14] Cf. in terms of the methods of exegesis, Muḥammad 'Alī Riḍā'ī, *Manāhij at-Tafsīr w-at-Tijāhātih: Dirāsah Muqāranah fī Manāhij Tafsīr al-Qur'ān*, trans. Qāsim Bīḍā'ī, 3rd edn. (Beirut: the Center of Civilization for the Development of the Islamic thought, 2011), p. 137.

Islamic exegesis tradition is a body of legends that were circulated amongst Jews. This issue differs from the possibility of benefitting from Christian and Jewish tradition, both, in the very exegesis of the Qur'ān in a learned and scientific approach. The latter is what I call the exegetical severance between Islam and Christianity goaded by the fear of the transmission of *isrā'īliyyāt* that turned into a major impediment and that hampered communication between Islam and Christianity.

2. *Kalām (Dialectic Theology)*

Kalām is a science concerned with interpreting, defending, and arguing for the terminology of the Islamic doctrine. It's predictable then to trace a Christian presence in *Kalām* books, for it explores common themes between Islam and Christianity, such as the issues of God, Prophethood (*al-nubuwwa*), Resurrection, Punishment and Reward, Deliverance, among other issues discussed in Christian Theology. The difference between the Islamic and Christian Theological takes on these issues proves that a sort of communication had happened.

However, reconsidering *Kalām* reveals that in little instances it addressed Christianity even in polemical issues. Scrutinizing the scholastic books of *Kalām* reveals this fact. Suffice is to address two samples of these books: (1) *al-'Aqīdah aṭ-Ṭaḥāwiyyah* [*The Creed of Ṭaḥāwiyyah*] as well as (2) *Kashf al-Murād fī Sharḥ Tajrīd al-'I'tiqād*. The first book by 'Abū Ja'far aṭ-Ṭaḥāwi (321H.) is an exposition of the fundamental tenets of faith in Sunni Islam. It could be fairly said that this book is the Islamic coequal of the formulations of faith in Christianity. This brief exposition is held acceptable amid the three, major schools of *kalām*: Ash'arite, Maturdi, and Salafist; that's why, the mutakllimūn[15] of these schools paid close attention to this book, where tens of commentaries on this book were written as well. The book does not include any point on Christianity, safe one instance upon addressing the issue of the return of Jesus at the end-of-the-times being a sing of the last day.[16]

The commentaries written on this book do not differ much from the book itself, within which Christianity is mentioned accidentally

---

[15] Scholars who practice Kalām.
[16] Or *Qiyām as-Sā'ā*.

upon addressing other issues. This holds true for the second book as well, which is an exposition of a brief text by Naṣīr ad-Dīn aṭ-Ṭūsī, on which a number of theologians has written commentaries, among whom the name al-'Allāmah al-Ḥillī stands out. I do not expect, by no means, the development of the Islamic *Kalām* books into books on comparative theology, since the two disciplines have different syntheses and roles. However, the difference between comparative theology and the theology directed usually towards believers shall not hinder the possibility of addressing Christianity upon expounding on themes that Christianity and Islam share common, different, or similar views on.[17]

The interaction between Twelver Shiism and Christianity was not wider or of more depth than that of the Sunnis. Thus, Shias engaged in dialogue with Christianity at some points that I'll mention later.

3.   Religions and Sects

Islamic tradition includes a kind of literature dubbed "al-Milal w-al-Niḥal." A myriad of books were written in this discipline, the most of which are two reference books entitled *al-Faṣl fī al-Milal w-al-'Ahwā' w-al-Niḥal* by 'Alī b. 'Aḥmad b. Ḥazm (456 H./1064) as well as *al-Milal w-al-Niḥal* by 'Abū Fatḥ Muḥammad b. 'Abd al-Karīm ash-Shahristānī (479 H. / 1086 – 584 H. 1188). In the two books, the authors expound upon many religions and sects that belong to Islamic and non-Islamic circles. The first author devoted one chapter to talk about Christianity, pointing out to some of its sects, starting from the disciples of Arius, then moving forward to introduce other communities such as Melkites, Nestorians, Yakubites, and then discussing the terminology of the Christian doctrine. 17 pages of the first volume of this book were allocated to talk about Christianity, and then the writer proceeds to talk about Judaism. In the second volume, the author also reconsiders Christianity, commenting on the Bible as well as other Christian books throughout 80 pages, noting that the book comprises six volumes.[18]

---

[17] Cf. on the two books: al-'Allāmah al-Ḥillī, *Kash al-Murād fī Sharḥ Tajrīd al-'I'tiqād* (Beirut: Dar al-Ta'āruf, 1983).
[18] Cf. 'Ibn Ḥazm, *al-Faṣl fī al-Milal w-al-'Ahwā' w-al-Niḥal* (Beirut: Dār Ṣādr, 1320 H.).

This number of pages allocated to talk about Christianity, despite of their polemical character, is acceptable especially as 'Ibn Ḥazm was in direct contact with Christianity driven by his Andalusian origin. Moving on to the second book, however, we sketch that the number of pages allocated to talk about Christianity in the two-volume book does not exceed 6 pages that do not present a clear picture of the directions and sects of Christianity.[19]

V. Relation between Islam and Christianity among Shia Circles

What has been said above on the relation between Christianity and Sunni Islam holds true as well, despite of some differences, in depicting the relation between Christianity and Shia Islam; however, the specificity of Shiism stands out here as new impediment that hindered the dialogical or polemical interaction between both parties. In what follows, I will summarize the major impediments.

1. The Concern over Self Defense and Intra concerns

Self-defense on the intellectual level, at least, was the major concern of Shia Muslims in the Islamic society. That's why the major parts of some scientific disciplines in Shia tradition were marked by the intra dialogue with Sunni schools of thought. A myriad of elaborate treatises were written in this regard. Suffice is to assert that principal books on Shia *kalām* do expound upon polemical matters between Sunni and Shia Islam—the most well-known of which are (1) the issue of 'Imāmah that Shia regard as a theme of kalām whereas Sunnis consider this issue as a branch within political jurisprudence; as well as (2) the Divine Attributes, which is a polemical issue among Shia and Asharites. Divine Justice is one of the most important attribute that Muslims looked at differently. Shias and Muʿtazilites, on the one hand, have adopted a similar opinion regarding Divine Justice; however,

---

[19] Cf. 'Abū Fatḥ Muḥammad b. ʿAbd al-Karīm ash-Shahristānī, *al-Milal w-al-Niḥal* (Beirut: Dār al-Maʿrifah, n.d.).

Asharites, on the other, adopted a divergent opinion. This holds true as well in regards to other polemical issues.[20]

In a nutshell, Shias throughout long periods of their history arranged their priorities based on self-defense; thus, they developed certain literatures to be addressed to Sunni Islam and such was the case of Sunni Islam vis-à-vis Shiism, although Sunnis were often in state of power and Shias were in the opposition front. Therefore, Oriental Christianity at no time was a dangerous rival for both parties throughout long periods of the Islamic intellectual history of Sunni and Shia Islam equally.

2. *The Polemics of the Center and the Periphery*

The Polemics of center and periphery had been one of the major impediments of intellectual dialogue and communication between Shias and Christianity. Shia seminaries (*ḥawzās*), centers that offer education in Islamic Shia Studies, for long periods of the Shia history were set up in certain cities afar from any contact with Christianity. The most important Shia scientific centers are located in: Najaf, al-Ḥilla, Qum, Samurrā',[21] Baghdad,[22] and Jabal ʿĀmil (now known as South Lebanon). The only exception that was expected to initiate relations with Christianity was the seminary of Jabal ʿĀmil; however, Shias in south Lebanon were living under certain circumstances that turned their attention unto their inner circle especially as they were living under the rule of Mamluks followed by the Ottoman Empire. Despite this severance that marked off most of the periods of the Shia history, there were many instances in the intellectual and cultural history of Shias where a sort of interaction and contact between Shia Islam and Christianity had occurred, which I'll point out to in what follows.

---

[20] Cf., for example, al-ʿAllāmah al-Ḥillī, *Kash al-Murād fī Sharḥ Tajrīd al-'Iʿtiqād*, op. cit.

[21] The Islamic scientific seminary (ḥawza) was developed for the first time in the Iraqi village of Samarra located near Baghdad in 1874, after the settlement of Muḥammad Ḥasan Shīrāzī in the village following his emigration for reasons not defined yet. This Hawza did not last for long following the latter's death; it is said that it was closed almost twenty years later.

[22] During the time of Sheikh al-Mufid, Baghdad had witnessed a momentous intellectual activity followed by Sheikh Ṭūsī. However, the latter set out to settle in Najaf driven by several circumstances.

VI. Instances of Contact between Shias and Christianity

A. Safavid Dynasty (1502-1736)

During this very period an intellectual interaction took place between Christianity and Islam, driven by, from the Christian front, the Spanish Jesuit priest, Jerome Xavier (1549-1617) who emigrated from Spain to India in 1595, settling in the Moghul court of Akbar. He was advised to learn Persian, a language that he had never learned before. Jerome Xavier said in one of the letters he delivered to his Jesuit Superior in Rome that his first occupation was to learn the Persian language, stating that God's mercy would help him learn and speak the language within the space of one year.[23] It seems that he mastered the language and was able write it around 1600 with the help of local scholars.[24] Jerome Xavier debated with a number of Iranian scholars, some of whom were Shia and others not. He also wrote a number of books on the polemics between Islam and Christianity. Some of his books include:

- *Mir'āt Quds ya'nī dastān Ḥaẓrat-e 'Īsā* [*the Mirror of Holiness viz. the Life of the Lord Jesus*], which was written in 1602 in Agra and was presented to Emperor Akbar and afterwards to his son, Jahangir;

- *'Āyney-e Ḥaq-e Namā* [*The Truth-Showing Mirror*], which is one of Xavier's chief works that he wrote over 12 years. A copy of the earlier manuscript at Biblioteca Vaticana reveals that Jerome Xavier finished writing the book in 1609. This book depicts a dialogue among three interlocutors: a Christian priest, a skeptic philosopher, and a Muslim scholar. The three personalities represent true personalities who are the writer himself, Emperor Akbar, and a Muslim theologian at the court with which Xavier had had contact with respectively.

---

[23] Cf. A. Camps, *Studies in Asian Mission History*, 1956-1998 (Leiden: Brill, 2000), p. 33.
[24] It is worth mentioning that this period marked the heydays of Farsi, for it was the language of knowledge and intellection in Iran and India, especially amongst Muslims, noting that India at the time was comprised of Pakistan and Bangladesh as well.

- The third book written by Xavier presents an abridgment of the previous book entitled *Muntakhab 'Āyney-e Ḥaq-e Namā* [*Abridgment of The Truth-Showing Mirror*].[25]

The written works of Jerome Xavier as well as his verbal dialogues provoked the interest of a number of Muslim scholars to comment on and respond to his discussions addressed to Islam. One of the most renowned scholars who had responded to Xavier was the Lebanese-Iranian theologian 'Aḥmad al-'Alawī who wrote *Maṣal-e Ṣafā dar Tajliyat-e wa-Tasfiyat-e 'Āyīn-e Ḥaq-e Namā dar Rad-e 'Āyīn-e Naṣārā*.[26]

B. Qajar Dynasty (1794 - 1925)

During the Qajar dynasty the attempts of Christian missionaries continued. This historical period also witnessed a new phase of dialogue between Shia Islam and Christianity, led on the Christian front by the priest Henry Martyn (1781-1812), who was born in Truro in Great Britain, and educated at Truro Grammar School and St. John's College, Cambridge. He was ordained a priest and then was sent as a missionary to India and Persia in 1806. One of the chief works he conducted was the translation of the *Old Testament* unto Urdu and Persian. For the sake of his missionary service, he set out to a number of Persian cities, such as Bushahr, Shiraz, Isfahan, and Tabriz. One of his renowned works in the field of Christian-Muslim dialogue is a book renowned in Persian as *Mīzān al-Ḥaqq*.[27] On the Shia front, 'Aḥmad an-Narāqī al-Kāshānī was amongst the most prominent scholars who responded to Martyn. He wrote *Sayf al-'Umma wa-Burhān al-Millah* [*The Sword of the Nation and the Proof of Religion*]. Al-Kāshānī

---

[25] *Studies in Asian Mission History*, op. cit., pp. 33-39.

[26] al-'Alawī was not the only scholar to respond to Xavier. This book as well wasn't the unique book he wrote. al-'Alawī wrote a number of books in response to Christianity and the debates thereof. On this period, see in Farsi: 'Alī 'Akbar Dhākirī, "Ghufteghūhay-e 'Ilmī dar 'Aṣr Safawī," *Majalley-e Huẓ-e*, 89-80 (Bahmah-Isfand, 1377 H. Sh.). For more writings concerned with the historiography of such literature, see : Muḥammad Riḍā Waṣfī, *at-Tafā'ul bay al-'Islām w-al-Masīḥiyya fī 'Īrān al-'Ahd aṣ-Ṣafawī, 1501-1722* [*Interaction between Islam and Christianity in Iran Safavid Era, 1501-1722*], 1st edn. (Beirut: Markaz al-Ḥaḍārah li-Tanmiyat al-Fikr al-Islāmī, 2015).

[27] Cf. 'Aḥmad Rahdārm "Mubalighān Masīḥī wa-Tablīgh 'alayhi 'Islām dar 'Īrān 'Aṣr-e Qājāriy-e," *Riwāq-e Andīsh-e* 49 (1384 H. Sh.).

presented this book, which was completed on 26th of December, 1817, to the Fath-Ali Shah Qajar.[28]

VII. An Overview of Al-Balâghî's Life[29]

Muḥammad Jawād al-Balâghî was born to well-known Arab family in the city Najaf that derived its holiness amidst Shias from the existence of the holy shrine of Imam Ali b. 'Abī Tālib. Driven by the presence of the shrine, the city has been an intellectual center for ḥawzas ever since the emigration of Sheikh Ṭūsī to it. al-Balāghī got his early education in Najaf like his peers of religious families at the time. Then, he departed for Samarra, where he lived for ten years. Afterwards, he moved to Kadhimiyya near Baghdad, where he studied under several prominent scholars. He then returned back to Najaf to study and conduct research under several chief scholars of Najaf at the time. al-Balāghī also taught a number of students who later became very renowned scholars. Besides his intellectual activity, al-Balāghī also engaged in political activities, where he played a crucial role in protesting against the British occupation to Iraq. al-Balāghī wrote extensively; he left behind around 40 books that range between short treatises and a three-volume book.

VIII. al-Balāghī Scientific Heritage

al-Balāghī wrote in a plethora of fields that included *fiqh* (jurisprudence), exegeses, and *kalām*. Most of his writings were marked by an apologetic character, defending what he has faith in; in this view one can classify his responses to Wahhabism, Bahaism, and Bābiyah (Babi movement), and Christianity, also to some of his colleagues such as his response to his friend Seyyed Muhsin al-Amin, when the latter declared his intention to reformulate some

---

[28] On the writer and his book, see: Muḥammad Kāẓim Rahmatī, "Mullā 'Aḥmad an-Narāqī wa-Kitāb Sayf al-'Umma wa-Burhān al-Milla," *Ketāb Māh-e Dīn*, 107-109 (1385 H. Sh.).

[29] For more details on al-Balāghī's early life, see: Muḥammad al-Ḥasūn, *Mawsū'at al-'Allāmah al-Balāghī* (Qum: Markaz al-'Ulūm wa-th-Thaqāfah al-'Islāmiyyah, 2010).

of the Shia practices during ʿAshūra commemoration.³⁰ We are concerned here, in particular, with al-Balāghī's work on Christianity, on which he wrote a number of books that serve different aims, among the most important, we mention :

al-Balāghī wrote the following books in response to Christianity:

1. *ʾAʿājīb ʾAkādīb*, which is a short treatise that dates back to 1926. It was written in response to certain missionary books. It was printed several times, and the last edition dates back to 1992.

2. *Risālat at-Tawḥīd wa-Tathlīth* [*Treatise on Monotheism and Trinity*]. Its date of publication is not precisely known; however, it was printed in 1914. The title inevitably reveals the content thereof.

3. *ar-Riḥla al-Madrasiya w-al-Madrassa as-Sayyārah fī Nahj al-Hudā*, which is al-Balāghī's most renowned and voluminous book in this field. It depicts an imagined dialogue that resembles the writings al-Balāghī was responding to. It seems that he completed the book in 1919.

4. *Al-Hudā ʾilā Dīn al-Muṣṭafā*, which is quite similar, in terms of the topic, to the previous book, the only difference is that al-Balāghī here does not use a dialogue to lay down his ideas.

Moreover, there are many books he wrote but did not complete that I see no need to reference in this study.³¹

---

[30] Seyyed Muhsin al-Amin was a Lebanese Shia scholar who called for the abrogation of some practices that a number of Shia practice during ʿAshūra commemoration, such as self-flagellation among others. In this regard, he wrote a short treatise entitled *at-Tanzīh ʿan ʿAmal ash-Shabīh* that provoked a lot of debate amid the circles of Shia. al-Balāghī was one of those who stood against al-Amin on this matter. On this work of al-Amin and the comments it provoked, see: Muḥammad al-Ḥasūn, *Rasāʾil ash-Shaʿāʾir al-Ḥusayniyya* (n.p: Muʾassasat ar-Rāfid, 2011), three volumes.

[31] On al-Balāghī's published and unpublished books, see: *Mawsūʿat al-ʿAllāmah al-Balāghī*, op. cit., 280ff.

IX. The Causes that goaded Al-Balaghī into this Field

al-Balāghī's personality itself contributed to him entering the polemical field of debate with Christian missionaries—a personality that was not cut off the historical milieu at the time. al-Balāghī lived in a turbulent period that witnessed many a political and social transition, in Iraq in particular. He witnessed the demise of the Ottoman Empire and the implications thereof in regard to the Islamic nation state after this demise. Despite of the cautious attitudes that Shiites expressed towards the Ottoman rule, they regarded the latter as a system of ruling that provided the minimal demands of the Islamic community. The other factor that al-Balāghī and his likes looked at cautiously was the British Mandate in Iraq, prevailed with skeptic attitudes towards the link between Christianity and the Mandating political entity.

The third factor that contributed to al-Balāghī's entering this field was the intellectual movements in Iraq at the time, especially amid the Shia circles. That very period witnessed the emergence of two main movements within Shia circles: the Bahaism and Bābiyah (Babism) to which al-Balāghī and some of his Shia contemporaries looked at skeptically, considering that they present a serious risk to religion per se and an attempt supported by foreign authorities (British authorities) to undermine religion from within. Wahabism, another movement that differs from the other two in terms of doctrine and religious practices or character, was also emerging at the time. Not only Wahabism attempted to enter Iraq intellectually, but also it attempted to attack some religious cities in Iraq, such as Najaf and Karbala.[32] Moreover, it seems that al-Balāghī's personality and character inclined to conduct the mission of responding to and confronting debates, which is clear from his apologetic writings, especially that he even used to respond to his friends in defense of his faith, as indicated in the case of al-Amin before.

My readings of al-Balāghī's works that are directed to Christianity reveal that a number of books written by some missionaries incited

---

[32] The Wahabbi sack of Karbala occurred on April 33, 1802. On the implications, results, and circumstances of this attack, see : S. Longrigg, *'Arba'at Qurūn min Tārīkh al-'Irāq al-Ḥadīth*, trans. Ja'far Khayyāṭ (Baghdad: Lana, n.d.), pp. 260-61; also, Ja'far Maḥbūbah, *Māḍī an-Najaf wa-Ḥāḍiruhā* (Beirut: Dār al-'Aḍwā'), 1st vol, pp. 324-26.

him into entering this field of debate with Christianity. The most important works that al-Balāghī points out to in his two books, *Al-Hudā 'ilā Dīn al-Muṣṭafā* and *ar-Riḥla al-Madrasiya*, are :

- *Kitāb al-Hidāyah*, that was presented by its publishers as being a response to a book entitled *'Iẓhār al-Ḥaqq* which comprises four volumes. The following expression was written on its title page : "it was printed under the knowledge of American missionaries in Egypt, 1898."

- *Kitāb 'ibn Hāshim al-'Arabī*; it seems that this book is an introduction to George Sale's translation of the Qur'ān which was printed in Cairo in 1913.

- *Riḥlat al-Gharīb 'ibn al-'Ajīb*. I was not able to plot many details on this very book in spite of my attempt to do so; however, I do not claim that I've done wide range of literature review concerning this book.

- *Thamarat al-'Amānī fī Ihtidā' 'ibn al-'Ītānī*; the author of this book claims that he was guided into Christianity after being a Muslim. In this book, the author expounds upon his religious experience and the causes that led him this way. This book was printed for the first time in Cairo in 1911.

X. al-Balāghī's Methodology in Dialogue and Debate

It seems that al-Balāghī cherished a number of methodological tools that enabled him to enter the arena of polemics with Christianity. He acquired Hebrew as well, as one of his contemporaries state that,

"I've seen him often reading in the *Old Testament*. His reading mirrored profound knowledge with the language itself and the subject thereof, as a Jewish rabbi asserted, once, al-Balāghī's knowledge in the intricacies of Hebrew."[33]

---

[33] *Mawsū'at al-'Allāmah al-Balāghī*, op. cit., p. 167.

Moreover, one of the evidences that demonstrate al-Balāghī's knowledge of Hebrew is the fact that he used to quote the *Old Testament* at many instances in his writings.[34] Al- Balāghī acquired English as well, a fact asserted by his contemporaries as well as his writings where he used to reference the English copies of the *Old Testament* he has at hand.[35]

As for the sources and references that al-Balāghī used to refer to in his writings, there is no evidence that indicates the existence of theological books at his disposal. Rather, the references he refers to upon writing on his claimed dialogues were the *Old Testament* as well as the books he was responding to. Except for this, no evidence demonstrates his knowledge of the Christian theology per se. I'll consider al-Balāghī's *ar-Riḥla al-Madrasiya* to examine the latter's methodology adopted in his dialogue with Christianity, for this book (1) includes the fundamental ideas al-Balāghī introduces in his dialogue in Christianity and (2) it represents an exemplary model for the dialogue between Islam and Christianity, as it depicts a dialogue between both parties. It's worth noting, though, that the book depicts an imagined dialogue among a Christian youth named ʿAmanū'īl (Immanuel) who represents al-Balāghī himself, and Alī'āzar, ʿAmanū'īl's Father who defends Christianity and who's attempting to assist his son to plot answers for his religious questions in order to put an end to his doubts, and a third person who's a Christian priest and who got introduced to the family; thus ʿAmanū'īl grabs the opportunity starting to sketch out his questions and doubts to the latter. A fourth person, who is a Muslim scholar, enters into play from the early beginnings of the book. Towards the end of the book, a new person enters into play whose name of Ramzī and who represents the intellectual who holds skeptic attitudes towards religion in general.

---

[34] Cf., for instance, Muḥammad Jawād al-Balāghī, *ar-Riḥla al-Madrassiyah* (Beirut: Dār al-Murtaḍā, 1998), p. 28.
[35] *Ibid.*, p. 29.

XI. Remarks on Methodology

1. *Mutual Respect*:

The reading of the book reveals high respect in presenting the ideas al-Balāghī intends to convey on behalf of the personalities speaking in the imagined dialogue. The reader will not find any expression whatsoever that reprimands any character whom the writer does not share the same point of view with. For instance, upon refuting the ideas of George Sale, the writer does not attack the latter personally; rather, he considers that the translator, the so-called Hāshim al-ʿArabī, might have changed the meaning upon translation.

2. *Authenticity*:

al-Balāghī was so authentic while quoting the texts from the scripture or the others writings that he was responding to. Guided by my knowledge of Christianity, I can assert that at no instance did al-Balāghī in his book ascribe to Christianity any idea or belief that is not part of the canonized Christian tradition itself, nor did he allegedly claim the ascription of any statement he puts to the *Torah* or *Bible*; however, al-Balāghī points out to the editions of *Torah* and *Bible* that he has at hand and the date of publication thereof. He also does the same in all the books he is in charge of discussing.

3. *Apology*:

The apologetic concern pervades the book all-through. One might add that the book was very authentic in conveying its message, for it was mostly written in defense of Islam against the missionary books mentioned above. However, al-Balāghī adopted the method of dialogue to introduce ideas as an imitation of the style that was used in the books published by missionaries under the Safavid and Qajar periods. Thus, the book intended to respond to these books using the same style, method, and manner.

4. *Word-to-Word interpretation*:

One of the methodological shortcomings of the book is that it presents a word-to-word interpretation of the Bible at some point, such as the debate over divorce. For instance, after quoting Mathew 19: 5-3,

"Some Pharisees came to him to test him. They asked, "Is it lawful for a man to divorce his wife for any and every reason?" "Haven't you read," he replied, "that at the beginning the Creator 'made them male and female,' and said, 'For this reason a man will leave his father and mother and be united to his wife, and the two will become one flesh'?"[36]

by 'Amanū'īl, the latter asks: "what does this writer mean, Dad, by the two will become one flesh and no longer two? Doesn't this stand in contrast to our very senses? Are the divorced or widowed comprised of half fleshes then?"[37] No doubt that this oneness denotes no bodily oneness literally; however, 'Amanū'īl, on the behalf al-Balāghī, took this sentence literally refuting it as it contrasts what is intuitively known.

5. *Unilateral Dialogue* :

There's no shadow of doubt that al-Balāghī'a main aim was to defend Islam and respond to missionary books; however, adopting dialogue as a method implies standing on par regarding turns giving upon interlocutors, so that every personality will play its role equally; a fact that is not totally applied upon the personality of the Christian priest at many points in al-Balāghī's dialogue. The reader expects the priest to do his best to defend his religion, he/she also expects the apologetic writer to sketch the priest in the rank of the defeated for the writer's primarily intention is to defend what he believes in; however, in al-Balāghī's dialogue the priest is sketched as if he's playing an ambivalent role—as if he believes in Islam but he claims Christianity. This happens at many instances in the text:

- 'Amanū'īl accepts refusing the title of father since the Bible prohibits it; he also asserts that he does not voice his refusal driven by his fear from his collogues in Christian theology;[38]

- 'Amanū'īl asks his Father not to refute his questions and doubts;[39]

---

[36] Mathew 19: 3-5.
[37] *Ar-Riḥla al-Madrassiyah, op. cit.*, p. 134.
[38] *Ibid.*, p. 15.
[39] *Ibid.*, p. 19.

- ʿAmanū'īl asks the Muslim scholar about the story of the creation of Adam in the Qur'ān, stating that he read it in the Qur'ān itself, inquiring about the reasons of the difference of the story between the Qur'ān and the Torah, stating: "Pay no mind to what I am saying. Let it stay concealed in my heart."[40] Thus, he's asserting before the scholar the doubts he hold towards the Bible instead of defending it.
- ʿAmanū'īl, on the behalf of al-Balāghī, also rejects the books of missionaries, accusing them of being fanatic, and blaming the young man for buying and reading these books.[41]

Accordingly, the book turns into a dialogue between a young skeptic man, the priest who's playing the role of an unbiased man to an extent that he encourages the young man, supporting his doubts, ʿAmanū'īl's father who is a passive listener, and the Muslim scholar who is naturally defending Islam, rendering the dialogue unto a unilateral dialogue.

Conclusion

Al-Balâghî's book typically represents a phase of conflict between Islam and Christianity, though it took the form of dialogue that we hope that both religions benefit equally from to get engaged in a true and balanced dialogue that aims at discovering the other and getting introduced to them, rather than attempting to remove the other from their ranks to ours. One shall perhaps ask if this is possible. The human experience in itself along with the reconsideration of religions reveal that this is really possible, provided that religion should be looked at from the angle of common values and the service that religion can bring about for the sake of humanity amidst the void and the unabated search for meaning, following man's immersion in the material world.

Presenting religion per se as a gate of deliverance for man is also a mean for ecumenism between religions. Perhaps if we give man a more central position within the concerns of theology and Sharīʿa,

---

[40] *Ibid.*, p. 21.
[41] *Ibid.*, p. 26.

religion will, then, turn into divine governance that aims at protecting man from the ferocity of materialism and the worship of the earth's Pharaohs even if dressed in the mantle of religion or even Sufism.

9- Qur'anic Approaches to Jesus in the Perspective of Comparative Theology. Word and Spirit of God as Categories of Mediation between God and Man

Cornelia Dockter

Introduction

In Christian theology, there are two main truth claims: the first is that God is one God in three divine persons or hypostases, namely the Father, the Son and the Holy Spirit. The second truth claim is that Jesus is the Son of God, that he is at the same time truly God and truly Man and thus the redeemer of our sins. Exactly these truth claims seem to separate Christian from Muslim belief and seem to prevent every successful dialogue between the two religions. But is it really like this: Do you have to stop the interreligious dialogue right in the moment when the question about Jesus Christ arises? Is it possible to consider Jesus as a kind of bridge between the two religious traditions instead of considering him as the stumbling block?

In this article I don't want to discuss the question why Christians say that Jesus is the Son of God – I want to argue how it is generally conceivable that Jesus is supposed to be divine and human at the same time and what the categories *word* and *spirit* contribute to that topic. In a second step I want to find out, using the methods of Comparative Theology, if it can be fruitful to involve the Muslim perspective on Jesus of Nazareth in the discussion. As a form of interreligious dialogue Comparative Theology tries to pose the theological question of truth within a certain religious tradition and, at the same time, tries to appreciate the otherness of the other religious tradition, even if it differs from my own truth claim.[42] Thus, it could be possible to recognize the

---

[42] See Klaus von Stosch, Comparative Theology as an Alternative to the Theology of Religions. A Critical Response to Perry Schmidt-Leukel, *in* Norbert Hintersteiner (ed.), *Naming and Thinking God in Europe Today. Theology in Global Dialogue*, Amsterdam-New York 2007 (Currents of Encounter; 32), 507-512; Klaus von Stosch, Comparative Theology as Challenge for the Theology of the 21st Century *in Journal of the Religious Inquiries* 2 (2012) 5-26; Klaus von Stosch, Comparative Theology as Liberal and Confessional Theology, In *Religions* 3 (2012) 983-992. Reprinted in Francis X. Clooney/John Berthrong (ed.),

Qur'anic appreciations of Jesus of Nazareth as an approach that enriches my own Christian belief and that is able to rediscover aspects in my Christian identity and tradition that tend to be neglected.[43]

I. Christian Perspective

1. Logoschristology – From the Biblical Tradition to the Theology of Late Antiquity

The Christian question how the mystery of the person Jesus Christ is to be explained opens up Pandora's Box. First of all, there is the diversity of the Gospels in the New Testament. They all agree on the statement that Jesus is the Son of God. But they all explain and justify this heavenly son ship by giving different *origins* or *starting points* of Jesus. Mark begins his Gospel with the baptism of Jesus by John the Baptist and the Holy Spirit descending on him (Mark 1,9-11), whereas Luke and Matthew connect the Spirit with Jesus' conception – here the Holy Spirit comes upon Mary (Matthew 1,18-25; Luke 1,26-38). So, whereas the Synoptic Gospels represent a so-called *Christology from below* or *ascending Christology* – focussing on Jesus' God-inspired life –, John proposes a so-called *Christology from above* or *descending Christology*. The idea of the pre-existent Logos or Word, the second person of the Trinity, who comes down from God and incarnates itself in the human being Jesus of Nazareth, is based on the theological concept of the Prologue to John's Gospel (John 1,1.14).

European Perspectives on the New Comparative Theology, Basel 2014, 31-41; Klaus von Stosch / Sandra Lenke, The Method of Comparative Theology. Goals and Challenges, in Nayla Tabbara (ed.), *What about the Other? A Question for Cross-Cultural Education in the 21ˢᵗ Century*, Notre Dame University/Lebanon 2012, 119-129; Klaus von Stosch, Comparative Theology and Comparative Religion. In: Perry Schmidt-Leukel/Andreas Nehring (ed.), *Interreligious Comparisons in Religious Studies and Theology. Comparison revisited*, London-New York 2016, 163-177.

[43] This article is influenced in a great deal by the work of the DFG-project Qur'anic approaches to Jesus Christ in the Perspective of Comparative Theology" in which I work together with Klaus von Stosch, Mouhanad Khorchide and Zishan Ghaffar. To learn more about our work see Klaus von Stosch / Mouhanad Khorchide (ed.), Streit um Jesus. *Muslimische und christliche Annäherungen*, Paderborn 2016 (Beiträge zur Komparativen Theologie; 21).

Whereas nowadays the term and the idea of the logos in non-theological and non-philosophic contexts does not evoke a lot of connotations, the concept of the logos, was a much more common category in the world of the Late Antiquity.[44] Biblical theologians are able to name an amount of different places in the historiography of religion in which the category of the logos plays a significant role. With regard to the background of the Prologue to John is it likely that one of the most important sources is the theology of Wisdom in the Hellenistic-Jewish tradition. What distinguishes Logoschristology from the theology of Wisdom is the idea of the strong personification of the Logos that exceeds the signs of a personification of the Wisdom in the Old Testament, and, of course, the idea of the Logos becoming flesh in the person Jesus Christ.

It is the christological approach of John that has gained acceptance over the years and is finally consolidated at the Council of Nicaea in 325, whereas the elements of a Messianic or Inspiration-Christology that you can find in the Synoptic Gospels become more and more unnoticed. So the history of dogma seems to be the pure triumphal march of Logoschristology from 325 until the Third Council of Constantinople (680/681).[45] In this theological

---

[44] For the biblical discussion about the Christology of John and the category of the Logos in the Prologue to John see Martin Hengel, Der Sohn Gottes. Die Entstehung der Christologie und die jüdisch-hellenistische Religionsgeschichte, Tübingen 1975; Michael Theobald, Im Anfang war das Wort. Textlinguistische Studie zum Johannesprolog, Stuttgart 1983; Michael Theobald, Die Fleischwerdung des Logos. Studien zum Verhältnis des Johannesprologs zum Corpus des 4. Evangeliums und zum 1. Johannesbrief, Regensburg 1985; Hans Weder, Ursprung im Unvordenklichen. Eine theologische Auslegung des Johannesprologs, Neukirchen-Vluyn 2008 (Biblisch-Theologische Studien; 70).

[45] For the role of the Spirit and of spiritchristological ideas in history of dogma see José Pablo Martín, El espíritu santo en los orígenes del cristianismo, Estudio sobre I Clemente, Ignacio, II Clemente y Justino Martir, Zürich 1971 (Biblioteca di szienze religiose; 2); Henning Ziebritzki, Heiliger Geist und Weltseele. Das Problem der dritten Hypostase bei Origenes, Plotin und ihren Vorläufern, Tübingen 1994 (Beiträge zur Historischen Theologie; 84); Franz Dünzl, Pneuma. Funktionen des theologischen Begriffs frühchristlicher Literatur, Münster 2000 (Jahrbuch für Antike und Christentum Ergänzungsband; 30); Gunter Wenz, Geist. Zum pneumatischen Prozess altkirchlicher Lehrentwicklung, Göttingen 2011.

process the Incarnation-Christology or Logoschristology becomes the predominant Christology.[46]

After the definitive consolidation of the Logoschristology at the Council of Nicaea, the most important question from the fourth to the seventh century is to solve the problem how the divine and the human nature of Jesus are connected in the second person of the Trinity. I will skip the struggles around the logoschristological approach from 325 to 681 and just mention that the hegemony of the Logos in the person Jesus Christ evokes an overemphasis on the divinity of Jesus. Monophysitism and Monotheletism are two heretical developments that arise from this overemphasis on the Logos. Although both Monophysitism and Monothelitism are rejected by the christological decisions of the councils, the question remains how Christology is able to secure the true humanity of Christ. Even if the Council of Constantinople speaks of the equality of the two wills of Jesus, the human and the divine one, it is not imaginable, according to the fathers of the Council, that Jesus is able to decide against the divine will. In this case Jesus would have the possibility and freedom to refuse to fulfil his father's will and to reject his mission. Also the dyophysite theologian Maximus Confessor lays stress on the human will and freedom of Jesus and claims at the same time that the human will of Jesus automatically joins in the will of the divine Logos.[47] On the one hand Maximus is able to secure in this way the personal unity of Jesus Christ. On the other hand he risks the autonomy of Jesus and, in the final analysis, is not able to show convincingly

---

[46] For the historical discussion about the development of Christology see Alois Grillmeier, Jesus der Christus im Glauben der Kirche. Band 1-2,4, Freiburg-Basel-Wien 1979-2002; Christoph Markschies, Alta Trinità Beata. Gesammelte Studien zur altkirchlichen Trinitätstheologie, Tübingen 2000; Karl-Heinz Menke, Jesus ist Gott der Sohn. Denkformen und Brennpunkte der Christologie, Regensburg 2008, 204-281.

[47] For the theology of Maximus Confessor see Felix Heinzer, Gottes Sohn als Mensch. Die Struktur des Menschseins Christi bei Maximus Confessor, Fribourg 1980; Guido Bausenhart, In allem uns gleich außer der Sünde". Studien zum Beitrag Maximos' des Bekenners zur altkirchlichen Christologie, Tübingen 1990 (Tübinger Studien zur Theologie und Philosophie; 5); Jean-Miguel Garrigues, L'instrumentalité rédemptrice du libre arbitre du Christ chez saint Maxime le Confesseur. In: *Revue Thomiste* 104 (2004) 531-550; Karl-Heinz Uthemann, Christus, Kosmos, Diatribe. Themen der frühen Kirche als Beiträge zu einer historischen Theologie, Berlin-New York 2005 (Arbeiten zur Kirchengeschichte; 93).

how the human nature of Christ is secured in the process of the hypostatic union. So we can summarize that the history of dogma in Late Antiquity cannot really overcome the overemphasis on the divinity of Jesus.

2. *Modern Spiritchristology as a Countermovement to Logoschristology*

In our times, there are attempts to stick to the decisions of the christological councils and the so-called hypostatic union of the two natures and, at the same time, to avoid the overemphasis on the divinity of Jesus. One of these attempts is the logoschristological concept of the Catholic theologian Georg Essen.[48] In his habilitation "The freedom of Jesus" he tries to develop a Christology based on the one hand on the christological dogma of the Council of Chalcedon and on the other hand on the analysis of freedom from the perspective of transcendental philosophy represented by the Catholic theologian Thomas Pröpper. But Essen's christological concept cannot avoid the persisting problems of the theory of the hypostatic union and of the logoschristological concept, which shows again that it is – even in the framework of modern philosophical thought – difficult to combine logoschristological ideas with the emphasis on Jesus true human nature.[49]

Spiritchristology now understands itself as an answer to traditional and modern logoschristological concepts.[50] They can be divided into two different kinds: Some still want to respect logoschristological and Trinitarian ideas. They confirm the "Spirit's

---

[48] See Georg Essen, Die Freiheit Jesu. Der neuchalkedonische Enhypostasiebegriff im Horizont neuzeitlicher Subjekt- und Personphilosophie, Regensburg 2001 (ratio fidei; 5).

[49] See Magnus Lerch, Selbstmitteilung Gottes. Herausforderungen einer freiheitstheoretischen Offenbarungstheologie, Regensburg 2015 (ratio fidei; 56), 239-318; Aaron Langenfeld, Das Schweigen brechen. Christliche Soteriologie im Kontext islamischer Theologie, Paderborn 2016 (Beiträge zur Komparativen Theologie; 22), 255-293.

[50] For a general overview of modern spiritchristological concepts and the following thoughts see Piet Schoonenberg, Spirit christology and Logos christology. In: Bijdragen 38 (1977) 350-375; Michael Preß, Jesus und der Geist. Grundlagen einer Geist-Christologie, Neukirchen-Vluyn 2001; Karl-Heinz Menke, Das heterogene Problem der Geist-Christologien. In: Georg Augustin/Klaus Krämer/Markus Schulze (ed.), Mein Herr und mein Gott. Christus bekennen und verkünden. FS für Walter Kardinal Kasper, Freiburg-Basel-Wien 2013, 220-257.

influence on Jesus only posterior to that of the Logos"[51] and so they try "to give more room to a Spirit christology *within* the prevailing Logos christology of the Church"[52].

Others want to discard the ideas of Trinity and Incarnation completely. They qualify the hypostasis of Logos and Pneuma into two different modes of the one mono-personal God and in this sense represent a non-Trinitarian, more modalistic image of God. Father, Son and Holy Spirit are identified with each other and they are considered as being only one person acting in three roles. The majority of these concepts have their origin in the Anglican Church at the end of the 19th century and can be seen as a countermovement to Christologies that identify the pre-existent Logos with the human being Jesus of Nazareth. [53] This christological concept, of course, isn't within the limits of orthodox theology, because it no longer differentiates adequately between Jesus Christ and God at all. Spiritchristology wants to respect the true human nature of Jesus Christ. The reason why it rejects the priority of the logoschristological approach is "that in such a conception the subject of Christ's thoughts, feelings and actions is the divine Logos – and not the man Jesus."[54]. According to Spiritchristology every human being is inspired by the Holy Spirit (seen as a divine mode) and every human being is a manifestation of the divine Logos (seen as a divine mode). Jesus is so filled with the Holy Spirit that the Logos becomes manifest in him in a more intensive way than in every other human being. So Jesus can be called the perfect realization of personhood.

The moment of the inspiration of Jesus can be seen in his baptism (Mark 1,9) and also in the resurrection of Christ, as it is described in Romans 1,3f. In any case, there doesn't seem to be any allusion to a pre-existence of Jesus Christ. As the Dutch theologian Piet Schoonenberg says regarding the testimonies of the New Testament: "Indeed, we are justified in saying that the Spirit characterizes Jesus in his sonship with regard to God and to us,

---

[51] Schoonenberg, Spirit christology and Logos christology, 358.

[52] Ibid., 360. It is remarkable that in these spiritchristological concepts, the Spirit still has first and foremost a soteriological function and doesn't define Jesus in an ontological way.

[53] See Menke, Das heterogene Problem der Geist-Christologien, 221-225.

[54] Schoonenberg, Spirit christology and Logos christology, 359. Schoonenberg refers here to the christological ideas of Geoffrey Lampe.

even in his person, which, in Scripture, is never separated from his functions and relations."[55] The theology of the Synoptic Gospels is supposed to rise from the grave into which the Prologue to John and the dogmatics allegedly have thrown it.[56]

Of course, the logoschristological theologians know about the spirit-filled life of Jesus. But in their understanding, Jesus as the one who is anointed with the Holy Spirit "is already interpreted as the Johanine Logos incarnate"[57]. So they are convinced that they can find proof of Jesus' pre-existence in every Synoptic Gospel and that even Paul presupposes the idea of the Incarnation in his christological comments.

If one wants to discard the idea of the Incarnation, one always puts oneself at risk of Adoptionism as Jesus is acknowledged "as divine functionally rather than ontologically"[58]. If you follow a spiritchristological approach *instead* of a logoschristological one, is it still possible to draw distinction between Jesus and the other prophets or rather between Jesus and people in general, apart from the fact that Jesus represents human nature in a more perfect way?

In short, you are stuck between a rock and a hard place: On the one hand, if you reject an essential difference between the humanity of Jesus and the humanity of normal human beings, as the Spiritchristology does, you have difficulties in explaining why it is really God whom we encounter in Jesus. On the other hand, if you say that the difference between Jesus' humanity and the humanity of normal human beings is essential, like the Logoschristology does, you don't respect either Jesus' own human dignity and freedom or the dignity and freedom of the people believing in God. Is there any way to speak of Jesus as being the highest manifestation of divine Revelation without being trapped in the pitfalls of Spirit- and/or Logoschristology?

---

[55] *Ibid.*, 353.
[56] For the importance of spiritchristological ideas in the New Testament see the concepts of Heribert Mühlen, Hendrik Berkhof or Hans-Joachim Kraus and the following works: Alfons Nossol, Der Geist als Gegenwart Jesu Christi. In: Walter Kasper (ed.), Gegenwart des Geistes. Aspekte der Pneumatologie, Freiburg-Basel-Wien 1979, 132-154; Jörg Weber, Geistchristologien im Neuen Testament? Erwägungen zu einer exegetischen These über das Verhältnis von Jesus und dem Heiligen Geist, Tübingen 1999.
[57] Schoonenberg, Spirit christology and Logos christology, 355.
[58] *Ibid.*, 361.

II. Muslim Perspective

1. Jesus as a Word of God in the Qur'an

And this is the moment when the Qur'an comes into play. Is there a way that the Qur'anic statements about Jesus can help me rethink my understanding of Jesus without just saying that Jesus is no more than a prophet and messenger of God? I don't want to claim that Christians and Muslims have the same understanding of Jesus Christ and just haven't realized that so far. But the fact that the Qur'an also knows the concepts of *Spirit* and *Word of God* with regard to Jesus should not go unnoticed.

It is remarkable that in Q 4:171 the two categories *Spirit* and *Word of God* appear together. In some translations of the Qur'an the translators decided to give an interpretation of the terms *Word* and *Spirit of God* adding the note: "Be! – and he was" (*Kun fayakūn*; Q 3:47). This is a very typical interpretation of Jesus being a Word of God in Islamic theology.[59] Jesus is a Word of God, because he came into existence just through the demand of God, saying: Be! This however draws no distinction between Jesus and every other creature. Everything comes into existence by the powerful creation of God, the Almighty (Q 36:82f.).

Comparing Jesus with Adam can also show the qualification of Jesus being a Word of God. So in Q 3:59 the Qur'an relates Adam with Jesus referring to their creation just because of the powerful demand of God.[60]

The Shiite theologian Muhammad Legenhausen refers to Q 31:27 to express the Qur'anic idea that the words of God are inexhaustible and that there cannot be – as the Christians would say – just *one* word of God, namely Jesus.[61] But still Legenhausen

---

[59] See Hajj Muhammad Legenhausen, Jesus as Kalimat Allah, the Word of God. In: Mohammad Ali Shomali (Ed.), Word of God, London 2009, 129-156; Hüseyin Ilker Çinar, Maria und Jesus im Islam. Darstellung anhand des Korans und der islamischen kanonischen Tradition unter Berücksichtigung der islamischen Exegeten, Wiesbaden 2007 (Arabisch-Islamische Welt in Tradition und Moderne; 6), 80f.

[60] See Çinar, Maria und Jesus im Islam, 89-91, who refers to the tafsīr of aṭ-Ṭabarī, ar-Rāzī and az-Zamaḫšarī.

[61] See Legenhausen, Appreciating Muslim and Christian Christologies. In: Klaus von Stosch/Mouhanad Khorchide (ed.), Streit um Jesus. Muslimische und

stresses that he doesn't want to deny "that Christ is the word of God in a special unique way, for reason suffices to demonstrate that each living instantiation of a divine message will manifest the message in a unique way."[62] So I want to pose the question if I cannot say that Jesus is a Word of God, because he has a very close connection to God? Jesus is the one who speaks as a newborn child (Q 19:30-33) and in this way shows that his whole existence from the very beginning is influenced by his understanding of being the servant and prophet of God. Furthermore the characterization of Jesus as a prophet who has this closeness to God in Q 3:45 shows a certain agreement with the logoschristological concept of Georg Essen saying that Jesus has the same close and immediate relationship to the Father as the Logos has to the Father. Of course, I don't want to claim at all that this is what the Qur'an wants to say – that Jesus is the incarnation of the divine Word. But maybe the Qur'an points out that we have to talk about Jesus in this way: that he is a Word of God, because his whole existence is shaped by the presence and love of God. In verses like Q 19:35 or Q 9:30 the Qur'an warns about worshipping Jesus as the Son of God. Regardless of the question which Christian group or which religious tradition really are the recipients of these verses, it is clear that the Qur'an wants to reject any divinisation of Jesus and therefore stresses this point concerning Jesus. It is important that everything Jesus does is a result of the powerful acting of God with whom he has a very intimate connection. In accordance, it would be important for Logoschristology neither to play the Father off against the Son, as the Son is nothing without the Father, nor to identify both with each other.

2. Jesus as a Spirit of God in the Qur'an

I want to focus now on Jesus being the *Spirit of God* to find out if the Qur'an can somehow enrich my Christian understanding of the working of the Spirit regarding to Jesus.

---

christliche Annäherungen, Paderborn 2016 (Beiträge zur Komparativen Theologie; 21), 59-79, here 67.
[62] Ibid., 68. See also Legenhausen, Jesus as Kalimat Allah, 129-156, where he explains Jesus being a Word of God, because he actually realizes in word and deed what God sent as a revelation to him (*injil*).

There is a lot to say about the way the Qur'an and the Islamic tradition interpret Jesus being a Spirit of God. So in Q 2:87 the Qur'an accentuates that Jesus is filled with the Holy Spirit and that this is the source of his beneficial acting. And this inspiration affects Jesus' whole life as even the conception of Jesus is caused by the work of the Spirit (Q 66:12).

But this time I want to focus more on another category of inspiration that is closely linked to the category of the Spirit. The American theologian Paul Heck argues that "it is possible to notice affinity between the ways in which Muslims have conceived the *sakīna* and the way in which Christian speak of the Holy Spirit."[63] Originally coming from Jewish theology (*šekinah*), the *sakīna* is a category also mentioned in the Qur'an:

"According to the Qur'an, the *sakīna* is described as something sent down by God upon Muhammad and the believers to strengthen their resolve to struggle in the way of God. But it is also closely linked to angels to signal that what Muhammad and the believers are doing has the favor of God and, to be more precise, that they have apocalyptic-like access to God."[64]

Heck shows very convincingly that what the *sakīna* means to Muslims is very akin to what Christians say about the working of the Holy Spirit. It is interesting that he refers first and foremost to the working of the Holy Spirit with regard to the influence of the Holy Spirit on the Christian believers. So the functions of the Holy Spirit are mainly connected not to the nature of Jesus Christ, but to the faithful and to the soteriological meaning that the Holy Spirit has for the Christians who lived after the death of Christ. Along the same lines, the *sakīna* is – according to the ideas of the Muslim scholar al-Hakīm al-Tirmidhī –[65] first of all the inspiration and divine communication between God and the saints in the post-prophetic age.

I want to pose the question if the category of the *sakīna* can't help us to understand the role of Jesus Christ a little bit better, even if

---

[63] Paul Heck, God's Gift of Prayer to the Children of Abraham. Christians and Muslims in Sacrificial Solidarity. In: Islamochristiana 41 (2015) 57-73, here 60.
[64] Ibid., 65.
[65] See al-Hakīm al-Tirmidhī, The Book of the Way of the Friends of God (Kitāb Sīrat al-Awliyā'), quoted here from Heck, God's Gift of Prayer to the Children of Abraham, 70.

the *sakīna* is never mentioned in the Qur'an in connection with Jesus.[66] Heck quotes the ideas of the Muslim scholar Ibn al-Qayyim al-Jawziyya who understands the *sakīna* "primarily as a gift from God that descends upon believers in troubling times to help them preserve their integrity as servants of God."[67] And at this point I want to establish a relationship between the working of the *sakīna* regarding the righteous and the working of the *sakīna* regarding Jesus, who is understood to be a prophet (*nabī*) and messenger of God (*rasūl*) in the Qur'an. We could deduce that Jesus is able to adhere to his heavenly mission because of the influence of the *sakīna* inside of him, coming from God as a gift in times of challenges, for example when we think of the temptation of Christ in the Judaean Desert. The *sakīna* is to be understood as something that calms down people and help them preserve their integrity. And that could be exactly the working of God in Jesus.

Conclusion

Because of this I wonder how the Spirit and the *sakīna* are linked to each other in the Qur'an. Is it possible to speak of the working of the *sakīna* in Jesus? And my other question is how the *sakīna* is linked to the category of *Wisdom* in Jewish understanding? As we have seen at the beginning of my article, the theology of Wisdom had a great influence on the theology of John and on his logoschristological concept. So it could be very interesting to find out whether the concept of the *sakīna* is not just enriching the Christian understanding of the Holy Spirit, but also the Christian understanding of the Logos.

There is still a lot to say about the connections between the categories of Word and Spirit (or *sakīna*) in the Qur'an and the concepts of Logos- and Spiritchristology. What I wanted to point out is that the Qur'an reminds us not to forget that it is important to speak of Jesus as the/a Word of God *and* to speak of him as the/a Spirit of God. Logoschristology tends to neglect the need of integrating pneumatological ideas into its concept, whereas it is not always discernible why a Spiritchristology should still follow the idea of Jesus as the incarnation of the Logos. Isn't it sufficient – in

---

[66] See for example Q 2:248; 9:26; 9:40; 48:4; 48:18; 48:26.
[67] Heck, God's Gift of Prayer to the Children of Abraham, 68.

the spiritchristological perspective – to perceive Jesus as inspired by the Holy Spirit, without any reference to the divine Word?

Even if Jesus is no more than a prophet in Qur'anic and Islamic understanding, I would still say that the Qur'an characterizes Jesus in a unique way that forbids to reduce him either to being a Word *or* to being a Spirit of God. He is both, and Christian theology still has to think about the consequences in its christological concepts.

TROISIÈME PARTIE : APPROCHE SOCIÉTALE

10- L'islam, la norme démocratique et le radicalisme religieux

Yadh Ben Achour

Le radicalisme religieux peut revêtir plusieurs formes d'expression. Nous pouvons par exemple affirmer que le mysticisme constitue, à sa manière, un type de radicalisme religieux, alors qu'il se situe en réalité à l'extrême opposé de ce que nous entendrons par "radicalisme religieux » dans les propos qui suivent. J'entends par radicalisme religieux un ensemble de convictions et de théories fondées sur l'idée que la religion doit régler à la fois les rapports de la vie première et de la vie dernière, mais également l'entièreté des rapports proprement sociaux qu'ils soient à caractère juridique, moral ou politique. Il s'agit, par conséquent, du radicalisme religieux porté vers l'action politique directe. Il est en réalité le résultat d'une déformation de l'idée augustinienne et à la fois islamique, pensons aux droits de Dieu et droits de l'homme, *huquq allah* et *huquq al 'ibâd*, idée selon laquelle, d'après l'expression de Saint Augustin, l'univers de la pensée comprendrait deux ordres : « L'un composé des hommes qui vivent selon l'homme, et l'autre des hommes qui vivent selon Dieu. »[1] L'ordre des hommes qui vivent selon l'homme est symbolisé par la figure de Caïn qui appartient à la cité des hommes, autant dire à la cité du mal, et le second est symbolisé par la figure d'Abel qui appartient à la cité de Dieu. Si c'est pour conclure que le premier fondateur de la cité de la terre est fratricide et que le fondateur de la cité de Dieu entend instaurer le règne de la paix et de l'amour, on peut affirmer qu'il n'y a rien de scandaleux dans une telle conception de la vie. Une conception augustinienne ou ghazalienne du monde peut constituer, pour l'homme, une aide précieuse pour diriger valablement, au moindre tort possible, son parcours terrestre. Le dualisme entre *la vie première et la vie dernière,* selon le langage islamique, ou entre *la cité de Dieu et la cité de la terre,* selon le langage augustinien, n'est pas en soi porteur de radicalisme religieux.

Nous passons au radicalisme religieux par l'effet de trois perversions : la première consiste à nier radicalement la cité

---

[1] Saint Augustin, *La cité de Dieu,* livre XV-I : *Caïn et Abel. Figures des deux cités,* (Pléiade), Paris, Gallimard, éd. 2000, p. 596.

terrestre et son autonomie. La deuxième, dans le même sillage, consiste à faire le saut des fins, préceptes et principes qui doivent diriger l'homme et qui sont essentiellement d'ordre éthique, aux règles d'action et de comportements à caractère proprement juridique. La troisième conduit, à défaut de convaincre par la parole et l'exhortation, à légitimer, du point de vue de l'homme et du point de vue de Dieu également, le recours à la violence jusqu'au sang versé. Ces trois déformations conduisent évidemment à la dictature théocratique, au règne des interprètes et gestionnaires du sacré, et, en fin de parcours, à la barbarie, ce qui constitue évidemment une négation de la norme démocratique.

De cette barbarie, on ne peut débattre sans prendre un certain nombre de précautions. La première est que cette barbarie portée par le radicalisme religieux islamique actuel et pratiquée par l'État islamique a été provoquée par la politique internationale aveugle, inconséquente et irresponsable de certaines grandes puissances, incarnée notamment par l'invasion de l'Irak en 2003. Cette politique, comme cela a été établi par exemple par le rapport Chilcot du 6 juillet 2016, a été construite sur le mensonge délibéré et systématique. Elle a abouti à la destruction d'un peuple, d'une nation, d'un État, elle a provoqué ou ravivé des tensions interconfessionnelles et interethniques aboutissant à des guerres civiles incessantes qui ont alimenté les rancœurs, les haines et les délires schizophréniques, sources incontestables de la constitution de l'État islamique. La folie meurtrière répond en vérité à une autre folie meurtrière et, dans ces circonstances, on ne peut attendre du commun des mortels plus de sagesse ou de tempérance. Une deuxième précaution, dans le même ordre que la première, doit être prise en compte. Elle consiste à ne pas se précipiter pour imputer le radicalisme religieux dans ses formules extrémistes à la religion islamique en tant que telle. J'ai réfléchi, dans *Aux fondements de l'orthodoxie sunnite*[2], sur la question de savoir si l'islam, dans son texte, dans ses formulations dogmatiques, dans ses théories politiques et juridiques ne serait pas porté à encourager les comportements de violence et la valorisation des attitudes guerrières. Sur ce point, cependant, l'islam ne se distingue pas des autres religions. Quand bien même on admettrait que certaines

---

[2] Yadh Ben Achour, *Aux fondements de l'orthodoxie sunnite,* Paris, PUF, Coll. Proche Orient, 2008.

données scripturaires favoriseraient une sorte de *devoir de violence*, il n'empêche que seules les circonstances mettent ces données scripturaires en état de réactivation. La troisième précaution, , consiste à rappeler que les théories extrémistes, notamment celle du *Jihad*, dérivent de certaines voies spécifiques d'interprétation, que leurs adeptes considèrent comme des absolus, mais qui en réalité sont frappées du sceau de la relativité et parfaitement contestables. D'autres formes d'interprétation sont avancées aujourd'hui par les savants et les intellectuels musulmans, et même par les États, dans le sens du progrès, de la modernité, de la démocratie, de l'égalité homme femme, de la paix, de la tolérance, du dialogue entre les religions et les cultures. J'en ai présenté, comme l'ont fait de nombreux et talentueux collègues, une version personnelle dans *La deuxième Fatiha, l'Islam et la pensée des droits de l'homme*[3]. Un islam démocratique, une démocratie islamique sont donc parfaitement envisageables. La norme démocratique est donc assimilée, non seulement au niveau de la production intellectuelle, mais au niveau de la pratique réelle, comme le prouve la période transitoire en Tunisie, notamment le processus d'élaboration de la constitution tunisienne. L'expérience de la révolution tunisienne a mis fin à cette légende de la démocratie importée d'Occident. Ailleurs, dans le monde arabe, cela s'est soldé par les guerres civiles. Mais l'histoire nous apprend que le progrès ne se développe jamais sans contradictions et sans violence.

Ces précautions de principe étant prises, regardons à présent du côté de la norme démocratique. Cette dernière renvoie à la fois à un principe d'organisation politique et à une certaine conception de l'éthique. Sur le plan de l'organisation, la norme démocratique renvoie à un type d'organisation politique selon lequel un régime politique doit être établi sur la base de l'acceptation et de la participation des membres adultes de la société et doit périodiquement renouveler la preuve ou le titre de sa légitimité, par le même procédé endogène. Mais elle ne s'arrête pas là. En effet, un peuple livré à son seul suffrage, ou aux manipulations du démagogue, sans véritable magister moral, dépourvu de sages, vivant selon ses passions et ses seuls intérêts, peut sombrer dans la destruction et le nihilisme. Pour cette raison, la norme

---

[3] *La deuxième Fatiha. L'islam et la pensée des droits de l'homme*, Paris, PUF, Coll. Proche Orient, 2011.

démocratique va plus loin que la procédure d'élection et de votation populaire. Elle se construit sur la base de valeurs fondées sur l'éminente dignité de l'homme, l'autonomie individuelle et le bénéfice de droits fondamentaux de l'être humain. Il en est ainsi du droit à la vie, à l'intégrité physique et à la santé, à la citoyenneté, à la liberté de pensée, de conscience et de conviction philosophique ou religieuse, à la liberté d'expression, par les voies de la liberté de réunion publique, de manifestation pacifique, de la presse et des médias. L'éthique démocratique est fondée sur l'autonomie, la liberté et la responsabilité individuelle, tandis que celle du radicalisme religieux est fondée sur l'hétéronomie, la servitude volontaire ou forcée, le conformisme et le suivisme intellectuel.

Mais une grande et grave question reste en suspens. Au nom de quoi en effet pourrait-on penser que la norme démocratique serait la meilleure ? Pourquoi préférer la démocratie à la dictature, à l'aristocratie, à l'oligarchie, à la monarchie de droit divin ou au régime théocratique ? En un mot, comment sauver la norme démocratique du relativisme dans lequel veulent l'enfermer les doctrines religieuses radicales qui la nient ou les doctrines culturalistes qui la rattachent à certaines civilisations ou cultures spécifiques, à certaines sociétés ou encore les doctrines historicistes qui la ramènent à des évolutions historiques particulières ?

I. La norme démocratique et le principe de non-souffrance

S'agissant de l'homme, il serait prétentieux de le situer dans un cadre qui puisse, à proprement parler, être qualifié d'universel. L'homme est toujours situé quelque part, dans une condition humaine déterminée. La culture et la politique constituent les éléments fondamentaux de différenciation de la condition humaine, ce qui veut dire de différenciation des humanités qui cohabitent sur la face de cette terre. Que signifie par conséquent l'universalité pour l'homme ? Cette interrogation légitime ne doit pas nous décourager.

Il existe en effet un principe philosophique unique et primordial susceptible de servir de fondement moral universel à la norme démocratique, c'est le principe de non-souffrance. Ce principe régit la vie de l'être humain dès le départ. Il s'agit d'un fait constatable par voie d'expérience. On n'en connaît pas d'exception. De la formation de l'embryon jusqu'à la mort, par instinct, par nature, et avant tout discernement ou effort d'intelligence, l'homme fuit la souffrance. Par la suite, par raison, intelligence et prospective, dans sa vie sociale d'adulte, il invente et construit tous les moyens susceptibles de lui éviter toute confrontation avec la souffrance, quelle que soit sa nature. En effet, dans sa dimension matérielle et corporelle, l'homme a universellement tendance à protéger sa vie, à reculer au maximum son terme en prenant soin de son corps, de sa nutrition et de sa santé. Par conséquent, le droit à la vie, au bien-être et à la santé, ainsi que la protection de l'intégrité physique constituent le principe premier de toute philosophie morale universelle. Mais le principe de non-souffrance ne s'arrête pas à la dimension physique ou matérielle de l'homme. Il en régit également les dimensions spirituelle et sociale.

La dimension spirituelle présente l'homme en tant qu'être pensant, jugeant et parlant. Ibn Toufaïl, l'Andalou contemporain d'Averroès, dans son récit philosophique, *Hayy ibn Yaqdhan,* nous a laissé une description minutieuse de l'enfant abandonné sur une île entre les seins d'une gazelle nourricière et qui, par le seul effet de son potentiel existentiel inné, accède aux connaissances de l'être civilisé. La rationalité de l'homme, exprimée par le langage et la logique fait également partie de sa nature, c'est-à-dire de son être supérieur. En tant qu'être pensant jugeant et parlant, tout individu est porteur d'un élan vers l'interrogation du doute, celle du philosophe, vers la recherche du meilleur, celle du moraliste, vers la curiosité de la connaissance, celle du scientifique, vers l'intelligence créatrice et imaginative, la convocation de l'invisible, celle de l'artiste, du miniaturiste, du musicien, du poète. Toute entrave à sa liberté de pensée, de juger ou d'exprimer sa pensée constitue une souffrance. En effet, elle l'empêcherait de s'accomplir par le développement de son potentiel existentiel et d'être ce qu'il veut et doit devenir. Or, comme l'ont affirmé Érasme ou Pic de la Mirandole, l'homme n'est l'homme que parce qu'il devient humain, en s'élevant, par la pensée et le jugement, au-dessus de sa condition charnelle. Par sa nature même d'être humain, l'homme est porté à rejeter toute entrave à sa liberté de conscience, de pensée et de jugement, de croyance ou de sentiments, ainsi que toute entrave à sa liberté de s'exprimer, par le langage, l'art et les techniques.

Le principe de non-souffrance a été élevé par le bouddhisme au rang de principe métaphysique. Il conduit en effet à la liberté, au sens le plus élevé du terme, et cette dernière n'est que le résultat de la délivrance des chaînes de notre souffrance. C'est en prenant conscience des causes de sa propre souffrance que l'homme, par la méditation et la maîtrise de soi, arrive au plus haut degré de liberté, à l'éveil, le nirvana, l'extinction, c'est-à-dire le dépouillement total, la transcendance absolue, la fin du cycle des réincarnations, l'abolition des renaissances et de la souffrance. La passion immédiate de soi est souffrance, la passion méditée de son être profond est la voie vers la délivrance.

Si le principe de non-souffrance conduit à la liberté, il inclut cette liberté paradoxale d'acceptation de la souffrance qu'est le sacrifice. Sans aller jusqu'à chercher des arguments dans le livre de Job, l'impératif de prendre *sa part de souffrance* fait partie des grands principes moraux de toutes les religions. « Prends ta part de souffrance...", " Si nous mourons avec lui, avec lui nous vivrons, si nous souffrons avec lui, avec lui nous régnerons », cela est écrit dans la deuxième épître de Paul à Timothée et peut être transposé et généralisé à tout le monothéisme, avec ses langages particuliers. Le spectre de sens du concept de *jihad* en islam englobe, sans conteste, l'acceptation de toutes les formes de souffrance pour la cause supérieure de Dieu, mais également de l'homme, c'est-à-dire la vie éternelle où l'innocence se trouvera débarrassée de toute souffrance. Prendre le mal en patience, résister à la souffrance, tel est dans la pensée islamique, la signification du *sabr* dont on relève plus d'une centaine d'occurrences dans le texte coranique. Il est souvent dit que Dieu aime les patients qui prennent leur part de souffrance.

La troisième dimension de l'homme c'est d'être constitué en groupements sociaux. Les Grecs ont exprimé cette vérité en disant « l'homme est un animal politique », les Arabes, ont exprimé cela en disant « l'homme est par nature civique », *al insân madaniyyun bi tab'*, ce qui revient au même. À ce titre, l'homme est naturellement porté à participer à la vie civile et politique de son groupe social, qu'il soit tribal ou national, républicain ou monarchique, que ce soit en débattant des affaires de la cité, en se portant candidat aux charges et aux responsabilités politiques, ou en désignant lui-même, par voie d'élections ou de toute autre forme de représentation, les personnes qui exerceront ces responsabilités, en veillant à l'équilibre entre l'ordre de tous et la liberté de chacun.

À partir de l'expérience de l'humain en général, nous pouvons par conséquent dégager avec certitude que l'homme est porté, par nature, à fuir et à rejeter la souffrance quelle qu'elle soit, ce qui lui ouvre les portes du droit, de l'égalité et de la liberté. L'interrogation sur la légitimité de la souffrance, puis sa remise en cause, enfin son refus, ouvre pour nous le ciel du droit et de la liberté. Nous en avons une excellente illustration dans le théâtre de William Shakespeare, à travers l'interrogation de Shylock sur la souffrance dans le *Marchand de Venise* : « *If you prick us, do we not bleed? If you tickle us, do we not laugh? If you poison us, do we not die? And if you wrong us, shall we not revenge ?* »[4] Il est évident que ces questions contiennent en elles-mêmes leurs propres réponses. Il s'agit d'interrogations à la fois affirmatives et normatives. En posant ces questions sur la légitimité de la souffrance, Shylock déclare à la fois sa négation et, sur le plan normatif, le droit à l'égalité, au bonheur et à la liberté. Cette interrogation est une autre manière de dire : universellement égaux dans le refus de notre souffrance, nous sommes égaux dans la revendication de nos droits et de notre liberté. L'idée se trouve dans tous les arts du monde : la poésie, la musique, la peinture et la sculpture. La délivrance de la souffrance commence par une aspiration à la liberté et y conduit :

> *Lascia ch'io pianga mia cruda sorte,*
> *E che sospiri la libertà !...*
> *Il duolo infranga queste ritorte de miei martiri sol per pietà,*
> *E che sospiri la libertà*[5] *!*

---

[4] Acte III, scène III. « Si vous nous piquez, ne saignons-nous pas ? Si vous nous chatouillez, ne rions-nous pas ? Si vous nous empoisonnez, ne mourrons-nous pas ? Et si vous nous bafouez, ne nous vengerons-nous pas ? »
[5] Tiré du *Rinaldo* de G.F. Handel, Libretto de Giacomo Rossi : « Laisse-moi pleurer sur mon sort cruel et aspirer à la liberté ! Puisse la douleur briser les chaînes de mon martyr, par pitié ! Et aspirer à la liberté ! »

Il est vrai que la souffrance due aux inégalités, à l'injustice, à la guerre, se trouve banalisée et parfois même acceptée par l'effet de la servitude volontaire sur laquelle La Boétie nous a laissé un texte mémorable. Il n'en est pas moins vrai cependant que, par l'effet des révolutions politiques, philosophiques, religieuses, scientifiques, l'homme a réussi, peu à peu, à lever cette chape de plomb qui pesait sur son esprit et le maintenait prisonnier du conformisme social. Toute révolution constitue indéniablement une avancée vers une humanité délivrée de la souffrance et de l'asservissement. L'idée se trouve remarquablement exprimée par la Déclaration d'indépendance américaine : « Telle fut la patiente souffrance de ces Colonies ; et telle est maintenant la nécessité qui les oblige à modifier leur ancien système de gouvernement. » La Charte des Nations Unies, n'entendait-elle pas « préserver les générations futures du fléau de la guerre qui deux fois en l'espace d'une vie humaine a infligé à l'humanité d'indicibles souffrances » ?

Quant à la Déclaration universelle des droits de l'Homme, elle considère : « ... que la méconnaissance et le mépris des droits de l'homme ont conduit à des actes de barbarie qui révoltent la conscience de l'humanité et que l'avènement d'un monde où les êtres humains seront libres de parler et de croire, libérés de la terreur et de la misère, a été proclamé comme la plus haute aspiration de l'homme... » Tout le droit à l'intégrité physique cherche à protéger l'homme contre « la douleur ou des souffrances aiguës, physiques ou mentales », d'après la Convention contre la torture et autres peines ou traitements cruels, inhumains ou dégradants. La non-souffrance est au cœur du dispositif du droit pénal international et du statut de Rome qui rappelle « qu'au cours de ce siècle, des millions d'enfants, de femmes et d'hommes ont été victimes d'atrocités qui défient l'imagination et heurtent profondément la conscience humaine ». Elle est au centre de la jurisprudence de toutes les instances juridictionnelles ou para juridictionnelles de protection des droits de l'homme.

Par notre expérience directe de la souffrance, puis par la transposition de cette expérience sur les autres, nous pouvons conclure que le principe de non-souffrance est le socle sur lequel nous pouvons solidement établir la philosophie de l'humain. Et ce n'est qu'à partir de ce principe qui n'est pas un principe *a priori*, mais d'expérience, que nous pouvons établir la règle morale absolue : « Ne fais pas à autrui le mal que tu ne voudrais pas qu'on te fît ».

Ainsi, sur le socle de ce fondement universel, la démocratie peut se situer au-dessus des spécificités culturelles. Animée tout entière par la recherche de la non-souffrance, en tant qu'"idée démocratique, constitutive de l'homme. Elle fait partie de sa nature psychique et corporelle. L'homme est né pour être démocrate sur le fondement du principe universel de non-souffrance. Dans cette perspective, il ne faudrait pas comprendre la genèse du concept de démocratie à travers l'histoire des idées politiques. Cette histoire permet certainement d'identifier les découvreurs et les théoriciens de la démocratie, notamment les penseurs européens du siècle des lumières qui ont clôturé la genèse historique du concept. Mais, la genèse historique d'un concept ne constitue qu'un mode d'expression déterminé dans l'histoire. Pour saisir le concept dans toute son ampleur, il convient d'aller au-delà de l'histoire, pour réfléchir sur l'homme en tant que tel.

Ces principes admis, tout devient possible. En effet, la société démocratique accueille en son sein toutes les potentialités, toutes les énergies, toute la créativité spirituelle de l'être humain. C'est pour cette raison que les sociétés démocratiques sont les plus performantes sur le plan du développement scientifique, de l'art et de la culture.

II. La supériorité de la norme démocratique

Je reprends la question posée précédemment. Comment prouver la supériorité de la norme démocratique par rapport aux arguments de ses principaux ennemis, en particulier les représentants du radicalisme religieux en politique.

Nous connaissons fort bien les difficultés de cette démonstration. Nous savons en effet que dans le domaine de l'art, du goût, des valeurs morales, du droit, ou de la religion, nul ne peut démontrer la supériorité d'un choix quelconque. Imaginons pour cela un dialogue entre un démocrate et un théocrate, c'est-à-dire un radical religieux en politique. Au démocrate qui prétend légitimer et justifier l'autonomie d'une réflexion politique ayant la nature de l'homme terrestre pour postulat, le théocrate répondra qu'une telle réflexion est construite entièrement sur une erreur scandaleuse, à son point de départ. Pour lui, la création ne pouvant se concevoir sans créateur, et l'homme ne pouvant se concevoir sans l'intelligence suprême de Dieu, l'homme terrestre ne représente rien s'il n'est pas rapporté à l'au-delà de sa vie terrestre. Or, pour gagner cet au-delà qui représente la véritable vie, les ordres du Dieu créateur, notamment les droits et les obligations qu'il détermine souverainement pour l'homme terrestre doivent être strictement exécutés. Tels sont, pour lui, le sens et l'essence de la vie. Dans l'optique religieuse systématique, il n'y a pas de place pour une théorie démocratique du droit. Cette dernière part de l'homme et y revient perpétuellement. Le théocrate part de Dieu pour l'éternel retour. Les deux postulats étant par définition aussi indémontrables, on ne voit pas comment on pourrait concilier ces deux points de vue fondés ou sur un choix ou sur une foi qui pourraient être tous deux également vrais ou également faux. Tel est, du moins, l'apparence des choses.

En effet, en poussant l'analyse nous pouvons malgré tout conclure que la norme démocratique peut être créditée à la fois d'une supériorité théorique et d'une supériorité pratique.

Sur le plan théorique et comme nous l'avons déjà indiqué, la norme démocratique est édifiée sur le principe de non-souffrance qui est un principe immédiatement saisissable et expérimentalement démontrable. Il est donc avéré et ne se perd pas dans le mystère. Règne de l'amitié, régulateur des adversités, le droit démocratique protège l'individu contre les souffrances de l'exclusion, de l'asservissement, de la misère, de la frustration, de l'oppression et de l'aliénation. De cela, chacun peut témoigner. L'homme, en effet, est en chacun de nous et en tout autre, à la fois en tant qu'agent, objet et témoin de l'action. La véritable valeur de notre principe, c'est qu'il peut être prouvé par le simple témoignage de tous et de chacun. Il est vrai qu'il s'agit d'un fait de nature, mais d'un fait de nature « moralement parlant », parce qu'il est universel, absolu et nécessaire. D'un tel fait, nous pouvons déduire un ensemble de devoirs.

Les théories non démocratiques de l'autorité et du droit reposent, quant à elles, soit sur le mystère de la transcendance ou de l'esprit des ancêtres, c'est-à-dire d'un monde au-delà du monde, mythe du Pharaon fils du dieu Rê, de l'Empereur fils du Ciel, d'Auguste, fils d'Apollon, du Calife engendré par le sang sacral du Prophète, du dictateur incarnant l'esprit du peuple, soit sur le fait de la domination matérielle, morale ou intellectuelle, celle de l'engendreur sur l'engendré, celle du pasteur sur le troupeau, celle du colonisateur sur le colonisé, celle du dictateur sur les sujets, celle du philosophe sur le commun des mortels, celle de la race supérieure sur la race inférieure ou du maître sur l'esclave. Hélas, tout cela relève à la fois de la spéculation, du pari, de l'oracle ou simplement de la mystification et du mensonge. Aucune démonstration rationnelle ne soutient ces théories qui, par les ravages qu'elles ont causés et causent à l'humanité, lui ont révélé le principe de non-souffrance, en lui permettant à la fois d'en prendre conscience et de s'en prévaloir.

Sur le plan pratique, la norme démocratique est la seule qui permette la cohabitation paisible des antagonismes et des diversités. Elle ouvre les voies de la cohabitation à tous ceux qui se détestent. C'est même là son objectif essentiel, lequel détient ce privilège inégalé de permettre non seulement l'existence de toutes les autres doctrines et pratiques politiques, religieuses ou morales, mais également d'offrir à ses propres ennemis la possibilité de pouvoir s'exprimer et agir. De là d'ailleurs provient la source principale de sa fragilité. À défaut de nous contraindre à nous aimer les uns les autres, elle nous oblige à nous tolérer les uns les autres. Son empire n'est pas celui des sentiments, mais de la raison, non pas celui des cœurs, mais des idées. Les autres théories du pouvoir et de la loi n'ont pas, au même degré, ce souci de l'homme et de sa liberté. Rappelons-nous le discours du Grand Inquisiteur, ce pénétrant traité de sciences politiques, dans les Frères Karamazov : « il y a sur la terre trois forces qui seules peuvent soumettre à jamais la conscience de ces faibles insurgés, et cela pour leur bien. Ce sont : le miracle, le mystère et l'autorité. »[6]

C'est le point de vue des doctrines théocratiques qui font aujourd'hui la une de tous nos quotidiens. Délaissant l'homme de l'ici-bas pour l'homme éternel de l'au-delà, elles préfèrent, pour son bien, l'obéissance à la liberté, la totalité compressive de la communauté des croyants à l'autonomie de l'individu, et, contre les récalcitrants, les hérétiques, les apostats, elles érigent un devoir de violence et mettent au service de la balance des droits, le sabre d'un pouvoir sanglant animé par un fol amour de Dieu jusqu'au mépris

---

[6] Fyodor Dostoïevski, *Les Frères Karamazov,* Paris, Folio Classique, 1994.

de soi. S'il y a quelque part dans le monde une véritable haine de la démocratie, c'est de là qu'elle vient. Pour tous les inquisiteurs, les donneurs de fatwa, les faiseurs de bombes, les bourreaux de la décapitation et du fouet, qui se sont conféré le « droit de délier et de lier », selon la formule séculaire des docteurs de la loi pour rendre l'homme heureux, il est nécessaire de lui ôter sa liberté. À défaut de pouvoir convaincre, parce que leur force démonstrative ne repose que sur des certitudes non vérifiées et ne peut s'exercer en dehors du cercle de leurs propres adeptes, ils sont contraints de recourir aux armes de la violence, au lavage de cerveau ou aux sorcelleries des réseaux modernes de communication qui donnent aux bas instincts de la pensée humaine encore plus de pouvoirs qu'ils n'en avaient dans le passé.

La norme démocratique n'est évidemment pas sans risque. Elle représente, pour certains, le plus grand risque. Cela a été dit et redit depuis Platon de mille manières. La démocratie contreviendrait à la sélection naturelle des êtres, elle favoriserait l'atomisme social, le populisme, la démagogie, les dissidences, le consumérisme et même la guerre civile. Elle irait non seulement contre la culture, contre l'histoire, contre la réalité des sociétés humaines, contre leur unité et leur intérêt, mais serait au surplus contre nature. Pour le prouver, l'histoire fournit suffisamment de témoignages concernant les échecs répétés des expériences démocratiques dans l'histoire.

Le problème est que l'histoire est souvent mauvaise conseillère. Ses témoignages se contredisent et sa manipulation est aussi dangereuse que celle des explosifs. Et nous pouvons glaner dans les faits historiques assez de preuves pour montrer que les expériences politiques et sociales non démocratiques ont apporté bien plus de malheurs et de souffrances à l'humanité. Quant à ceux qui prétendent disqualifier la démocratie parce qu'elle ne respecterait pas la sélection naturelle des êtres humains, qu'ils nous apportent la démonstration d'une inégalité naturelle des intelligences et des dons.

Mais allons plus loin, pour conclure. Il est vrai que tous les compositeurs ne sont pas Mozart, que tous les poètes ne sont pas Abul Allâ al Maari ou Mutannabi, et que tous les dirigeants politiques ne se valent pas. C'est la raison qui explique les quelques vieilleries élitaires platoniciennes de *La République*, reprises par le philosophe arabe Farabi dans sa *Politique de la Cité*, *asiyasa al Madaniyya*. En supposant donc que de telles inégalités naturelles existent entre les êtres humains et pourraient être prouvées, nous prétendons alors qu'il faut discriminer les faits de nature. Refusons ceux qui aboutiraient à un avilissement de l'homme, contraire à l'égalité citoyenne ou à la liberté. Dans ce cas, refusons de suivre les dictats préférentiels de la nature et, plutôt que de les consacrer politiquement, corrigeons-les, par la politique et par le droit. Acceptons en revanche les faits de nature, comme le principe de non-souffrance, qui débouche sur cette morale de l'homme, pour l'homme, par l'homme. Les juristes de notre temps et la jurisprudence des tribunaux internationaux appellent cela « le principe fondamental d'humanité ». L'humanité est devenue aujourd'hui le sujet du droit, notamment du droit international et les crimes contre l'humanité ne sont rien d'autre que des atteintes scandaleuses au droit démocratique. Elle est ainsi devenue une perspective de politique extérieure. Le droit démocratique est seul à pouvoir accommoder la discipline et la liberté, dans le meilleur des mondes possibles, et pour les croyants, il est le seul à pouvoir s'accommoder de l'amour de Dieu et de l'amour des hommes, en les délivrant de l'idée funeste que le droit légitime serait celui de la seule humanité croyante. S'il n'est pas possible pour le droit démocratique de supprimer la souffrance, il a au moins la capacité de l'analyser rationnellement, pour la soulager tout d'abord, mais surtout pour redonner à l'homme tout le sens de son humanité.

11- La norme juridique et la puissance subversive de la pluralité

Leïla Babès

Si elle submerge aujourd'hui le champ lexical de la prédication jusqu'à en constituer la référence unique, la norme juridique est bien le produit d'une histoire, d'une rationalisation dont la période fondatrice témoigne de certaines prémisses, et qui ne prit forme que bien plus tard. La question de l'exercice du pouvoir se posa en revanche, très tôt. Non pas celle trop historiographique pour éclairer les choses en profondeur, de la succession, des querelles de légitimité et de ce qu'on appelle le califat, mais celle plus fondamentale de la nature même du pouvoir dans l'islam, restée jusqu'à aujourd'hui, *béante*. Force est de constater que la *surdétermination apparente* du politique par la norme juridique, et dont la mondialisation a amplifié les logiques à l'œuvre dans les transformations que les pays d'islam ont connues depuis le XIXe siècle, n'a pas été suffisamment interrogée dans la manière dont la relation entre les deux dimensions, le politique et le juridico-religieux, s'est tissée au cours des siècles. En d'autres termes, par-delà les particularismes propres à ce qu'on appelle le phénomène islamiste, les ruptures, les caricatures, la pauvreté intellectuelle, l'ignorance de la richesse de la pensée classique, celui-ci *prolonge* une histoire, mettant en exergue tant de points aveugles et de contradictions, jamais résolus. Trop de politique, dirions-nous ? Trop de normes juridiques plutôt, et rien ou presque, sur *le politique*. Le califat s'est écroulé sur ses ruines, la théologie, la *falsafa* et la pensée mystique sont dans les oubliettes de l'histoire. La norme juridique est ce qui a survécu à ce marasme, auquel elle a fortement contribué.

I. La norme, un mythe, des traditions

De quelle norme est-il question ? Supposé définir une loi juridico-religieuse unique, ou encore une jurisprudence valable pour l'ensemble des Musulmans et à toutes les époques, le terme de *sharī'a* n'est qu'une construction idéologique qui ne renvoie à aucune réalité tangible. Postuler l'existence d'une loi religieuse d'inspiration divine qui s'imposerait comme référence ultime, ce n'est pas seulement nier la pluralité de la norme, c'est occulter les conditions humaines qui ont présidé aux constructions juridiques des règles de droit. Que dire du *fiqh*, ce vaste fatras de jurisprudences, de la diversité des rites et écoles juridiques, des schismes primitifs sur la nature du califat, du choix et des classifications des sources, du statut du juge et des avis de jurisconsultes, de l'épineuse question des hadiths et du rôle crucial joué par le hanbalisme et par Ibn Taymiya (m. 1328) dans la légitimation de cette source, puis du wahhabisme qui lui a donné une portée mondiale ? Les techniques juridiques telles l'analogie (*qiyâs*), présentée comme une source normative, en disent long sur les méthodes de sacralisation de l'œuvre des hommes. Que dire encore du consensus (des docteurs de la loi, *'ijmâ'*), sauf à relever l'extraordinaire commodité d'un instrument juridique auquel on recourt opportunément pour juger du caractère licite ou illicite d'un acte, en l'absence d'une règle vérifiable ? Ce ne sont là que quelques exemples, qui mettent tous à mal la semblance d'une *doxa* fondée sur une unité normative. Ce qui n'a pas empêché que les rares tentatives de rationalisation destinées à donner une orientation unifiée à la norme juridique, échouent. Les expériences les plus significatives sont celles menées par Al-Ma'mûn, et Ibn al-Muqaffa'.

Ce n'est pas tant ce que représente le courant mu'tazilite au regard de la théologie, ni même la répression (*Mihna*) qui a suivi l'adoption officielle de ce credo par le calife abbasside Al-Ma'mûn (813-833) et ses successeurs immédiats qui nous intéressent ici, que ce que ces deux aspects nous apprennent rétrospectivement de l'incapacité structurelle du politique à survivre au poids de la norme juridico-religieuse, fût-elle hétéroclite. Avec Al-Ma'mûn, on assiste à un véritable transfert de la sacralité conférée jusque-là au Coran, passé au statut de créé selon la doctrine mu'tazilite, à la personne du Calife qui se trouve ainsi investi de l'autorité divine, comme *'Imam al-hudâ*, chef de la guidance. À ce titre, le Calife/Imam a désormais le pouvoir d'intervenir pour *abroger* ou *modifier* certains commandements divins. Il devient celui qui dit la Loi suprême, prenant un contrôle total sur le clergé, *a fortiori* sur les qadis (juges). Le défi posé aux *fuqaha* et tout particulièrement aux *'Ahl al-hadîth* (les tenants du hadith) était sans précédent, comme en témoigne l'acharnement que subît notamment son chef de file,

Ibn Hanbal (m. en 855), emprisonné et torturé sous les règne d'Al-Ma'mûn et de son successeur Al-Mu'tasim (833-842). Or, malgré l'épreuve d'une répression féroce qui s'est abattue sur ceux d'entre les docteurs de la loi qui n'ont pas adhéré au credo officiel, c'est le seul exemple d'un chef temporel de l'Âge classique, imposant *sa propre loi*. Le règne d'Al-Ma'mûn et de ses successeurs ne fut qu'une parenthèse, avant le retour triomphal de la suprématie de la norme. Certes, les juristes retiendront dans leur majorité le principe de l'obéissance à l'autorité politique, aux califes, puis aux sultans et autres émirs. Mais ils seront comme une épée de Damoclès, gardiens jaloux de la Loi divine, n'accordant leur confiance que dans la mesure où le pouvoir ne contrevenait pas à celle-ci.

C'est sur le terrain du *adab* que l'autre contribution s'est illustrée, avec Ibn al Muqaffa' (m. vers 757)[1]. L'intérêt de ce domaine de production tient au fait qu'il n'est pas seulement un genre littéraire, mais aussi une source documentaire précieuse sur l'art de gouverner, le *tadbîr*, sorte de miroir des princes issu de l'héritage politique sassanide, ensemble de conseils et recommandations aux souverains[2]. Du moins fût-il le seul lieu de l'expression séculière du politique de toute l'histoire du califat. L'audace dont le grand prosateur fit preuve dans sa *Risâla fi al-Sahâba*[3], est exceptionnelle. Dans cette *Épître sur les compagnons* qu'il adresse au calife abbasside Al-Mansûr (754-775), Ibn al-Muqaffa' émet une série de propositions en vue de réformer les institutions de l'État[4]. Mais il ne s'en tient pas là ; il aborde les questions religieuses. Après avoir

---

[1] Auteur de la célèbre *Kalîla wa Dimna*, recueil de fables indiennes qui inspira Jean de La Fontaine. Ibn al-Muqaffa', *Le livre de Kalila wa Dimna*, Présentation de A. Miquel, Klincksieck, 1957. Edition arabe : *Risâlat al-sahâba*, in *Rasâ'il al-bulaghâ'*, M. Kurdali, 3° éd., le Caire, 1946. Lui-même persan converti, Ibn al-Muqaffa' qui représente le prototype du secrétaire/*adîb*, fut l'un des premiers, peut-être le premier, à traduire les œuvres persanes à l'arabe.
[2] En quoi il se rapproche de la paideia grecque.
[3] Traduction de C. Pellat, *Ibn al-Muqaffa', « conseiller » du calife,* Maisonneuve, 1976.
[4] Comme la constitution d'une armée autonome qui ne soit pas associée à l'administration politique, ou encore un meilleur usage des services de renseignement. Sur le versant des émirats, le célèbre vizir seljukide Nizâm al-Mulk (1018-1092) avait repris dans son *Traité du gouvernement* quelques-unes des propositions émises par Ibn al-Muqaffa' sur la réforme de l'administration. Il contribua à sa manière, à rationaliser les institutions de l'État en fondant en 1070 la *madrasa nizâmiyya* dans une douzaine de grandes villes dont Bagdad, destinée à la formation des *kuttâb*.

dressé un état des lieux des institutions judiciaires, il en souligne les défaillances, et dénonce tout spécialement l'absence d'homogénéité dans la pratique du droit en Irak[5]. L'œuvre est d'autant plus inestimable qu'elle articule le champ politique au domaine de la judicature, lieu par excellence du croisement du religieux et du politique.

En effet, si le qadi exerce une fonction juridico-religieuse entièrement soumise à la loi divine, il dépend organiquement du Calife. Or, c'est un *kâtib*/fonctionnaire qui en appelle à la réforme de la loi religieuse, alors que les juristes ne se mêlèrent pour ainsi dire jamais du fonctionnement du pouvoir temporel proprement dit. Pour ce secrétaire qui avait baigné dans une tradition persane centralisatrice, soucieux de rationalité politique, le domaine du droit ne pouvait raisonnablement pas continuer de fonctionner avec une telle diversité de traditions et d'avis juridiques, empruntant à différentes sources, différents compagnons, et de plus, adossé à des pratiques antérieures mal définies, obéissant à la coutume de tel émir ou tel calife.

Ibn al-Muqaffa' critique également les abus dans le recours à l'opinion personnelle du juge et des techniques du raisonnement par analogie. On touche là à des points fondamentaux de la jurisprudence, à un pilier de l'une des quatre écoles juridiques, celle de Abu Hanîfa (m. 767), (*ra'y*), et une technique devenue une source du droit (*qiyâs*). Pour l'auteur, il était impensable que la production juridique puisse s'éparpiller, se confiner à l'espace privé et échapper ainsi au contrôle de l'État. Il revenait donc au Calife de faire un tri dans la jurisprudence pour uniformiser les règles du droit, autrement dit, imposer un code unique à l'ensemble des qadis. Jamais auparavant un tel projet n'avait été formulé. Ce qui est avéré, c'est la volonté d'Al-Mansûr de procéder directement à la nomination des qadis. Mais en rappelant la primauté de la loi de Dieu, et donc du pouvoir des jurisconsultes, en laissant à ceux-ci la liberté de remettre en cause sa politique, Al-Mansûr prit le contre-pied du projet centralisateur d'Ibn al-Muqaffa'. S'il avait mis en pratique cette réforme et si elle avait été suivie par ses successeurs, il est à parier qu'elle aurait contribué à neutraliser le contrôle des juristes sur l'État. Au lieu de cela, l'auteur de la *Risâlat fi al-sahâba* fut accusé de *zandaqa* et exécuté sur ordre du Calife. L'homme était

---

[5] C. Pellat, *Ibn al-Muqaffa', « conseilleur » du calife, op.cit*, p. 40-42.

certes connu pour ses orientations manichéennes, mais le fait était banal à cette époque. L'argument était suffisant : il proposait ni plus ni moins que l'homme, fût-il calife, intervienne dans les prescriptions divines. Autrement dit, il blasphémait en laissant entendre que celles-ci n'étaient pas parfaites. On comprend qu'il ait pu dire que « le gouvernement des gens (était) une grande épreuve » (*wilâyat al-nâs balâ' 'adhîm*)[6].

La faiblesse institutionnelle des *kuttâb* qui ne constituèrent jamais malgré l'héritage familial[7], une classe suffisamment stable pour peser sur les nominations, leur éloignement du peuple qui s'en remettait aux imams et aux qadis, la fragilité de la fonction politique du calife, expliquent en partie l'échec d'une autonomisation durable de l'État.

II. La pluralité comme compromis avec le monde

En posant la norme juridique comme l'unique source d'inspiration de l'exercice du pouvoir, les idéologies islamiques contemporaines pervertissent à la fois celui-ci et celle-là. Ce qui semble surdéterminé dans le politique n'est en réalité que l'expression d'un gigantesque impensé, une incapacité à concevoir le politique comme une institution autonome qui fonctionne selon des logiques propres. L'ironie de l'époque moderne – et non la modernité comme système de valeurs-, est que la vulgate que ces mouvements politico-religieux[8] sont produite sur les débris d'une pensée hétéroclite, sélective et totalement réifiée, résonne dramatiquement de cette *aporie ancienne* du politique, uniquement conçu comme une excroissance *naturelle* de la norme juridico-religieuse[9]. Il suffit de rappeler que les trois plus grands auteurs musulmans du Moyen-Âge, Al-Mawardi (m.1058), Al-Ghazali (m. 1111) et *a fortiori* Ibn Taymiyya, devenu le maître à penser de l'ensemble des idéologues islamistes contemporains, rangent la question politique dans le domaine de la jurisprudence[10]. En vidant

---

[6] *Al 'adab al-saghîr*, Beyrouth, 1956, p. 121.
[7] La saga des Barmakides et leur élimination brutale par l'exécrable calife Harûn al-Rashîd en est un parfait exemple.
[8] Et d'une manière certaine, les États auxquels ils sont peu ou prou, liés.
[9] Leïla Babès, *L'utopie de l'islam. La religion contre l'État*, Paris, Armand Colin, 2011.
[10] Pour les philosophes tels que Farâbi et Ibn Sîna, la siyâsa madaniyya (la polis) est une branche de la falsafa. On reconnaît là la cité vertueuse d'Aristote et de

le politique de toute signification propre dans cette période de reconstructions tardives qui a précédé ou accompagné de peu l'effondrement d'un califat qui n'était plus que l'ombre de lui-même, ces discours se font inconsciemment l'écho de la faiblesse structurelle non pas seulement du califat, mais aussi, et surtout, de tous les 'États' qui ont prospéré à l'ombre de celui-ci mais n'ont guère survécu aux innombrables mouvements de contestation et de 'réforme' religieuses[11].

Pour Ibn Taymiyya, le verset 59 de la sourate IV qui commande d'obéir au Prophète et « *aux responsables d'entre vous* », les *'ûli al-'amr* (qui ont la charge des affaires, qui exercent l'autorité publique, morale ou politique), et qu'il appelle le « verset des émirs », relève de la *siyâsa shar'iyya*, « la politique légale » fondée sur la loi religieuse, mieux, la *siyâsa 'ilâhiyya*[12], « la politique divine Al-Qanûji (m. 1307) se demandait pourquoi nul n'avait songé que la loi de Dieu, la plus parfaite de toutes, puisse être à ce point considérée comme défaillante qu'il faille la compléter par une politique allogène[13]. Sans doute cette défiance à l'égard de la dimension séculière du politique visait-elle davantage les décrets que les sultans, émirs et autres vizirs avaient proclamés, et dont les Musulmans s'accommodèrent au demeurant fort bien, que les actions des califes qui peinaient à appliquer leurs lois fiscales, aussitôt rejetées comme des infractions à la *sharî'a*, ou abolies par leurs successeurs.

Platon. Leurs vues ne diffèrent cependant pas de celles des juristes : l'organisation politique est nécessaire pour que les hommes puissent coopérer et éviter l'anarchie.

[11] Leïla Babès, *L'utopie de l'islam. La religion contre l'État, op.cit.*

[12] Le terme de *siyâsa* au sens de politique, ne figure pas dans le Coran. En arabe, comme dans sa racine *sâsa*, il désignait l'art du dressage des chevaux ou des chameaux, et par extension, celui de la gestion des affaires et la direction des groupes, plus précisément, l'art de l'organisation urbaine des peuples, dans le sens du bien-être. Une conception qui a plus à voir avec le sens philosophique de *polis* ou *politeïa*, ou même avec la *hadâra* propre à la cité d'Ibn Khaldoun, qu'avec la norme juridico-religieuse. Aux premiers temps des Abbassides, la *siyâsa*, domaine du *'amîr*, renvoyait à l'ensemble du champ de l'administration temporelle qui échappait au contrôle du juge. Elle était jugée circonstanciée (*taqtadiha shawâhid al-hâl*) et flexible, par opposition à la *sharî'a* qui est immuable.

[13] F.M. Najjar, « Siyasa in islamic political philosophy » *in* F. Hourani & M.E. Marmura, Islamic theology and philosophy: studies in honour of Georges F. Hourani, Albany, New York, 1984, p.96.

La cité comme système politique fait intervenir la sagesse politique : *hikma siyâsiyya* ou *madaniyya*, la modération, la tolérance, la diplomatie et le compromis. De quel compromis s'agit-il, si ce n'est avec le monde ? Le *politique* n'a rien à voir avec la religion, parce qu'il a tout à voir avec le monde et avec le séculier. Et c'est bien ce sens que les usages populaires de la *siyâsa* retiennent. Il ne peut y avoir de pluralité que par la liberté de l'opinion, du libre choix. Ce qui est bien la signification de toute hérésie, *haïresis*.

III. L'Autre, intérieur

Bien entendu, les sources *normatives* n'ont pas manqué pour légitimer l'excommunication de l'opinion *hérétique*, rendant illusoire toute prétention à réformer le domaine du droit dans les *interstices* fixés par la doxa juridique (*ijtihâd*). S'attaquant dans un article de presse à cette culture de l'*Un* contre le *multiple*, Jamal al-Banna[14] rappelle comment le verrouillage exercé par la monopolisation de la pensée par la norme juridique a contribué à étendre le monothéisme islamique, l'unicité de Dieu, qui ne s'applique qu'à Dieu et à Lui seul, à tous les domaines : communauté, système politique, expression publique, opinion personnelle, etc. La relecture critique des sources comme les efforts déployés par les penseurs libéraux contemporains nous ont suffisamment éclairés pour prendre toute la mesure d'une histoire foisonnante de divergences et de diversités, derrière les procédés de mythification et de mystification. Il reste qu'en cherchant désespérément une porte de sortie, en recourant à l'argument de « la peur de l'éclatement » comme modèle explicatif, en se focalisant sur la seule norme juridico-religieuse comme frein à la pluralité, en ne s'interrogeant pas sur les causes profondes de la prééminence de la règle canonique, les penseurs libéraux font l'impasse non seulement sur les logiques, mais également les *racines* de la pensée islamique. Sans doute ne pourrait-on exclure des points aveugles qui échappent à la réflexion, cette tension insurmontable que le rapport à la foi et à l'appartenance religieuse impose à l'exercice de

---

[14] « La pluralité en islam », *Al-Masrî al-Yawm*, 9 août 2006. L'auteur qui vise tout particulièrement les Frères musulmans, s'attache à rappeler que la divergence d'opinions avait droit de cité, y compris du vivant du Prophète, avant d'être disqualifiée par les juristes. Cité par D. Avon & A. Idrissi, « Du Coran et de la liberté de penser », *La Vie des idées*, 21 octobre 2008.

la pensée rationnelle, et que Weber appelle le « sacrifice de l'intellect »[15].

Imputer l'échec à un seul terrain de la pensée islamique revient à faire l'économie d'une réflexion sur les raisons qui expliquent l'échec de l'islam à produire des mécanismes durables d'une pensée pluraliste. Mettre en lumière les seuls processus de dissolution et de rupture à travers les « déviances » et les extrémismes, revient à occulter les traits de permanence et de continuité qui favorisent les retours cycliques de ces phénomènes, par-delà les particularismes de notre époque[16]. Aussi indiscutable l'hégémonie tardive de la norme juridico-religieuse puisse-t-elle être, la production de celle-ci ne n'est pas faite *ex nihilo*, ou seulement de manière circonstanciée et circonscrite, mais résulte d'un long processus de formation et de sédimentation qui s'enracine dans un héritage, une tradition, des sources scripturaires et théologiques, et pas seulement canoniques. Pour s'en convaincre, il suffit de se reporter au lien organique qui s'organisa dès la période fondatrice entre la foi et l'adhésion politique et collective, à la manière dont l'idée même de *communauté* s'est construite autour de la figure du Prophète/chef politique, puis avec le « successeur » de celui-ci, qui en deux années de « guerres d'apostasie », contribua à instituer ce nœud gordien qui a hypothéqué à jamais le statut confessionnel du croyant en le soumettant à la tyrannie du groupe[17].

Ce n'est d'ailleurs tant le fait de croire ou de ne pas croire, de respecter les observances ou non (comme le fait de manger en public durant le jeûne du ramadan), que le sentiment de trahison, de sortie de la communauté/religion, qui est considéré comme une transgression *insupportable*. La notion de droits de l'Homme dans sa plus simple expression de libertés individuelles bute systématiquement sur ces modes de résistance à toute idée d'émancipation du groupe d'appartenance (communauté religieuse, pouvoir politique, loyautés primordiales, clan, famille...), la norme juridico-religieuse fournissant un réservoir inépuisable de références. La Déclaration des droits de l'homme en islam, adoptée au Caire le 5 août 1990 par 57 pays membres de l'Organisation de la Conférence islamique (OCI) illustre parfaitement les

---

[15] Max Weber, *Le savant et le politique*, Paris, Plon, 1959, p.103-104.
[16] Leïla Babès, *L'utopie de l'islam. La religion contre l'État, op.cit.*
[17] *Ibid.*, Chap. 1. : La cité de Muhammad.

présupposés identitaires et idéologiques des pays d'islam en la matière. S'adressant implicitement aux défenseurs des droits de l'Homme et à l'Occident, le texte défend l'idée que les Musulmans n'ont nul besoin de se référer à une charte universelle, produit d'une civilisation étrangère, puisque que les droits humains sont déjà inscrits dans les sources de l'islam. Les articles énonçant peu ou prou des libertés fondamentales sont systématiquement conditionnés par la conformité à la « shari'a » comme référence ultime. Le texte est d'ailleurs tout à fait symptomatique de ce double refus si répandu dans les discours extrémistes contemporains, de la modernité et de la tradition humaniste de l'islam. Toutes les formulations qui rappellent les ouvertures qu'offre par exemple le Coran sont citées de manière laconique, sans être le moins du monde explicitées, et encore moins exploitées. S'il n'a aucune portée juridique, le document n'en illustre pas moins la logique à l'œuvre, celle d'une opposition radicale aux libertés individuelles et à l'égalité hommes/femmes qui va bien au-delà des ressorts religieux.

Le rapport à la pluralité interne de l'univers de l'islam est intrinsèquement lié au rapport à la pluralité externe, propre à l'Occident. L'*Autre* intra-communautaire, le semblable qui trahit en se singularisant, est à la fois le pendant intérieur de l'Autre extra-communautaire (le mécréant, le dénégateur) et le facteur par lequel la corruption extérieure pénètre. La *pluralité* n'est subversive que parce qu'elle n'est pas simple diversité d'opinions et d'appartenances, mais par le changement émancipateur dont elle est porteuse, l'expression la plus accomplie de la liberté individuelle. Toute réflexion sur la démocratie et l'État de droit en pays d'islam ne saurait faire l'économie d'un débat sur la béance de la pensée et de l'espace politiques, et la complexité du rapport entre les deux sphères, politique et religieuse.

12- Pluralité et fondation des normes : quelle proposition pour l'islam ?

Michel Terestchenko

Puisque cette réflexion a été placée sous l'enseigne de la pluralité, il convient, tout d'abord, de savoir de quoi l'on parle lorsqu'on emploie cette notion ? En quoi se distingue-t-elle de la relativité et du relativisme des valeurs ? Qu'a-t-elle de si prometteur et qui échappe, semble-t-il, aux inévitables conséquences nihilistes d'une approche purement descriptive et positiviste des normes ? J'envisagerai cette notion qui en appelle à l'ouverture et au multiple, sans se rapporter nécessairement à la transcendance divine, dans l'intention très modeste de savoir comment l'islam pourrait s'inscrire sans se renier dans ce mouvement des idées qui fut, après tout, en Occident, le fruit d'une longue et tumultueuse évolution.

Mon intervention portera sur les différents usages de la raison dans son rapport à la loi et, plus généralement, au droit. Je partirai des doctrines classiques du droit naturel et, plus particulièrement, de ce qu'en disait le cardinal Joseph Ratzinger dans son dialogue passionnant avec le philosophe Jürgen Habermas. Le droit naturel, explique-t-il, « est resté, spécialement dans l'Église catholique, la structure d'argumentation par laquelle elle en appelle à la raison commune dans ses dialogues avec la société séculière et avec d'autres communautés religieuses, par laquelle aussi elle cherche les fondements d'une entente mutuelle à propos des principes éthiques du droit, dans une société séculière et pluraliste. »[18] Cette déclaration - remarquable chez celui qui, avant d'être élu pape, était préfet de la Congrégation pour la doctrine de la foi - met à l'écart la Révélation et le corpus théologique et dogmatique de l'Église catholique pour s'appuyer sur « la raison commune » en tant qu'instance de dialogue et de communication avec d'autres traditions religieuses, dont l'islam, et les sociétés ayant pris acte de la mort de Dieu. L'usage de la raison dont il est ici question n'a plus rien à voir avec les finalités traditionnelles qui visaient à

---

[18] Jürgen Habermas, Joseph Ratzinger, *Raison et religion, La dialectique de la sécularisation,* Paris, Éditions Salvator, 2010, p. 75.

prouver la vérité de la foi chrétienne, que pouvait encore rechercher un homme comme Pascal, ni avec l'intention de prouver sa rationalité supérieure par rapport aux autres religions du Livre. La finalité de la raison n'est pas apologétique mais normative, lorsque l'Église a affaire avec ces figures de l'altérité que sont le monde et les autres religions. Cela ne veut pas dire que l'Église renonce à dire la vérité révélée, ni aux dogmes constitutifs de la foi chrétienne, mais dans son dialogue avec le monde et les religions concurrentes, elle les met de côté et s'en tient aux vertus harmonisatrices de la raison commune et du droit naturel.

I. Bref rappel des doctrines classiques du droit naturel

Que disent en substance les théoriciens classiques du droit naturel ? Selon les jusnaturalistes qui s'inscrivent dans la tradition rationaliste, la raison est en l'homme une faculté qui lui fait connaître par intuition, en vertu d'une « lumière naturelle », des principes universels de justice et de sociabilité ; principes qui ont vocation à s'appliquer à toutes les sociétés humaines et à servir d'étalon aux jugements de valeur qu'on peut légitimement porter à leur endroit. Selon la formule de Grotius, ces principes existent en vertu de leur rationalité naturelle quand bien même Dieu n'existerait pas, et ils s'imposent à sa volonté autant qu'à la nôtre. Sans entrer dans les détails d'une longue controverse théologico-métaphysique, les normes ne résultent pas, comme le pensaient d'autres jusnaturalistes, tel Pufendorf, d'un acte divin qui les aurait créés librement du seul fait de la toute-puissance de sa volonté impénétrable et transcendante. Ils procèdent des « maximes de la droite raison », de telle sorte que nous devons les suivre parce que nous sommes des êtres doués de raison, et non parce que nous sommes des créatures tenues d'obéir aux prescriptions divines par fidélité et obéissance.

C'était là élargir au domaine du droit la thèse volontariste sur la création des vérités éternelles, soutenue par Descartes dans les lettres au Père Mersenne d'avril et mai 1630. Dieu, en somme, aurait pu faire des montagnes sans vallée et que 2 plus 2 égalent 5. Comme on le voit, quoique les principes du droit naturel s'imposent à tous les hommes du fait de leur rationalité intrinsèque, la dispute portait sur leur fondement et elle était loin d'être secondaire. Si l'on admet que les principes de justice ne résultent pas de la volonté du Dieu créateur, mais qu'ils sont inscrits dans l'ordre même des choses, dans la nature éternelle et incréée, alors ces principes peuvent, en effet, s'appliquer à tous indépendamment de la foi en Dieu. Dieu cessant d'être le Souverain et la Source des principes de justice, l'universalité des normes éthico juridiques peut ainsi parfaitement faire l'économie de la transcendance divine et de toute forme d'obéissance au Créateur ; ce qui dans l'univers religieux islamique est un pur et simple blasphème.

Une autre controverse centrale portait, au XVIIe siècle, sur la question de savoir en quelle manière la raison humaine a ou non été corrompue par le péché originel. À ce propos, Pascal porte jusqu'en ce domaine des normes les conséquences dévastatrices de la conception augustinienne du péché d'Adam que partageaient autant les jansénistes que les luthériens ou les calvinistes : « Il y a sans doute des lois naturelles ; mais cette belle raison corrompue a tout corrompu », écrit l'auteur des *Pensées* dans le fragment où l'on trouve la célèbre formule « Plaisante justice qu'une rivière borne ! Vérité au-deçà des Pyrénées, erreur au-delà. »[19] Le scepticisme pascalien et le conformisme subversif qui en résulte – il faut obéir aux lois quand bien même elles sont, en réalité, arbitraires – résulte d'une conception anthropologique de la chute dont la noirceur ne se trouve que dans la branche occidentale du christianisme de tradition augustinienne.

Il est clair néanmoins que Joseph Ratzinger se démarque de cette tradition théologique pessimiste pour adopter une position rationaliste, d'inspiration néo-thomiste, si aisément partagée aujourd'hui qu'elle semble pouvoir faire l'économie de toute justification.

Si j'ai cru bon de rappeler brièvement les termes de ces longues controverses, c'est pour montrer à quel point la conception occidentale dominante des droits de l'homme – française plus qu'américaine, il est vrai - s'est construite en détachant leur universalité de tout fondement divin transcendant. C'est là, évidemment, un point majeur de divergence avec la conception islamique des droits de l'homme, telle qu'elle est exprimée aussi

---

[19] Pascal, *Pensées,* Frag. 294, éd. Brunschvicg.

bien dans la Charte arabe des droits de l'homme et, plus encore, dans la Déclaration islamique des droits de l'homme où la souveraineté de Dieu est le principe et la source unique de l'universalité de la Loi.

II. L'autonomie du droit positif

Si les versions rationalistes du droit naturel avaient déjà rompu les liens avec toute fondation divine, tel devait plus encore être le cas avec l'apparition concomitante de la théorie de la souveraineté de l'État et du droit positif chez Hobbes. Hobbes fait une distinction fondamentale entre la souveraineté de la République, instaurée comme un tiers par les contractants, et la toute-puissance divine. Dans l'ordre des choses politiques, seul l'État, quel que soit le type de régime politique qu'il emprunte, est souverain, même si cette souveraineté absolue n'est pas sans conditions (le respect des fins de l'ordre civil et, principalement, la sécurité des citoyens). Cette disjonction entre souveraineté et toute puissance est constitutive de la conception moderne de l'État et elle s'accompagne de l'affirmation que seul l'État est source de la loi, puisque, selon Hobbes, il n'existe pas de principes de justice éternels ou naturels. Aux théories classiques du droit naturel, le philosophe anglais oppose une conception purement positiviste de la norme. Le propre de la conception positiviste du droit, c'est, comme l'explique Hans Kelsen, d'affirmer ultimement le caractère arbitraire du droit, ce qui ne veut pas dire que le droit est gratuit ou irrationnel, mais qu'il résulte d'un acte de la volonté, qu'elle soit divine ou humaine. Nous retrouvons ici la conception volontariste du droit positif divin qui oblige les hommes à l'obéissance et non à suivre les impératifs de la raison, sauf qu'ici - chez Kelsen - la source de la norme, ce n'est pas la volonté divine, mais seulement la volonté humaine. Il est clair que cette conception purement humaine et totalement relativiste des normes juridiques est à l'extrême opposée du droit islamique. On a évidemment là une divergence majeure dès lors que la tradition islamique rejette ces deux piliers de la modernité politique que sont la souveraineté (limitée ou non) de l'État, établi comme un tiers pacificateur entre les hommes, et l'arbitraire de la loi humaine qui n'a d'autre source de légitimité que la volonté du législateur.

Nous avons donc, d'un côté, l'universalité de la norme, fondée sur une conception de la raison couplée à l'idée de nature humaine, et, d'autre part, une conception purement positiviste et relativiste qui soutient, à l'opposé, qu'il n'existe, ni dans les faits ni en soi, de principes universels de justice et de sociabilité. Il est tout à fait remarquable que les théoriciens contemporains du droit et de la justice aient cherché en Occident une tierce voie entre, d'une part, le rationalisme fondé sur des assises métaphysiques, devenues obsolètes pour la plupart des hommes aujourd'hui, et, d'autre part, le relativisme dont les conséquences nihilistes ne peuvent être ignorées. Vous me direz que les pays musulmans sont à l'abri de ce dilemme, mais il n'est pas certain qu'il faille se réjouir de cette sécurité relative. Tout le travail du droit aujourd'hui se fait dans l'effort pour trouver des modalités d'un accord rationnel sur les normes qui ignore tout fondement transcendant sans rien perdre du caractère d'obligation que celui-ci impliquait pour les croyants.

Ce travail de formation des normes se fait, pour l'essentiel, dans le cadre d'une éthique de la discussion entre acteurs de bonne volonté, respectueux les uns des autres, et désireux de chercher par l'échange d'arguments raisonnés, ce qui est tout à la fois raisonnable et juste. La légitimité des normes ainsi découvertes ne résulte pas de leur accord avec des principes transcendants ou avec les commandements d'une autorité divine, mais des procédures formelles par lesquelles elles sont établies. Ainsi que l'écrit Jürgen Habermas qui est le principal représentant de ce courant de pensée aux côtés de John Rawls : « Aux yeux de la conception procéduraliste du droit, les présuppositions communicationnelles et les conditions procédurales qui président à la formation démocratique de l'opinion et de la volonté sont, par conséquent, les seules sources de la légitimité »[20]. Telle est, en substance, la voie de la pluralité qui constitue une tierce voie entre l'universalité et la relativité. Elle présuppose tout à la fois la bonne volonté des partenaires de la discussion et l'accord sur les modalités d'une argumentation raisonnable où il ne s'agit pas pour chacun d'imposer son point de vue, mais plutôt de rechercher ensemble la position la meilleure. L'usage de la raison se résume, pour l'essentiel, aux règles de l'argumentation – raison

---

[20] Jürgen Habermas, *Droit et démocratie, entre faits et normes*, Paris, Gallimard, 1997, p. 480.

communicationnelle donc, qui n'est ni intuition noétique ni calcul instrumental. Il faut ajouter qu'elle ne peut être mise en œuvre que si chacun est disposé à prendre au sérieux les arguments de l'autre. Autrement dit, l'éthique de la discussion a pour condition une disposition à la sympathie, au sens philosophique du terme, à savoir une manière de se mettre à la place de l'autre, de se voir dans le regard de l'autre et, par ce déplacement des points de vue où chacun s'avance vers l'autre, de rechercher un « point de convergence », un consensus qui n'est pas présupposé mais découvert.

Je voudrais pour finir citer de nouveau Habermas dont la pensée n'a cessé de réfléchir sur les modalités d'élaboration de normes communes en l'absence d'autorités indiscutables, qu'il s'agisse de la Raison ou de Dieu :

« Sur quoi se fonde, dès lors, la légitimité des règles que le Législateur politique peut à tout moment modifier ? Cette question devient plus aiguë, notamment dans les sociétés pluralistes dans lesquelles les visions du monde inclusives et les éthiques dotées de force obligatoire collective se sont désintégrées et où la morale post-traditionnelle qui subsiste et qui n'est fondée que sur la conscience morale de chacun, n'offre plus de base suffisante pour fonder un droit naturel autrefois légitimité par la religion ou la métaphysique. De toute évidence, dans un contexte post métaphysique, la seule source de légitimité est la procédure démocratique par laquelle le droit est généré. D'où cette procédure tire-t-elle cependant sa force de légitimation ? A cette question, la théorie de la discussion apporte une réponse simple, à première vue invraisemblable : en effet, la procédure démocratique permet le libre jeu des thèmes et des contributions, des informations et des raisons, elle assure à la formation de la volonté politique son caractère de discussion et justifie ainsi la supposition faillibiliste que les résultats obtenus grâce à cette procédure sont plus ou moins raisonnables »[21]. On voit tout ce qui distingue cette méthode de la casuistique à laquelle les docteurs de la foi islamique se livrent lorsqu'il s'agit d'appliquer une prescription générale aux cas particuliers.

---

[21] *Ibid.*, p. 478.

Quelle place alors pour la religion et la piété dans cette méthode post-métaphysique qui s'édifie sur la mort de Dieu, l'autonomie du sujet et le respect de la pluralité des croyances ? De toute évidence, les principes de base du libéralisme politique conduisent les Églises traditionnelles à de sérieux processus d'adaptation, et tel fut historiquement le cas en France. Mais se pourrait-il que les Églises et, plus largement, les religions aient encore quelque chose à apporter de précieux et d'unique à une approche rationnelle en permanence menacée de verser dans la froideur des abstractions ?

Je dirai, à ce propos, que la rencontre entre les visions religieuses du monde et ceux qui s'en tiennent aux procédures et aux représentations purement rationnelles doit être pensée non pas en termes de vérité mais de fécondité. La vision religieuse du monde et de l'homme est d'une richesse et d'une profondeur qui ne constituent nullement un défi pour la raison, mais une réserve de sens à laquelle il importe au plus haut que la raison s'ouvre. Telle reconnaissance exige une humilité partagée, dès lors qu'il existe, ainsi que le reconnaît le cardinal Ratzinger, des pathologies extrêmement dangereuses dans les religions, exigeant qu'elles soient contrôlées et régulées par « la lumière divine de la raison », de même qu'il existe des pathologies de la raison, une *hubris* – la bombe atomique dans le passé ou aujourd'hui, plus dramatiquement encore, la dévastation de la nature – qui recommandent que la raison prenne conscience de ses limites et développe une « capacité d'écoute par rapport aux grandes traditions religieuses »[22].

Autrement dit, les vertus d'ouverture et d'attention à l'autre qui sont le propre de l'éthique de la discussion sont appelées à animer le dialogue sans cesse renouvelé entre la raison et la foi et certainement l'immense fonds de la tradition islamique devrait-il être appelé à participer plus que ce n'est le cas aujourd'hui à ce généreux échange. Telles sont les promesses du chemin de la pluralité.

---

[22] Jürgen Habermas, Joseph Ratzinger, *op. cit.*, p. 83.

13- La codification moderne du blasphème

Hamadi Redissi

Le monde a été outré par des attentats qui ciblent des intellectuels ou des artistes accusés de « blasphème » (« *qadhf* » ou « *jadf* »)[23]. On en a imputé la responsabilité à des terroristes ne représentant en aucun cas l'islam – une religion qui ne peut, dit-on, punir un crime qu'elle ignore littéralement. En fait, l'islam considère comme blasphématoire des paroles et des actes dont trois canonisés par le droit islamique survivent dans le droit positif moderne : l'outrage à la religion, l'insulte faite au prophète et l'apostasie. Ils semblent ainsi correspondre à une tendance lourde. Pourtant, au XIXe siècle, sur les six documents constitutionnels modernes, aucun n'aborde ces crimes[24]. Tout au plus, les premières lois incluent-elles le blasphème dans les atteintes à l'ordre public et aux bonnes mœurs. De ce point de vue, l'ère postcoloniale est une régression. Le dispositif passe par deux modalités : les fatwas et le droit positif. Le passage à l'acte assassin embraie sur un fond commun, une bigoterie générale, un public en émoi. La fatwa n'a théoriquement pas d'effet prescriptif mais l'avis (personnel ou institutionnel) prend forcément l'allure d'une incitation. On se rappelle tous la fatwa de Khomeiny à propos des *Versets sataniques* (1989). Elle a scandalisé le monde. Mais surexcité le monde islamique. La plus hardie des réactions – passée inaperçue – est celle d'Abu al-Fadl al-Ghumari, prédicateur marocain (mort en 1993), auteur d'un énième exercice dans le genre, *L'épée fauchant celui qui insulte le prophète élu*, un opuscule d'une trentaine de pages jaunies pour faire ancien[25]. Tout est dit dans le sous-titre : *Les musulmans sont unanimes pour décréter la mort par l'épée de celui qui offense ou insulte le prophète*. Il reprend en fait des titres similaires à l'âge classique notamment *L'épée dégainée contre celui qui insulte le prophète,* de l'intarissable Ibn Taymiyya (mort en 1328) et *Le sabre dégainé contre celui qui insulte le prophète* de Subki (mort en 1363). On a pensé à tort que l'avis de

---

[23] Voir Dominique Urvoy, Le blasphème en islam, *in* Marie-Thérèse Urvoy coordinatrice, *L'ordre social et les religions*, Éditions de Paris, 2015,
[24] Deux Édits turcs (1839 et 1858), un Édit tunisien (1857) ; les constitutions tunisienne (1861), turque (1876) et iranienne (1906).
[25] Abi Fahdl bin Siddik Al-Ghumari, Sayf ak-Battar liman sabb al-Nabi al Mukhtar, Tanger (Maroc), 1989.

Khomeiny était une lubie d'un vieillard décrépit. En fait, nul n'a noté que la première des fatwas du XIXe siècle est émise en 1934 par la très officielle *Maison de la Consultation* (Égypte) décrétant l'impiété de quiconque *insulte* « la religion du prophète ».

Des *fatwas* expéditives de cette espèce sont légion. La plus intolérable est celle prononcée par *La ligue des ulémas et des prédicateurs* contre un jeune mauritanien (2005). Il pensait faire œuvre de science en spéculant sur « La naissance du prophète », à partir d'un décalage chronologique troublant entre la sienne et celle de son oncle (hamza), plus tardive selon une historiographie qui présente paradoxalement l'oncle plus âgé que son neveu. La *Ligue* demande sa mort et celle du responsable du journal, pour « impiété et apostasie manifestes ». Dans un pays où la législation punit de mort l'insulte au prophète, il s'en est sorti en faisant acte de repentance, comme l'exige la tradition juridique. C'est à cette contrition que s'est également résolu un jeune saoudien, accusé d'avoir twitté à l'adresse de Muhammad, au jour de sa naissance, un texto visiblement naïf (rapidement effacé de son blog), mais déclaré définitivement blasphématoire : « J'ai aimé certaines choses en toi mais j'en ai abandonné d'autres, et je n'ai pas compris beaucoup de choses à ton sujet ». Hamza Kashgari a été libéré en 2013, au bout de 20 mois de prison. C'est dire que les Oukases ne font pas de différence entre les intellectuels et les gens ordinaires. Ils sont décrétés aussi bien par des prédicateurs free-lance que des institutions étatiques. La plus obscurantiste reste la saoudienne *Commission Permanente des Recherches et de la Consultation*, organe du *Conseil des Grands Ulémas* (créé en 1970) dont les fatwas, toutes requêtes confondues, font respectivement 26 et 11 volumes.

Les *fatwas* sont en adéquation avec des législations étatiques effectives qui suscitent périodiquement les protestations légitimes du dispositif international des droits humains. La matière est rébarbative, mais fort instructive. Il serait fastidieux d'en faire l'inventaire complet, d'autant plus que les dispositifs conjuguent trois pièces (la loi fondamentale, le code pénal et le code de la presse et des publications), le droit moderne et les châtiments corporels, mêlant parfois dans les mêmes dispositions les trois crimes (l'offense à la religion, l'insulte du prophète et l'apostasie). Mais le balayage est fort instructif. Il brise les distinctions entre régimes démocratiques et autoritaires, entre conservateurs et laïque. Pour preuve, les pays ne souscrivent pas tous d'un bloc aux trois crimes.

Une première série condamne, en des termes variables, l'offense à la religion en général par une peine privative de liberté (de quelques mois à 5 ans), éventuellement assortie d'amende. Dans ce cas, la loi ne mentionne explicitement ni l'insulte au prophète ni l'apostasie, sans exclure du reste qu'elles soient induites de l'économie générale des lois, telle qu'elle est interprétée par une jurisprudence souvent réactionnaire. Parmi la vingtaine de pays arabes, le Liban interdit le blasphème et le dénigrement d'un culte, quel qu'en soit le mode, la Syrie, la diffamation publique des cultes, l'Égypte punit quiconque « exploite la religion » à des fins de propagande en vue de semer la discorde ou « ridiculiser une religion divine », porter à l'unité nationale ou la paix sociale ; enfin la Tunisie punit toute publication « de nature à nuire à l'ordre public et aux bonnes mœurs » et la nouvelle constitution interdit d'atteindre au « sacré », la Libye, l'attaque des sentiments religieux et l'islam[26].

D'entre les pays islamiques, le Bengladesh et la Malaisie sanctionnent tout outrage « malicieux » et « délibéré » tendant à diffamer une religion ou heurter les sentiments religieux d'un segment de la population et ce, par tout moyen, écrit, oral (y compris faire entendre un bruit aux oreilles), geste, signe ou représentation visuelle. La Malaisie ajoute la condamnation à perpétuité pour quiconque « souille, endommage ou profane » une copie du saint Coran, une disposition reprise à l'identique par le code pénal pakistanais[27]. Bien de pays démocratiques condamnent le blasphème et protègent les sentiments religieux et les édifices (lieux de prières, monuments, cimetières) de tout outrage et souillure[28]. Au point que la Grande Bretagne se trouve obligée de

---

[26] Le Liban : code pénal, 1943 (les articles 473 et 474) ; la Syrie : code pénal, 1949 (article 462) ; Égypte, code pénal égyptien amendé par la loi 147/2006 (article 98(f)) ; Tunisie code pénal, 1913 (les articles 121 (3) et 226 (2)) ; Libye : code pénal, 1953 (articles 290-291).
NB : la plupart des codes sont disponibles sur le Net (portail des pays).
[27] Bengladesh : code pénal, 1860 (les articles 295A et 298) ; Malaisie : code pénal, 1936 et amendements (les articles 295-298) ; le code pénal pakistanais, 1860 et amendements (article 295B).
[28] Les codes pénaux de l'Australie, du Canada, du Danemark, de la Finlande, de l'Allemagne, de la Pologne, de l'Espagne.

justifier un texte anti-blasphème (1919) par l'absence de précédents jurisprudentiels. En effet, quoi de plus naturel qu'un État protège la liberté de croire, si bien que la seule question concerne l'usage abusif de notions aussi vagues que l'outrage à la religion, à l'ordre public et aux bonnes mœurs - ce dont s'inquiètent d'ailleurs périodiquement les organisations des droits de l'homme. Rien n'illustre mieux cet esprit anti-libéral que l'Indonésie, démocratie islamique s'il en est. Elle interdit toute expression d'hostilité à une religion ou destinée à empêcher d'adhérer à une religion divine[29]. Soit. Toutefois, une décision présidentielle de 1965 sur le blasphème autorise des poursuites contre toute activité ou interprétation « déviantes » par rapport à la religion[30]. En l'espèce les adeptes des cinq religions non reconnues officiellement, ouvrant ainsi la porte à la persécution religieuse des sectes minoritaires [31]. Saisie, la cour constitution développe une « doctrine » tout à fait représentative du malentendu sur la liberté : « l'État de droit retenu en Indonésie devra signifier une loi de l'État qui renforce le principe de croyance en un Dieu unique en tant que principe majeur ». Et par conséquent, l'Indonésie « ne doit pas autoriser la liberté de se dispenser de la religion et la liberté de mener des compagnes antireligieuses)». Même la Turquie, dont on vante la laïcité, punit quiconque « insulte ouvertement les valeurs religieuses d'un segment de la population » au cas où l'acte incriminé risque de perturber « potentiellement » l'ordre public[32].

Une deuxième série d'ordonnances double l'offense à la religion en général et ses succédanées ci-dessus mentionnées, par la condamnation de l'insulte du prophète de l'islam nommément

---

[29] Code pénal de l'Indonésie, 1952 amendé en 1999 par la loi n° 27 (les articles 156, 156 (a) et 157).
[30] Article premier de la décision présidentielle n° 1/PNPS/1965 dite "Loi sur le blasphème » : Jo-Anne Prud'homme, Policing Belief : The Impact of Blasphemy Laws on Human Rights 46 (Oct. 2010) http://www.freedomhouse.org/sites/default/files/PolicingBelief Indonesia.pdf.
[31] Les cinq religions sont L'islam, le catholicisme, le protestantisme, le Bouddhisme, l'Hindouisme et le Confucianisme.
[32] Article 216 (3) du code criminel, Loi 5237, 2004 (révisant l'article 312 du précédent code).

désigné ou les prophètes en général[33]. Parfois associée à l'apostasie, elles sont toutes deux passibles de la peine capitale. Une telle sentence est soit déduite de la référence aux châtiments corporels, à ne pas confondre automatiquement avec l'application de la charia car un pays peut bien faire de la charia une source de législation, en évacuant cependant ce traitement inhumain de sa législation pénale ou de presse (l'Égypte par exemple). Et encore, la référence aux châtiments corporels peut s'accompagner d'une simple peine de détention pour l'insulte au prophète. Commençons par ceux qui visiblement ordonnent la peine capitale. Soit carrément mentionnée dans les codes (la Mauritanie, le Soudan et le Yémen). L'Arabie saoudite n'a pas de véritable constitution mais une loi fondamentale organisant le fonctionnement des pouvoirs publics, confiant aux tribunaux le soin d'appliquer la charia tenant lieu de code pénal (article 48 de la loi fondamentale, 1992).

Hors domaine arabe, l'Afghanistan applique les *hududs*, les châtiments corporels, conformément au droit hanafite en vigueur et interdit toute publication « contraire à la religion sainte »[34]. Laborieusement, le Pakistan punit de mort ou à perpétuité quiconque insulte Muhammad, « par imputation, allusion, insinuation, directement ou indirectement » (a), à perpétuité celui qui « souille, endommage ou profane » une copie du Coran ou l'utilise à des fins non louables (b) et à une peine de prison qui que soit qui, par les mêmes moyens sus-indiqués, porte atteinte à l'honneur des « femmes du prophète, les gens de sa maison, les califes bien conduits et les compagnons du prophète » (c)[35]. L'Iran est un cas emblématique. Son code pénal consacre un livre entier aux châtiments corporels dont la liste excède même celle dressée à l'âge classique[36]. La peine de mort est prévue à

---

[33] Parmi les pays arabes : l'Arabie saoudite, le Qatar, les Émirats Arabes Unis, la Mauritanie, le Soudan et le Yémen. Et d'entre les pays islamiques, l'Afghanistan, le Pakistan et l'Iran.
[34] Respectivement l'article 130 de la constitution (2004) et l'article premier du code pénal (1976) et l'article 45 de loi sur les médias 2009.
[35] Dans l'ordre de l'énonciation : code pénal 1860 : les articles 295-C (amendement 1986), 295-B (amendement 1982) et 298-A (amendement 1980).
[36] Une liste de neuf châtiments corporels chacun faisant un chapitre fort détaillé (articles 63-203 du code pénal 2012) : l'adultère entre personnes chastes (la lapidation), les relations homosexuelles masculine (peine de mort) et féminine (100 coups de fouet), le proxénétisme (70), la fausse accusation d'adultère (80), l'insulte du prophète et assimilés (peine de mort) la consommation de

quiconque insulte « les valeurs sacrées de l'islam », et dans la fidélité à la tradition chiite le « grand prophète de l'islam », les prophètes, les douze imams et Fatima la fille « vénérée » du prophète. À moins qu'il n'allègue d'un écart de langage non intentionnel, ou qu'il a été contraint, en état d'ébriété, en colère, ou citant une tierce personne, auquel cas, la peine discrétionnaire est fixée à soixante-dix coups de fouet. Ce que les intransigeants à l'âge classique n'auraient pas apprécié. Insulter l'Ayatollah Khomeiny vaut deux ans de prison. Enfin, le code de la presse interdit tout ce qui est contraire aux « principes de l'islam », par exemple des écrits « athées » ou des « images indécentes »[37].

Il arrive en revanche que des pays qui se basent sur la charia, y compris les châtiments corporels, écartent la peine de mort pour les crimes de blasphème et d'insulte au(x) prophète(s). À commencer par le Qatar, liste des châtiments corporels à l'appui, dans la pure tradition médiévale[38]. Toutefois, une peine de prison est réservée au blasphème proprement dit, l'offense à « l'être de Dieu », au Coran, à l'islam, aux religions divines, aux prophètes, par tous moyens. Encore moins par la satire[39]. Le Koweït ajoute à la liste « les compagnons pieux, les épouses de Muhammad et les gens de sa maison ». Par « allusion, calomnie, sarcasme ou mépris » ou tout autre moyen[40]. Les Émirats Arabes Unis dévident le blasphème dans « ce qui est tenu pour sacré » en islam et l'insulte des religions divines[41]. La Jordanie interdit toute publication portant « diffamation des fondateurs des religions ou des

---

stupéfiants (70), le brigandage (quatre peines alternatives y compris la crucifixion), la rébellion et la corruption de la terre (peine de mort ou peine prévue pour le brigandage), le vol (amputation de la main).

[37] Les articles 513 de l'ancien code (1981) (à propos des valeurs sacrées) et 514 (relatif à Khomeiny) maintenus dans le nouveau (2012) qui consacre un chapitre à l'insulte du prophète (les articles 262-263) ; l'article 6 du code de la presse, 1987.

[38] L'article premier de la loi 11-2004 portant code pénal en fournit la liste (le vol, le brigandage, les relations sexuelles interdites, la diffamation des femmes chastes, la consommation des boissons fermentées, l'apostasie et l'homicide).

[39] Article 256 du code pénal, *op cit*; l'article 47 de la loi sur l'édition et les publications (1979) à propos de « tout ce qui de nature satirique ».

[40] Respectivement les articles 111 du code pénal (1960) et 19 du code de la presse (2006).

[41] Comparer l'article sept de la constitution de 1971 (la charia source principale de toute législation) à l'article 312 du code pénal, 1987 amendé (le code pénal récemment retiré de consultation).

prophètes » par « écrit, dessin, symboles, images ou tout autre moyen », Oman condamnant la diffamation (*jadhf*) de l'« être divin » et l'insulte des grands prophètes, la Libye le blasphème contre Dieu, Muhammad et les prophètes[42]. Le Bahreïn et l'Irak se réfèrent au « symbole » ou à la « personne glorifiée ou sacrée » par un groupe. L'Algérie associe dans une même disposition et inflige la même peine à quiconque insulte le prophète, les messagers de Dieu, dénigre ce qui est convenu par l'usage dans la religion ou une des obligations rituelles à travers l'écrit, la peinture, la déclaration ou tout autre moyen[43].

Une troisième série de dispositions sanctionne l'apostasie. Elle recoupe les deux premières mais ne s'y confond pas. Parmi les pays arabes requérant la peine de mort, l'Arabie saoudite qui applique en tout la charia, mais également le Qatar, les Émirats Arabes Unis, qui mentionnent le crime d'apostasie parmi les châtiments corporels[44]. De façon plus explicite le Yémen, le Soudan et la Mauritanie[45]. Le code pénal soudanais fournit une définition plus large de l'apostat que l'islam classique : c'est non seulement celui « qui en sort publiquement par la parole ou l'acte », mais également qui « fait la propagande pour la sortie de l'islam » (article 126-1). Son sort est remis à la cour qui fixe le délai du repentir avant l'exécution de la sentence (126-2)[46]. Reprenant

---

[42] La Jordanie : l'article 38 code de la presse jordanienne, 1998 amendé en 2007 et l'article 273 du code pénal, 1960 ; Oman : l'article 209 du code pénal, 1974 ; le Bahreïn : article 310 du code pénal, 1976 ; La Libye : article 291 du code pénal, 1953 ; Irak : l'article 372 du code pénal, 1969.

[43] Article 144 bis de la Loi 15-66 de 1966, 8 Juin 1966, disponible sur le site official de la présidence de la république algérienne : http://www.joradp.dz/TRV/APenal.pdf

[44] Le Qatar : Article premier de la loi Law 11-2004, *al Jarida al Rasmiyya* vol. 7, 30 May 2004, p. 53, *available at* http://www.almeezan.qa/LawArticles.aspx?LawArticleID=593&LawId=26&language=en (in English translation E. A. U. : article premier de la Law 3 of 1987, *al Jarida al Rasmiyya*, vol. 182, 8 December 1987, *available at* http://www.gcclegal.org/MojPortalPublic/DisplayLegislations.aspx?country=2&LawTreeSectionID=3947 (in Arabic).

[45] Article 12 (apostasie comme élément de la charia) article 259 (peine de mort) of the Yemen Penal Code of 1994, as amended by Law 24 of 2006 Presidential Decree of Law 12-1994, published on the official website of the former President of Yemen *at* http://www.presidentsaleh.gov.ye/showlaws.php?_lwbkno=2&_lwptno=1&_lwnmid=243 (in Arabic).

[46] SUDAN PENAL CODE OF 1991 art. 126(1)–(3), *available at*

presque mot-à mot la doctrine classique, la Mauritanie s'en tient au délai de rigueur classique (3 jours), au bout desquels il sera exécuté et ses biens confisqués au profit du trésor. Mais encore, il appartient à la cour suprême de le réhabiliter le repentant dans ses droits, sans préjudice d'une peine correctionnelle. La peine de mort est également requise contre l'hérétique (*zindîq*). Enfin le musulman qui refuse sciemment de s'acquitter de la prière est assimilé explicitement à l'apostat « par la parole ou l'action ». Ses biens seront confisqués et il est exclu de l'office religieux consacré par le rite musulman[47]. Toujours à propos de la peine de mort, l'apostasie n'est pas mentionnée dans le code pénal iranien parmi les ordonnances pénales (discutée lors des travaux préparatoires), en dépit de la longue liste des châtiments susmentionnée. Mais la cour suprême dans un arrêt célèbre rendu à l'occasion de la conversion d'un jeune iranien au christianisme s'est estimée requise d'appliquer la charia en cas de silence de la loi, sans compter la jurisprudence de l'Ayatollah Khomeiny le code de la presse en fait mention (1986)[48].

Au total huit pays exigent la peine de mort. Le régime de l'apostasie est parfois moins rigoureux. Le code pénal marocain punit d'une peine d'emprisonnement « quiconque emploie des moyens de séduction dans le but d'ébranler la foi d'un musulman ou de le convertir à une autre religion, soit en exploitant sa faiblesse ou ses besoins, soit en utilisant à ces fins des établissements d'enseignement, de santé, des asiles ou des orphelinats », une référence à peine voilée aux missions d'évangélisation. Sinon, une forme insidieuse a cours. Elle consiste à invalider le mariage de la musulmane avec le non-musulman ou toute union quand, durant la cohabitation, le musulman se convertit à une autre religion et ce, conformément au droit islamique qui déclare nul et non avenu le mariage de l'apostat. Même en Tunisie où la non-musulmane est privée d'héritage selon

---

http://www.wipo.int/wipolex/en/text.jsp?file_id= 241802 (in Arabic).
[47] Ordonnance 83-162 du 9 juillet 1983 portant institution d'un Code Pénal (Ordinance 83-162 of July 9, 1983, Establishing a Criminal Code) (July 9, 1983), art. 306-, Journal Officiel de la République Islamique de Mauritanie [Official Gazette of the Islamic Republic of Mauritania], Feb. 29, 1984,
[48] Les articles 220 du code pénal et 289 du code de procédure pénale requièrent le recours : Voir M. H. Nayyeri, New Islamic Penal Code of the Islamic Republic of Iran: An Overwiew, Research Papers Series, University of Essex, Mars 2012, p. 18.

une grande partie de jurisprudence. C'est sur cette base aussi que la justice égyptienne a prononcé le divorce de l'intellectuel Nasser Hamed Abu Zayd de son épouse, sur requête publique d'un collectif d'avocats islamistes. Le scandale était tel que la cour a dû se raviser. C'est en ce sens que l'apostasie menace tout musulman qui pense autrement et n'agit pas conformément à la doxa. On le voit, elle est loin d'être l'apanage des systèmes juridiques désespérément rétrogrades.

À ce propos, un concept fait son entrée dans le vocabulaire juridique, le « sacré » rendu au pluriel, littéralement par « les choses sacrées » (« *muqadasât* »), en fait « ce qui est tenu pour sacré ». Non que les classiques ne tiennent pas la religion, le prophète et le dogme pour vénérables mais ce langage de la sainteté était réservé au lexique mystique. Nulle part, nous n'avons rencontré ce terme dans les traités sur l'offense à la religion, l'injure du prophète et l'apostasie. Sans doute est-ce là une réaction à la sécularisation dont le moindre des effets a été de banaliser la critique de la religion. Ainsi, peut-on lire que celui qui porte atteinte aux « choses sacrées » sera sanctionné par telle ou telle peine. Cela peut s'agir de croyances, de personnes vénérées, de lieux du culte, d'édifices religieux[49]. En fait de définition, il n'y en a guère.

---

[49] Voir les différents usages des codes pénaux, soudanais (article 125), mauritanien (art 360), émirati (article 312 (1), iranien (article 513) La constitution afghane parle de la religion islamique « sacrée » (article 3),

14- Is Islam in Europe becoming European? Characteristics, perceptions, tendencies and transformations

Stefano Allievi

I. The European Framework

They were immigrants and foreign citizens; then they became, at least partly, and depending on the country of settlement, citizens, even though still in search of equal rights. They were moving, and considered a temporary presence; now we discover that they are going to stay. They were individuals; then they became families, and then communities. They were 'few'; then they became 'many', at least in a common perception that must be put in question. They were 'out'; now they are 'in', even though maintaining links and maybe certain kind of 'loyalties' to the countries of origin. Finally: they were 'they'; now they are becoming part of 'us'.

In Europe, Islam has become the second religion in terms of followers, thus making Europe, from different points of view, a new frontier of Islam. The term 'frontier' describes quite well the ongoing processes of Islam's becoming a growing presence in Europe: it includes the idea of moving, but also, if we think at the use of the term in the American history, the idea of development, progress, and also of 'conquest'. A conquest which, in this case, does not mean to occupy a territory at someone else's expenses, and not even to fight for it with arms and armies, as in the American case; but includes the idea of going to live somewhere else (even though peacefully, and together *with* someone else, not at their place), but also the idea that some kinds of conflict inevitably happen, during this process. In any case, the idea of the frontier is more useful than that of the 'periphery', a term introduced in the 1980s, or that of the 'margin', and similar: all meaning 'marginality' which only partly (and often only transitorily) fits with the processes empirically observable on the ground. These 'peripheral' and 'marginal' metaphors might have been useful in the case of the first generation of Muslim immigrants (at least for a part of it), but no longer explain the Muslim presence in Europe today, even though we still can find examples of social marginality and cultural 'peripherality': not necessarily due to the action of these social actors, but often to the responses of the autochthonous populations.

II. Characteristics

The European situation: cultural pluralism as a new scenario

The presence of ever-increasing numbers of immigrants in the European social landscape is not merely a quantitative fact with different consequences for many social and cultural dynamics. Changes in the quantitative levels of so many different indicators (economic, social, cultural, political, and religious) not only produce quantitative change, they alter the scenario completely.

All in all, the indicators that are currently changing as a result of the presence of immigrant in Europe are producing and creating new problems, new processes of interrelation, new conflicts, and new solutions. In a word, they are producing *qualitative* change: nothing less than a different type of society which is quite different to that imagined with the rise of the nation state and its founding principles. A society for which many countries feel they have no plans or rules and for which, in many cases, politics and societies seem to proceed by trial and error, learning through experience, but without a clear project in mind.

On one side we can observe long-term trends that go in the direction of integration and inclusion: the labour market, and institutions like schools and the welfare systems, but also the system of juridical safeguards, have a greater stability and strength than the changing trends of politics. If policies and politics change rapidly (it is enough to think about the increasing role of so-called populist parties all over Europe), institutions are a guarantee of coherence and duration, or at least of slower and more deliberate change than that which drives social and political forces. And despite everything, they are more solid than they seem. And they work in the direction of integration, the universality and the extension of rights, and their consolidation, not in the direction of cultural opposition and social conflict.

This process is also taking place in the religious field. There are strong oppositions between religious communities (even though we have the feeling that those inside the various religions are even stronger, in respect to the way of approaching religious diversity and practising inter-religious relations). But there is also a common religious grammar that ends up by comprehending and recognizing the religious needs of others and their meaning: praying, fasting, using clothing codes, an idea of modesty, different gender roles of reference, the sense of pure and impure... In this there is the possibility of obtaining recognition and building alliances, and establishing relations of trust and confidence.

On the other hand there is the cultural conflict about Islam, the increasing hot debates in the public sphere, and their political exploitation, that often goes in the direction of exclusion, separation, differentiation, selective application of law, targeting Islam in policies but also – what is more problematic – in normative terms.

To make a long story short, and summarize a complex ongoing process in a phrase, we might speak of substantial integration, accompanied by conflictual perceptions, regarding Muslim communities in Europe. So, let's face perceptions first.

III. Perceptions

Islam as a source of conflict

Sociology is not an exact science. Often there is contradiction and different views concerning interpretation paradigms. Probably the only thing on which there is wide consensual agreement, and the only thing sociologists accept to call a theorem, is the basic statement of Thomas' theorem: "If men define situations as real, they are real in their consequences". If something is perceived as real, it will become real in its consequences. In other words, it is not important that something is real (in other disciplines one might use the word 'true'): it is enough that it is perceived, conceived, believed as real, and it will produce real social and cultural effects. In other words: empirical reality is not that important in the definition of the situation – its perception is much more significant.

Even though Thomas' theorem is applicable virtually to everything, form the micro level of conjugal relations to the macro level of global geopolitics and conflicts of civilizations, it is incredibly easily applicable to the Islam in Europe, or, better, to the presence of Muslims in Europe. The gap between the mainstream images of Islam in Europe as it is perceived by non-Muslim Europeans, particularly in media and in politics, and the empirical reality as is lived and perceived by Muslims, is particularly evident for those who work in this field.

Islam has, in the last decades, burst in upon the European public scene, as a topic of debate and especially as a hot issue on the political, cultural, social, religious, and academic agenda. This has happened for quite obvious reasons: the emergence of Islamic terrorism and security agendas connected to Islam at a global level, specifically affecting the West on one hand, and various problems connected with the presence of Islamic populations in Europe on the other.

What is less obvious, however, is that Islam, especially where it concerns the latter, is quite naturally considered as an object rather than a subject, an abstraction rather than an empirically analysable phenomenon, a set of unvarying definitions rather than a group of living (and changing) populations. There is an almost natural trend to reify Islam, as we see occurring in most debates in the public sphere. And we tend to forget that the real issue is not Islam as such but rather Muslims, and some specific Muslims in Europe. The problems are about persons, not concepts or abstractions. This is more than just a minor difference, and it has serious scientific and ethical implications.

In the classical Orientalist approach, the objectification or reification of Muslims used not to be considered a problem at all: on the contrary, this was part of the accepted way of studying Islam, the dominant method, style, and definition of the subject. It was the prominent Italian Orientalist Francesco Gabrieli who stated once that he studied Muslims like an entomologist studies insects – the starting point being the 'obvious' superiority of Western civilization and (white, Christian, secular) European culture.

Since the debate over Edward Said's *Orientalism*, this approach has lost part (but not all) of its attraction in academic circles, but it has acquired new importance, and growing success, in the public debate. In perceptions – which are not exactly the same as experience – the default mode is often reification: a form of essentialism, which proceeds from a basically predefined image of what Islam is, in which it tries to place real Muslims bodily in a process of 'over-Islamization of Muslims'. Too bad for them if they do not fit that image,

This approach is widespread and not limited to Orientalism. We find, for instance, among authors in many disciplines – theologians, political experts, journalists, sociologists – the same tendency to make sweeping statements on Islam in Europe on the basis of an often indirect if not second-hand knowledge of the Islam in Muslim countries. Assuming that generalities about Islam in major situations will also hold where Muslims are in a minority position: Islam is static, Muslims are dynamic; Islam is rigid, Muslims are flexible; Islam is (can be interpreted as) univocal, Muslims constitute a cacophony of dissident voices.

This implies that the use of this category of Islam, when given an excessively essentialist stress, creates more problems than it can solve into the common view of Muslim communities and populations, especially when used to study and comprehend the dynamics and changes of Islam (of Muslims) in Europe; particularly when used to understand what happens more evidently through the so-called second generations (and following) – which in fact represent the *first* generations (and following) of European Muslims, i.e. of Muslims of a different context. And we know how, in social sciences, the context is important in determining the text, how the frame not only contextualizes, but also re-defines what it includes. This is why it is necessary to shift the level of discussion from Islam to Muslims, for a reason that might sound simple and even naïve, but which is decisive: Islam cannot answer questions but Muslims can, and in fact do – we can talk to 'them' and 'they' to us. So, it is possible to de-objectify the discourses.

Nevertheless, even reflecting about concrete Muslims instead of an abstract Islam, lead us to a problem which is strictly linked to the Islamic/Muslim presence in Europe: the fact that most of the debates derive and are interpreted in a frame that is connected to conflict, and passes through what we might call hermeneutical incidents, or communicative conflicts – ordinarily, physiologically, not extraordinarily and pathologically. Virtually all of the debates concerning Muslims in Europe are linked to some kind of conflict:

related to freedom of speech (from the Rushdie to the Charlie-Hebdo killings, passing through the assassination of Theo van Gogh or the Danish cartoons affair), to gender issues (from the hijab/burqa/burkini controversies to forced or mixed marriages and many others), to the visibility of Islam in the public space (mosques and minarets, and, again, veil issues), and, of course, political language and political violence (from controversial statements about the West, to terrorism, foreign fighters ISIS).

All these things are obviously important: but the secondary effect of their overwhelming visibility is that all the issues concerning the normality of the processes of integration and co-existence simply disappear and vanish: they are not part of the debate on Islam in Europe.

IV. Tendencies

1. Minority Islam: 'Meccan' and 'Ummic'

Islam in Europe has very different characteristics from its appearance in countries where Islam is the religion of the majority. Specifically, the position of Islam in the public space in Europe is that of a minority in a pluralistic and secularized context: an aspect which is obvious in many ways, but the consequences of which are rarely understood in all their dimensions. This is not unique to Europe and the United States, or at least not entirely. Islam is and has been a minority elsewhere: in India, in South Africa, and several other African countries, in Russia, in China, and many other places. But the process of secularization of Europe and the US, their progressive self-definition as plural societies (which has been historically the case for the US, though much less so for most countries in Europe), their free and democratic political systems, in which individual and group rights (including, though with limitations, those of Muslims and immigrants in general) are recognized and protected, make the West very different.

From the theological point of view, the situation of Muslims in Europe could be compared to the situation of Muslims in the city of Mecca at the inception of Islam. During this period, the prophet Muhammad still had a small group of followers of Muslims who were a minority group that had no major influence, being excluded from positions of power and dominance. Only in Yathrib/Medina did Islam become the dominant, ruling worldview and there it did, among other things, produce common law. It was *din wa dunya wa dawla*, as Medinan Islam is often defined and self-defined in Islamic politico-religious terms – i.e. religion, everyday life and organized living (institutions, government, and in its modern form the state, and hence politics). On the other hand, this image, which is often used to interpret majority Islam, is probably a mere intellectual construct. It is interesting to note that the Arabic root of the word *dawla*, which is used to indicate a reign or dynasty, and by extension a power, also means alternation, change, and instability, almost as if to underline the inevitable transient dimension of any political and institutional structure. Incidentally, this also applies to the religious structure, in that no legitimizing centre exists that is able to issue licences of orthodoxy or heterodoxy, and this dimension is therefore substantially subject to the logic of *de facto* powers of agreement and contestation, but also of permanent regeneration. The imbalance is experienced in a very modern way as largely structural. And if this is true for majority, and hence hegemonic Islam, it is all the more true for minority Islam.

The conceptual problem is that, even though the present situation of Muslims in Europe resembles, from some points of view, to that of Mecca before the *hijra*, the conception of Islam held by most non-Muslims, as well as many individual and collective Muslim actors, is often much more that of Medina. Much of the cultural production *about* Islam and much of what comes to us *from* Muslim countries implicitly refers to situations where Islam is hegemonic. This lends urgency to projects of constructing a form of Islamic religious thought that takes the minority situation as its point of departure. There are several such projects, with different emphases, one being the effort to produce a minority *fiqh*, in which many jurists in Muslim countries, as well as the European Council for Fatwa and Research, are involved. Another project aims at elaborating a theology of Islam in a situation of religious plurality as part of a new and different society; this appears to be the direction in which authors such as Tariq Ramadan and others have been developing their ideas.

Not only is European Islam 'Meccan' (in the sense of being a minority); it is also, in this respect, internally pluralistic, as it reproduces in itself different cultural, national, theological and juridical interpretations of Islam, at a degree that is hardly observable elsewhere. This characteristic of internal plurality is in fact far more accentuated in present-day Europe and in other Western countries than in the Muslim-majority world. The origins are multiple, and even in those countries where there is (or, better, there was) one identifiable dominant ethnic group or a dominant geographical provenance among Muslim immigrants (as is the case, e.g., for Turks in Germany, Indo-Pakistanis in the United Kingdom, or Algerians in France), the Muslim communities are by no means homogeneous and do not relate to an easily identifiable single centre of authority. Instead, the observable panorama shows us not only a plurality of presences and contributions in terms of law schools (all co-existing, which makes them lose much of their traditional meaning) and mystical brotherhoods (a far greater diversity of which can be encountered more easily in the West than elsewhere, and whose boundaries are easier to cross in Europe), but also a plurality of ethnic groups and of religious denominations and sects (Sunnis of all persuasions, Shi`is, Isma`ilis, and the like). Finally, it also shows us a plurality of languages, both those of the countries of origin, which are numerous (Arabic, itself often a plurality of dialects and registers, Turkish, Persian, Urdu, Wolof, and many others), and the various European languages, the dominant languages spoken in the respective host countries. The latter are often the only languages in which all immigrants of Muslim origin can communicate among themselves.

In many ways, the concept of the *umma* as uniting believers of all skin colours and languages corresponds more closely to what can be perceived in Europe and America than in most countries of origin, where believers will primarily find others like themselves, of the same nationality, language, belief, and interpretation of these beliefs (within a specific law school). Moreover, in European countries, Muslim immigrants who activate their religious belief (and even those who don't, due to a certain number of 'push factors' coming from the non-Muslim surrounding society) may experience a need to define themselves as Muslims, which in their countries of origin would have been simply obvious and pleonastic. The internal diversity among Muslims is then, ordinarily, more evident in Europe, the USA, and in other host countries than elsewhere, and certainly more than in most countries of origin of the Muslim immigrants. The *umma*, in this sense, becomes a unifying concept (as a desire, as an emotion, and even as a rhetorical tool much more than as a reality) precisely because it is internally divided – and Muslims know that. And Islam, in this context, becomes intrinsically plural: 'ummic', we might say.

This internal diversity has important consequences. A particularly relevant example is provided by the law schools, which are so crucial for the self-interpretation of Islam in Muslim countries. All of the *madhhab*s are present in Europe; but the major difference with the situation in the countries of origin is that they mix much more easily, and individuals can find their way *through* them even more than *in* one of them. To use the words of one of my interviewees, born in Africa but of Yemeni origin and living in London: 'I am a Shafi'i, but I have to follow the most common *madhhab* here, which is the Hanafi one. Personally, as far as the *hajj* is concerned I am a Hanafi, for *jihad* I am a Maliki, for the conception of minority I am a Hanbali…'. Thus it is no wonder that European Muslims are beginning to speak of the European school – sometimes the Western and minority one (including the United States) – as the 'fifth law school' in progress. The internal plurality puts traditional beliefs and practices into question and produces self-reflexivity, which in turn accelerates the process of pluralization. But this process implies the production of new Islamic knowledge, capable to deal with the situation we have described here.

2. *Seeking knowledge about Islam: different demands*

Not every Muslim born in Europe is in search of knowledge about Islam. We can divide the Muslim populations in Europe roughly into three parts. They represent different tendencies that will continue to be present: no single one will cancel out or dominate the other.

A substantial part of the Muslim populations is simply being (or wants to be) progressively integrated, or, to put it differently, is and will more and more be progressively similar to the autochthonous populations it is becoming part of: this happens also in matters that concern religious belief and practice. This means that among Muslims one can observe the same tendencies observable in every other religious milieu in Europe, where beliefs are passing through important transformations, and practice, of the traditional kind, is diminishing. The researches in different countries and different moments often produce different results. But we can probably estimate that only a minority (although large, significant and visible) of the Muslim populations of Europe actively practice their religion in some way: this means that the rest do not, and do not seek (new, different) religious knowledge – they may have a vague secondary interest in it and be happy if they find it, possibly to use it trying to educate their sons and daughters (they are a possible open market), but they are apparently not involved in the active search for, and production and transmission of, religious knowledge. This is a rough and inevitably contestable estimate (variable from time to time and country to country, even from city to city and from an ethnic community to another, and by sex and age), but the numbers in this case are less important than the tendency.

Another segment of the Muslim populations is, for the opposite reason, not interested in the quest for (new) Islamic knowledge: because it feels that its traditional beliefs and practices constitute the perfect Islam, or in any case the kind of Islam it identifies with. Its members often lock themselves up in their religious and ethnic ghettos, and the Islamic knowledge they cultivate is that of their countries of origin, of their language of origin, with their imams and codes of behaviour *à dénomination d'origine controlée*, with their books and TV programmes with certificates of origin, and so on. This segment of the Muslim populations is primarily of the first generation of migrants: destined to become smaller; even if each new wave of immigration results in a new 'first generation'. Due to the force of inertia their attitude remains present also among the following generations. These 'traditional' Muslims often constitute a conspicuous segment of the Muslim population, or at any rate the most visible segment, and it receives disproportionate media attention. It is particularly this segment that is relatively often involved in clashes of cultural values and has caused incomprehension among the European public. Typically these are the people who keep speaking in their original languages (thus showing their extraneousness to European eyes), who dress, eat, live differently, marry internally, educate their children as much as possible separately, who do not like at least some common Western values and practices, who more often produce incidents of miscommunication, and so on. Much of the Salafi tendencies are part of this group. This does not mean that the dimension of change is absent: it is an illusion, even if people believe in it, to hope that a tree transplanted in a completely different ground and climate will grow in the same way. In this sense this is not just cultural reproduction, but is in any case transformation, at least in its consequences: but this is more an unexpected secondary effect than a desire and a goal voluntarily constructed. These 'traditional' attitudes, or this brand of Islamic knowledge, are widespread, not only among the first generation, and they are strengthened by new forms of transnational communication, including the new electronic media (satellite TV, Internet), and by transnational organizations. Transnationalism, in fact, does not only have innovative or progressive effects – it can simply be a new channel through which traditional views can be spread (as in the very un-innovative content of many Islamic websites, and literature in bookshops). But many of these traditional points of views are ineffective, and fail to offer appropriate explanations to the situation of Muslims in Europe, for the precise reason that they come from very different situations and contexts, in which Muslims are by definition, by default, a majority, the main if not the only admitted religious reference in the public space – Medinan situations, not Meccan ones.

There is however another part of the Muslim populations that is desperately searching for new interpretative tools, thus demanding new religious knowledge and actively promoting and producing it. This third segment does not constitute the majority, nor can it be considered in any sense more representative of newer trends. The quest for new interpretations is, most of the time, related to efforts to integrate into the societies in which they live, and not to remain separated: in any case, it is their way to find their place in European societies, constructing their religious identities in different forms, that need elaboration and, in many ways, a creative attitude. In their case, the production of Islamic knowledge is or can also often be a way of positioning themselves in the European or national public sphere, a means of expressing cultural diversity so as not to be like others but be together with others, playing the same games. Not by chance they normally do this through the language of the country they live in (which for the second and later generations is anyway the language they know best). In this respect they have the same interests, the same demands, and the same need for answers as converts, together with whom, contrary to their fathers, they are working in the same line. There is considerable originality in the contribution of the European situation, and of European Muslim social actors and intellectuals, to the production of autochthonous European knowledge and new discourses about Islam. This can be noticed in books, magazines, radio and TV programmes, videos and websites, but also in *khutbas*, and in the discourses that can be heard in the associative networks. It is possible to observe in these various media how new contents that are specifically Islamic *and* European are emerging. It is important to note that there is another important aspect of these processes: their transnationalization. These social phenomena cannot be studied, observed, or measured by using the traditional approach of national-level case studies, marked by the borders of the different countries. Processes involving communication flows, including the production and dissemination of Islamic knowledge, can only be properly understood if we adopt a transnational perspective. What seems important to underline here is that these transnational dynamics do not only go from a 'there' identified with Muslim countries to a 'here' identifying Muslim minorities (or simply Muslim groups and individuals) coming from their countries of origin but settled in Europe. They also go in the opposite direction, and there is an important role played by these cultural and religious feedback effects that has not yet been sufficiently analysed by scholars and researchers. And this element is also profoundly related to the production of Islamic knowledge in Europe, how it happens, and the effects it has: 'here' and 'there'. Unfortunately, new interpretations and new forms of interpretation of Islam do not necessarily deal to 'progressive' and more integrated views: they can also take the form of reactive identities, detached by traditional views, dealing to more and more acute forms of conflict. In this sense we can consider to be part of this tendency, on one side, many Muslim intellectuals born or active in Europe, many associations and imams, many websites, and organizations such as the European Council for Fatwa and Research; but, on the other side, we find probably here some forms of neo-Salafism, several forms of jihadism, including European born foreign fighters and largely supporters of Daesh and terrorism – whose vision, and very often whose background, is everything but traditional.

V. **Transformations**

Islam and Europe, Muslims in Europe

Islam has become the second religion in Europe, thus making Europe not an enemy, but an opportunity: the European part of the Muslim *umma*. But European societies seem to consider Islam, in recent years, more a threat than an advantage. The problems European countries face is then to make these two tendencies meet, because both are true: the fact that millions of Muslims find in Europe a land of opportunity, and the fact that millions of Europeans, for good or bad reasons, fear Islam. Inevitably this process will pass through different kind of conflicts, some of which, particularly on symbolic terms, we have already seen in European societies: showing that cultural conflicts are becoming the contemporary form of social conflict.

The Muslim presence in Europe constitutes in fact a dramatic cultural change for Western European societies, particularly for the countries that only a generation ago were still exporting labour force. Furthermore considering the tumultuous history of relations between the Islamic world and Europe, especially across the Mediterranean, the presence of Islam in Europe represents a historic watershed. If in the past one could talk of Islam *and* the West – cultural world that were not, but were perceived, as reciprocally independent and impermeable –, now we can speak of Islam *in* the West, and eventually through the role of second and third generation of immigrants and converts, of an Islam *of* Europe, if not yet of an European Islam.

Islam is no longer a transitory phenomenon whose presence is only temporary and can eventually be sent back 'home.' Nowadays, a population of about 20 million people, that can be considered 'culturally' Muslim, live in Western Europe, with no intention to go back. Among this population it is already difficult, now, and it will be even more difficult (and, in the end, a simple nonsense) in the future, to distinguish between the Muslims 'of origin', the 'mixed' populations, like the so-called second generations culturally grown up "between two cultures", but also those coming from mixed marriages and families, and the 'autochthonous' Muslims (which include the converts to Islam, but also naturalized people). This presence has to be considered, in perspective, the new Muslim population of Europe: European Muslims, not Muslims in Europe.

The future of this presence depends on many different factors and tendencies. But what is absolutely clear is that, between economic integration and political refusal, between tolerance and Islamophobia, between social mixing and mediatic hysteria, between demographic change and symbolic threats, Islam will find its place in Europe, because Muslims will do, and are already doing.

The real issues go beyond occasional conflicts: it is the relationship of Europe with Islam, on one hand; and the relationship that the Muslims have with Europe and the West, on the other. If the cultural conflicts are the symptom, the illness is the Western imaginary of Islam: which, like the Islamic imaginary of the West, appears more conflictual than in a recent past. If Europe wants to solve these conflicts, it has to pass through them, making the reasons of the sentiments and behaviours of significant parts of society, the fears that move them, the drives that they contain, emerge. And Muslims in Europe need to enter into these discussions, not as objects of discussion but as actors of it.

It will be necessary to discard the idea of Islamic 'exceptionalism', the presumption that Muslims are always different, that they need unique and peculiar instruments. The European approach must remain firmly anchored to the universalism that characterizes the European juridical construction: to the principle that the law is the same for all, that rights are personal and inviolable, that it is not possible to do away with the principle of the universality of the law, which is at the foundation of the idea of the West, the justification of its history, and its legitimate pride.

Reflection on these themes must leave the short term, the agitation of the present – a horizon that for the political entrepreneurs of fear rarely goes beyond the next elections – and enter in the perspective of the middle and long term, shifting from elections to generations. Because the new generations (second and third, and tomorrow fourth) of Muslims are already in Europe, and are different from those that preceded them, from their immigrant fathers and mothers; but in the same way the new generations of Europeans are no longer people who have seen Muslims arrive from somewhere, but persons who have always been side by side with them from their birth: in the neighbourhood as at school or at work.

On the religious level, Muslims need also to understand that the idea of reciprocity, so often evoked off the point (as when a Moroccan immigrant group who wants to set up a prayer room is crushed by the reply that in Saudi Arabia you could never build a Christian church), has instead a profound and socially significant meaning when it asks to mutually share the pain of an injustice, of a discrimination, of a religiously motivated act of violence, wherever it may take place, in Europe towards Muslims or in Muslim countries towards Christians or Jews.

Nevertheless, this process of interrelation passes through and includes, contemporarily, encounters, clashes and reciprocal feedbacks: that rarely are analysed and taken together into account – the most diffused option being that of underlining only one side of the medal (preferably clashes, often…). Probably because in the case of Islam in Europe it is a whole cultural and religious history that is implied, which has very much to do with the whole idea of the identity of Europe (in cultural, religious, historical, political terms): this is what makes this issue more sensitive and delicate than others, in terms of the possible consequences of misunderstandings.

And so every single conflict (from the 'big' ones concerning terrorism to the least episode of a discussion on a hijab in a single local context) ends up by looking more like a discursive substitute: a transitional object, to say it in psychoanalytic terms. The single conflict is the symptom; the illness is West's imaginary of Islam: which, like the Islamic imaginary of the West, appears more and more conflictual. But this is only the first half of the argument, the most immediate. The second is that Islam is in its turn a transitional object: which represents and signifies the pluralisation of society, and in particular, religious (and cultural) pluralism. Islam has become the discursive substitute for important changes in society, which are not tied generically to religious pluralism as such: in concrete terms they are called gender roles, clothing codes, family models, parent authority, ideas of modesty, purity, sacredness, as far as the relationship between religion and politics, religion and democracy, religion and state. Subjects that in secularised societies it has become more difficult to discuss (also) in religious terms: and that cultural and religious pluralism are bringing into the limelight.

Islam – rightly or wrongly (other diversities are often much more 'other') – has recently become the most extreme example of diversity and of the changes that diversity brings to European societies. These changes do not only come from Islam and Muslims. However Islam, because of its symbolic overload and the problematic history that joins it to Europe, because of the striking and formidable aspect of some of its contemporary manifestations (among which obviously the emergence of transnational Islamic fundamentalism and terrorism), but also because of the significant statistical dimension of its presence, is inevitably at the centre of the political and social debate in Europe. And it will be there for a long time. In the meantime, Islam has become the second religion, or the first of the non-Christian minorities, in all European countries. So it will be impossible from now on to understand Europe without taking into consideration its Muslim component; but at the same time it will be impossible to understand Islam without taking into consideration its European and Western component. Islam has become a European fact and its internal component, and Europe an internal fact of Islam. It is not something that is going to happen in the future. It has already happened. We have to begin to understand its consequences.

Final remark

After this analysis, it is not difficult to answer the question posed in the title. Yes, Islam in Europe is going to become Islam of Europe, and a European Islam: it is *already* becoming what many understand as a mere potential, and many others consider a simple impossibility. For many Muslims in Europe it has already become what for many non-Muslim Europeans it is still an uncertain and problematic process: in orthopraxis much before it will be subsumed in some kind of orthodoxy. As always, as usual, change happens before we have the capacity to read and understand it. But this ongoing process is not only the effect of the will of Muslims: it will imply, and it will have different effects, also following the actions and reactions of the European context – and its success also depends on the latter. Much depends on Muslims: much on non-Muslims. What it will become is already – and will very soon be understood as – a shared responsibility.

Bibliographical references

I have analysed in different terms the presence of Islam in Europe. Among the most recent books from which some of the reflections presented here find their origin, I quote at least: for a panoramic view on European Islam, *Muslims in the Enlarged Europe* (eds. B.Maréchal, S.Allievi, F.Dassetto, J.Nielsen), Leiden-Boston, Brill, 2003. On the transnational implications of Islamic presence *Muslim Networks and Transnational Communities in and across Europe* (eds. S.Allievi and J.Nielsen), Leiden-Boston, Brill, 2003. On the production of Islamic knowledge in the European context *Producing Islamic Knowledge. Transmission and dissemination in Western Europe* (eds. M. Van Bruinessen and S. Allievi), London-New York, Routledge, 2011 (also translated into Turk: *Avrupa'da Müslüman Öznenin Üretimi: Fikirler, Bilinçler, Örnekler*, Istanbul, Iletisim, 2012). On some important examples of cultural and religious conflict: *Conflicts over Mosques in Europe. Policy issues and trends*, London, Alliance Publishing Trust / Network of European Foundations, 2009, and *Mosques of Europe. Why a solution has become a problem* (a cura di), London, Alliance Publishing Trust / Network of European foundations, 2010; but also, as a response to the books of Oriana Fallaci on Islam, *Niente di personale, signora Fallaci. Una trilogia alternativa*, Reggio Emilia, Aliberti, 2006. On reciprocal perceptions *Le trappole dell'immaginario: islam e occidente*, Udine, Forum, 2007. On the transformation of identities see also the just published *Conversioni: verso un nuovo modo di credere? Europa, pluralismo, islam*, Napoli, Guida Edizioni, 2017 (which has a more ancient origin in *Les convertis à l'islam. Les nouveaux musulmans d'Europe*, Paris, L'Harmattan, 1998). On Islam in Italy, the fieldwork that I have worked more, see *Islam italiano. Viaggio nella seconda religione del paese*, Torino, Einaudi, 2003 (also translated in Arabic : *Al-Islâm al-Itâlî. Rihla(t) fî waqâ'i' al-diyâna al-thâniya*, Abu Dhabi, Kalima, 2010) and *I musulmani e la società italiana. Percezioni reciproche, conflitti culturali, trasformazioni sociali*, Milano, Franco Angeli, 2009.

15- The dynamics of Islamic radicalization in Europe and their prevention: a humanistic approach

Marco Demichelis et Giulia Mezzetti

A new counter-terrorism strategy emerged after 11/09, in the attempt to deconstruct the reasons that motivate people to engage in terrorism. This policy has been broadly defined with the term "de-radicalization"; however, at the moment, States' de-radicalization programmes, such as the one implemented in Saudi Arabia,[1] or complex intervention plans, such as the one elaborated by the UK government in the aftermath of the 2005 London attacks, do not seem to have yielded effective results. One of the main questions emerging after more than fifteen years is whether the exclusively "securitarian" approach that permeates these programs will ever be able to bring about efficacious solutions to the problem of Islamic radicalization, or to prevent radicalization in the West and in the Middle East[2].

What would have happened if Sayyid Qutb, before leaving for the United States in 1949, had acquired moderate English language skills and had read a few essays on North American history and literature? Probably, not only could he have better understood the country in which he then lived for two years, but he could also perhaps have mitigated his radicalization path and anti-Western positions.[3] Sometimes a humanistic approach could work better than a securitarian one. This analysis does not wish to emphasize a conflict between different de-radicalization approaches, but highlight that, as long as the goal persists to be linked solely to security, and not to the prevention of radicalization through a

---

[1] Andreas Casptack, "Deradicalization Program in Saudi Arabia: a case study", in AA.VV: *Understanding deradicalization: pathways to enhance transatlantic common perceptions and practises,* Washington: Middle East Institute, 2015.
[2] Rohan Gunaratna, Jolene Jerard, Lawrence Rubin, *Terrorist Rehabilitation and counter-radicalisation,* London: Routledge, 2011, Intro.
[3] John Calvert, *Sayyid Qutb and the Origins of Radical Islamism,* New York: Columbia University Press, 2010, pp. 143-148; Patrizia Manduchi, *Questo mondo non à un luogo per ricompense. Vita e opera di Sayyid Qutb.*, Roma: Aracne, 2009, pp. 63-64, Demichelis Marco, Sayyid Qutb, il teorico dell'Islam politico. Il lungo cammino verso il radicalismo islamico, *al-Hiwar,* Torino: Centro Peirone, 2011, pp. 28-29.

humanistic approach, the results might not be satisfactory, as the post-modern creation of the Caliphate has amply demonstrated.

The present contribution seeks to reflect on the role of education and schooling in preventing violent forms of extremism, in light of the available evidence concerning the "geography" and the dynamics of contemporary radicalization processes linked to jihadism. Before showing how education could represent one of the most promising grounds for the prevention of violent radicalization, it is therefore necessary to explore the dynamics of radicalization more closely – a task that we will try to fulfill in the following paragraph. In the concluding sections, we will argue how education should represent the starting point of any attempt to fight the spread of violent radical ideologies in the long run.

I. A geography of Islamic radicalization from a historical perspective

Islamic radicalization – by which we mean the adhesion to violent extremism linked to Islamist and jihadist ideologies - was once directly connected to historical events: for instance, the repression of Islam within Central-Asian republics since the 1930s, the military coup of 1991 in Algeria, which annihilated the on-going democratization process, the Israeli occupation of Palestine, the Jihad in Afghanistan[4] against the Soviet Union, with the return of the surviving Arab jihadists to their newly inhospitable countries of origin. On the contrary, nowadays, in Europe, the ideological – historical reasons motivating the adhesion to jihadism of an impressive number of young people are less clear and harder to identify. Indeed, contemporary jihadism raises the issue of its attractiveness and its plausibility in the eyes of European youths. In the past, Islamic radicalization affected Islamic countries and had an impact only on Muslim countries: between 20000 and 35000 Muslim/Arab fighters were recruited to fight the jihad during the '80s in Afghanistan and none of them came from Europe. Today on the contrary, the presence of European foreign

---

[4] The 1980s' Jihad war in Afghanistan, as reported by Ahmed Rashid, destroyed age-old Afghan tolerance and consensus. The civil war divided the Islamic sects and ethnic groups in a way that before was unimaginable to ordinary Afghans, Ahmed Rashid, *Taliban,* Yale University Press: New Haven, 2001, p.83.

fighters in Syria, as well as in the assaults in Paris, Brussels, Nice, Berlin etc., show the existence of many radicalized persons who have grown in the old continent. While until the beginning of the new millennium the geography of radicalization in Europe could be established within an uncontrolled mosque or an unknown prayer room, or related to a fundamentalist Imam, usually trained in Afghanistan, Pakistan, Yemen or Sudan, with the deflagration of Syria and Iraq and the creation of an Islamic Caliphate, the young Europeans that became jihadists did not necessarily have personal contacts with radical mosques or imams. On the contrary, internet appears to be the privileged site for recruitment [5]. Actually, according to the accounts of many jihadists, the overwhelming majority of them did not attend mosques or prayer room and did not show any sign of religiosity prior to their radicalization; these people got in touch with the jihadist ideology via internet, through forums, chats and social networks – the most popular ones, such as Youtube and Facebook. The amazing development of these technological means allowed the jihadist propaganda to reach and persuade a number of youths that appears unprecedented – both in quantitative and in qualitative terms. Indeed, not only do "new jihadists" amount to high numbers; they are also extremely internally diversified, comprising both people with a migratory and Muslim background (descendants of first-generation immigrants coming from North African or Asian countries) and people with no Muslim background, descendants of Christian immigrants or of natives.

This is why designing a policy aimed at tackling the spread of Islamic violent extremism is particularly challenging, as it should be able to target such a heterogeneous group of people. As we will seek to demonstrate in the following section, an educational-humanistic approach could reveal one of the most promising grounds for the prevention of violent radicalization, both concerning second or third-generation migrants with a Muslim

---

5 Cfr. Gilles Kepel (avec Antoine Jardin), *Terreur dans l'Hexagone. Genèse du djihad français*, Gallimard, Paris, 2015; David Thomson, *Les jihadistes français*, Les Arènes, Paris, 2014; Dounia Bouzar, Christophe Caupenne, Sulayman Valsan, *La metamorphose operée chez le jeune par le nouveau discours terroriste. Recherche-action sur la mutation du processus d'indoctrinement et d'embrigadement dans l'islam radical*, CPDSI-Centre de Prévention contre les Dérives Sectaires liées à l'islam, 2014, http://www.cpdsi.fr/nos-ouvrages-publications/.

background, and for those who are descendants of natives. However, since the overwhelming majority of contemporary jihadists do have a migrant background [6], we will especially concentrate on these persons within the following sections.

II. Socio-economic conditions, Muslims' symbolic integration and type of education as factors of radicalization

There was probably something in common between Mohammad S. Khan and Hasib Hussein, both responsible for the London 2005 bombs attacks, and Abdelhamid Abaaoud and Salah Abdeslam, responsible for the attacks in Paris (November 2015): the unbalanced correspondence between reality and the personal expectations that each human being creates for himself, paired with the impossibility to feel integrated in the society where they were born. It is relevant to highlight how some radicalization pathways move first of all from the failures of such expectations.

The search for social justice and greater global equality could be identified as a classical behaviour which, for political reasons in the '60s, as today, experienced a youthful enthusiasm often rooted in a marked idealism, in the willingness to be of service to the community, in a deep interest for global issues such as injustices, oppression, wars : qualities and traits which are anything but fundamentalist or extremist or violent. However, as Moghaddam argues in explaining some of the conditions leading to the development of terrorism – in what this scholar calls the "staircase to terrorism"[7] - some of these characteristics, on the contrary, can act as a detonator if intermingled with a deep perception of unfairness and a personal feeling of deprivation. Of course, considering the millions of people in the entire world who are conscious of the social injustice and deprivation they experience every day, only a limited minority tries to find a solution which usually clashes with the inability to change things: a factor which

---

[6] Consider that in the case of France, besides children of Muslim families, many of the converts to jihadism are children of immigrant families having a religious affiliation different than the Muslim one (e.g. families originating from Guadeloupe or la Réunion).
[7] Fathali M. Moghaddam, "The Staircase to Terrorism. A psychological exploration", *American Psychologist*, vol. 60, n. 2, pp. 161-169.

increases frustration as well as the inability to promote a change, according to Moghaddam[8].

This reasoning needs to be put in perspective, considering the wider framework of contemporary Western societies' quest for identity. Identity has become a very fluid concept, less rooted in the geographical location of birth and in the role assumed by the parents in portraying the historical- social family background; it actually is determined by more random effects, usually related to individual decisions or historical changes (emigration to a foreign country, the fall of the Berlin Wall in 1989, the Iranian Revolution of 1979 etc). The role of the family, once able to permeate the offspring's decisions for better or for worse, today has a more limited impact for a number of reasons which can be only briefly reported here: the surge in separations and divorces, the rising increase in youth unemployment (although youths often detain higher educational qualifications than their parents), the creation of a generalized anxiety towards various forms of sociological success – such as the imperatives to earn large amounts of money, to be handsome or beautiful, physically fit, etc. To further unbalance this anxiety of performance, Western society's definitions of freedom and of abuse of freedom, for economic reasons in particular, are not clearly distinct. For instance, in the USA a young person aged sixteen cannot buy tobacco, cigarettes or a can of beer, but can buy an automatic weapon, or drive a car with 200-horsepower[9].

The above-described crucial traits of contemporary Western societies clash with the usual high expectations of a young man, maybe immigrant or Muslim, who seeks integration as a second-third generation representative in France or Germany, in Belgium or in Italy. In addition, it is fundamental to consider the dire socio-economic conditions and the high levels of deprivation and marginalization faced by Muslims across Europe[10]. They often live

---

[8] ibid. p.
[9] Henry A. Giroux, *Youth in a Suspect society. Democracy or disposability?*, London: Springer, 2009, pp. 27ff, 69ff, 109ff.; B. Davies & Peter Bansen, "Neoliberism and Education", *in International Journal of Qualitative Studies in Education*, Vol. 20 n. 3 (2007), pp. 247-259.
[10] Cf. Richard Alba, Nancy Foner, *Strangers No More. Immigration and the Challenger of Integration in North America and Western Europe*, 2015, Princeton University Press, Princeton.

in highly segregated and poor areas, lacking access to quality education and housing, and, as it has been amply demonstrated, are confronted with discrimination both at school and at work, which helps to explain the high unemployment rate for instance in the French *banlieues*[11]. Indeed, among Muslims, upward social mobility seems to be an exception. Deep socio-economic disadvantage, such as that faced by Muslim minorities in many European countries, contribute to explain the painful conflict between reality and expectations felt by many young Muslims, who, having been born and raised in European countries, do want to feel accepted as full-fledged European citizens. The reflection on the relationship between Islam and *banlieues* is old and has been thoroughly analysed[12]; this problematic connection had already emerged when, after the victory by "les Bleus" in the Football Championships of 1998, the Champs Élysées were invaded by young French citizens from the suburbs, whose need for a better integrated future deserved more attention. Almost twenty years afterwards, some French citizens of "the banlieues" have taken action, blowing up the geography of Parisian entertainment, thus immediately drawing the public attention on the situation of many people like them.

However, deprivation can only partially explain the feeling of such a conflict. What plays a major role is how Muslims feel to be perceived and treated by receiving societies. Undeniably, within public debates across Europe, Muslims are perceived as "inner enemies". Cultural and political elites often depict Islam solely in terms of social and cultural "Otherness" and assign an *a priori* negative identity to Muslims, who seem to be considered intrinsically "problematic" and "unintegrable". The crystallisation of the Western public debate on the compatibility of Islam with claimed Western values and laïcité has led to a representation of the integration of Muslim immigrants as "failed"[13] and to attribute to individuals and to their religion the responsibility of their

---

[11] Cf. Cyprien Avenel, *Sociologie des quartiers sensibles*, Armand Colin, Paris, 2010; ONZUS - Observatoire National des Zones Urbaines Sensibles, *Rapport 2014*, http://www.ville.gouv.fr/IMG/pdf/onzus_rapport_2014.pdf.
[12] Cf. for instance Gilles Kepel, *Banlieue de la République. Société, politique et religion à Clichy-sous-Bois et Montfermeil*, Gallimard, Paris, 2012.
[13] Cf. Jennifer Fredette, *Constructing Muslims in France. Discourse, Public Identity and the Politics of Citizenship*, Temple University Press, Philadelphia, 2014.

supposed refusal to integrate and of their presumed desire to live "parallel lives"", separate from and in opposition to the rest of society. This has hampered the process of "symbolic integration"[14] of Islam and Muslims. By symbolic integration, we mean the perception of Islam and Muslims in the public sphere as an *accepted part of society* – borrowing form and adjusting the definition of integration provided by Penninx[15]. Even if people with a migratory background can achieve integration from the socio-economic point of view, their integration in the cultural domain is often made impossible, due to the fact that they are perceived by the receiving society as irreducibly "Others" – this is true especially in the case of Muslims[16]. This leads many young Muslims to feel deep sentiments of humiliation and frustration in relation to their origins, religion and identity.

Such lack of symbolic integration, combined with objective difficult socio-economic conditions, constitutes the premises for the perception of a conflict between reality and expectations for many young Muslims and disenfranchised youths. This, in turn, plays a role in the formation of "oppositional identities" among them, especially originating from the most impoverished areas or regions of European countries, which leads them to embrace the Muslim religion especially in identitarian terms. This allows them to reverse the stigma of being negatively perceived as Muslims, precisely showing off their religious practice and identity. This holds especially in relation to the spread of Salafism[17], which

---

[14] Jocelyne Césari, *The lack of symbolic integration of Islam in Europe, as illustrated by the Charlie Hebdo attacks*, CritCom, A Forum for Research and Commentare on Europe, 10 August 2015, http://councilforeuropeanstudies.org/critcom/the-lack-of-symbolic-integration-of-islam-in-europe-as-illustrated-by-the-charlie-hebdo-attacks-2/.

[15] Rinus Penninx, *European Cities and their Migranti Integration Policies. A state-of-the-art study for the Knowledge for INtegration Governance (KING) Project*, KING Project, Overview Paper n.5/July 2014, http://king.ismu.org/wp-content/uploads/Penninx_OverviewPaper5.pdf

[16] Richard Alba, Nancy Foner, *Strangers No More. Immigration and the Challenger of Integration in North America and Western Europe*, Princeton University Press, Princeton, 2015.

[17] Juan José Escobar Stemmann, "Middle East Salafism's influence and the radicalization of Muslim communities in Europe", *in Meria*, Vol. 10 n. 3, (2006); Jason Burke, "Radicalisation in Molenbeek: People call me the mother of a terrorist", the Guardian, 16 March 2016; Z. Fareen Parvez, "Representing Islam of the Banlieues: class and political participation among Muslims in France", in

represents a strong form of cultural and identity rupture in contemporary Europe, as the adhesion to its tenets implies a refusal of modern Western society as "unholy", "impure" and "depraved" – terms borrowed from the religious language to refer to the conflict with society. Salafism can be characterized as a counterculture, founded on uncompromising, ultra-Orthodox and ultra-conservative religious norms, which disavow Western society and its values[18]. As such, it constitutes an extreme and radical choice: even if it concerns only a very small proportion of European Muslims, it represents a powerful source of identitarian cleavages.

Seeking to avoid any kind of contact with all non-Muslims, the type of oppositional identity as the one represented by the "Salafi way of life" is likely to pave the way for dangerous consequences: in particular, we refer to the formation of identity ruptures or the creation of fractures along identitarian lines within European societies, which create the fertile ground for the success of the jihadist ideology. Indeed, jihadist propaganda's goal is to disseminate a Manichean vision of the world, as if it was divided between "the good", who are on Muslims' side, and "the bad", who are against Muslims and oppress them[19]. Far from being an over-simplification, the contents of the videos and the documents circulating within the so-called "jihadisphere" are based on this binary vision of the world and aim at dividing Western societies, fostering conflict and fierce opposition within them. In the same vein, the surge in neo-nationalistic and xenophobic movements and parties across the Western world constitutes a symmetric and specular development, as such political actors often put forward a similar rhetoric, erecting barriers between "us" and "them", and depicting Muslims in particular as intrinsically dangerous and unintegrable – as briefly described above. Such visions cannot but

---

Muslim Political participation in Europe, ed. by Jorgen S. Nielsen, Edinburgh: Edinburgh University Press, 2013, pp. 190- 213.
[18] Mohamed Ali Adraoui, *Du Golfe aux banlieues. Le salafisme mondialisé,* Paris, Presses Universitaires de France, 2013.
[19] Cf. Gilles Kepel (avec Antoine Jardin), *Terreur dans l'Hexagone. Genèse du djihad français,* Paris, Gallimard, 2015.

undermine social cohesion and lead fringes of society to radicalize and embrace forms of violent extremism in the long run[20].

However, in addition to identity-related issues and socio-economic deprivation, it is crucial to consider the type of education that even highly skilled persons receive during their schooling years[21]. Paul Vallely, quoting a study of the British Council, argued that, contrary to a common understanding, almost half (48.5 %) of the Jihadists recruited in MENA areas had a university education; among them, 44 % had degrees in engineering. This percentage greatly increased if we consider Western – recruited jihadists: 59 %[22]. Gambetta and Hertog[23], considering the distinction between violent jihadists and non-violent radicals, highlight the over-representation of engineers among the latter to be slighter, though still significant, among jihadists. They note that though engineers are over-represented in both categories, violent and more peaceful Islamic groups, holders of other elite degrees, such as medicine and natural sciences, are much more strongly represented among the latter. Islamism seems to be appealing to both, but engineers seem much more prone to taking the step towards violence.[24] Another recent study showed how terrorists

---

[20] We do not intend to suggest that there is a direct continuity between Salafism and jihadism. Many scholars describe the different internal streams within Salafism and notably the harsh conflicts between "quietists" and "jihadists". Indeed, jihadists despise quietists and Salafism cannot be considered as a direct "conveyor belt" of jihadism – indeed, many jihadists were not allegedly religious or pious Muslims. What we rather suggest is that the diffusion of Salafism, with its oppositional *habitus*, contributes to spread a divisive conception of society, i.e. "us (good Muslims)" vs "them (the depraved rest of the world)". Such a Manichean vision of the world facilitates the spread of jihadism in that it makes it "plausible" and "attractive" in an "ecological" perspective (in sociological terms). In other words, the success of jihadism is rooted in the identity cleavage that Salafims purports. Cf. Fabio Introini, Giulia Mezzetti, "Storie di jihadismo. Il processo di radicalizzazione e la sua plausibilità", in *XXII Rapporto ISMU sulle Migrazioni 2016*, Franco Angeli, Milano, 2016, pp. 293-318.
[21] According to the available evidence, the vast majority of jihadists holding university graduated in scientific subjects: Engineering, Medicine, Information Technology, etc. Paul Vallely, *Are Scientists easy prey for Jihadism?* The Guardian, 3 December 2015.
[22] Martin Rose, *Immunising the Mind. How can education reform contribute to neutralising violent extremism?*, British Council, November 2015.
[23] Diego Gambetta, Steffen Hertog, *Engineers of Jihad*, Sociology Working Paper n.10, Department of Sociology, University of Oxford, 2007.
[24] Diego Gambetta, Steffen Hertog, *Engineers of Jihad*, p. 35.

were more likely to hold technical and applied degrees: medicine, applied science and especially engineering; non-violent radicals, by contrast, were much more likely to study arts, humanities and social sciences.[25] This, if confirmed, would suggest that the transition from one category to the other is not at all the smooth and slippery slope that anti-terrorism theorists imagine, and that forms the basis of much security rhetoric.[26] Although all these information either relate to Muslim countries – where conditions on the ground are entirely different in comparison to Europe[27] - or to the "first generation"" of jihadists – while the new forms of jihadism presents unprecedented characteristics than "old jihadism"[28], we believe it is nonetheless extremely meaningful. Indeed, scientific education, with its rigour and its indisputability, can lead the individual to not properly consider *nuances*. Therefore, receiving only scientific education can facilitate the adoption of binary vision of the world (black vs white).

Therefore, we propose to integrate into Moghaddam's "Staircase to Terrorism" the consideration of the above-described relevant factors, i.e. 1) socio-economic conditions – which can lead to strong feelings of frustration in the face of thwarted personal expectations; 2) identity-related issues and the perception of a lack of symbolic integration – which may lead to the formation of identity cleavages and to conceive society as if it was divided between "us" and "them"; 3) the type of education received – which can lead to adopt binary visions of the world (black vs white). The ground – floor level of the staircase, in which the perceptions of injustice may arise for a variety of reasons, including economic and political conditions and threats to personal and collective identity, needs to be paired with individuals' level of education: for example, if on the one hand, a Muslim radical who gained a university degree in a scientific

---

[25] Jamie Bartlett, Jonathan Birdwell and Michael King, *The Edge of Violence: A Radical Approach to Extremism*, London: Demos 2010, p.24.
[26] Martin Rose, *Immunising the Mind. How can education reform contribute to neutralising violent extremism?*, p. 7.
[27] Khosrokhavar explains why, since the '90s, Jihadism attracted mostly persons belonging to the middle class in Muslim countries in North-Africa, the Middle East and Asia. Cf. Farhad Khosrokhavar, *Radicalisation*, Paris, Éditions de la Maison des Sciences de l'Homme, 2014.
[28] Cf. Gilles Kepel (avec Antoine Jardin), *Terreur dans l'Hexagone. Genèse du djihad français*, Paris, Gallimard, 2015.

subject cannot usually show "symptoms of poverty", the real perception of injustices as threats to personal and collective identity passes through a scientific methodological approach, acquired through exclusive scientific education, in which "black and white" are predominant over grey. This is the first step which can incentivize a radicalization- process: to consider historical events as European colonialism or the birth of Israel (1948) with excessive clarity, as if right and wrong were clearly identifiable, where the complexity of the problem is unconsidered, while demagoguery and easy ideologization take over.

"Plato warned on the inevitable collapse of a society that does not allow for the rise of talented individuals in the social hierarchy and, correspondingly, the downward mobility of those who lack talent but are the offspring of those in power"[29]. If we add to the above *forma mentis* the impossibility of attaining the expected results against personal expectations: a post-graduate job, for example, due to the lack of meritocracy within a society that despite being democratic has maintained relevant integrative problems; the inner radicalization of the individual actor can only increase (second step).

The third step is reached when in addition to the above-described psychological melting pot of pre-radicalization, the help in rediscovering a fundamentalist renewed religious affiliation comes from outside: a recruiter, or a propaganda video, which in a specific moment of a state of depression, outlines a morality that justifies a struggle to achieve a perfect society, a better world. If this passage succeeds, the new recruit is persuaded to be completely disengaged from the previous morality, from the family, from preceding friends, to enter a secret, isolated, quite fearful organization; a parallel life is already started and if on the one hand their normal daily existence continues, a second one, made up of victimization and conspiracy, both characteristics well rooted in the psychological background of the young radicalized, will continue to entrench the previous one, is increasingly perceived as a masked existence that is increasingly rejected.

---

[29] Fathali M. Moghaddam, "The Staircase to Terrorism. A psychological exploration", p. 163.

The consolidation of fundamentalist thinking, which leads to believe that being part of a terrorist organization is the best way to reach an ideal end, is the conclusive step before the final immolation. This fourth step is significant because, if not properly carried out, it could still bring the recruit to doubt in the end, being overwhelmed by fear.

The conclusive step, which collides with the terrorist attack, has finally sublimated the "us" vs. "them" and the perception, made even easier today in the exclusivist ideological Neo-Wahhabi perception, that anyone who is not actively resisting against the new crusaders and Zionists, even if Muslim, is a legitimate target of violence.[30] Prevention of radicalization is a long term solution which could not only be related to a securitarian approach, but also to a psychological and didactic one.

III. For the prevention of radicalization in Europe: an educational – humanistic approach

That prevention is a long-term solution to terrorism is certainly self-evident; that prevention should be based on an educational-humanistic approach, which takes longer than the ongoing securitarian one adopted in Europe since the bomb attacks in Madrid and London, is less self-evident.

In an article published in the New York Times (20 Nov. 2014), Janet Breslin and Smith Caryle Murphy stressed that the presence of humanities within the Saudi Arabia academic system had been partially incentivised on a scene that was already not particularly idyllic. During the reign of 'Abdullah bin' Abdulaziz al-Saud (2005-2015) in fact, although the number of universities increased from 8 to 25, the curricula accentuated a specific inadequacy in relation to the humanities and within the universities of religious studies, where the majority of *A'immah* (pl. of imam) are trained, the inappropriateness to ensure an interdisciplinary study methodology that is able to create links between Islamic religion and history, geography, law, sociology, philosophy and mystics encouraging inter-disciplinary research.

---

[30] *Ibid.*, p. 16.

On the contrary, the Saudi education board has touted an ideology whereby every citizen must exclusively be a "Muslim citizen" aware of religious values and ready to be integrated in a society that accepts change only if this transformation is rooted in Islam, or better in the Islamic ideology as shaped by Neo-Wahhabism: reflecting on the economic and financial sectors, Islamic precepts have been largely neglected since the 1970s in Saudi Arabia as in the majority of the Arab Gulf countries, having been re-shaped to encourage the creation of a capitalist economy with the concrete support of the religious jurists[31].

Educating children in schools differently could be the preventive approach necessary to counter form of violent radicalization and growing religious extremism, at least in Europe in no less than fifteen years. The strategy to identify and eliminate individual religious extremism and terrorism could reveal expensive and counter-productive, because as long as conditions on the field remain the same, every violent extremist who is eliminated is quickly replaced by others. Eradicating the possibility that they could be replaced is probably the best solution that European societies could put into practice without transforming themselves into autocracies but only by strengthening their educational system. Obviously, long-term securitarian policies need to be kept alert, but psychologists, inter-cultural mediators as well as teachers and professors need to play a prominent role in order to favor the adoption of a different humanistic approach for the prevention of radicalization within national European education systems.

The best viable solution appears to be the implementation of an approach able to fight categorizations and the formation of oppositional identities, as described above: Us vs. Them, Orientalism vs. Occidentalism, Christians vs. Muslims, Burkinis vs. bikinis etc. Such labeling process can only but endorse the views of fundamentalists and radicals, and increases the probability that more individuals will engage in violent extremism.

It is easy to imagine that the young terrorists who hit Paris, Brussels or London, having or not an educational qualification (in the case of the 2005 London attack, terrorists had reached a

---

[31] Janet Breslim, Smith Caryle Murphy, *The Struggle to Erase Saudi Extremism*, New York Times, 20 Nov. 2014.

university graduation), had passed through a national education system, having spent some years in schooling. What would have been of these people, had the school system been designed so as to avoid their failures? What would have been of these people had they encountered in their school life teachers able to open their minds?

As we have attempted to argue, schooling plays in any case a crucial role. However, for the school system to be transformed in an effective resource to counter violent radicalization and extremism, two steps are necessary: 1. make the educational system more equitable at the European level – in order to tackle social disadvantage, which plays a significant role (cf. Previous) ; 2. train teachers to the adoption of a humanistic approach on the basis of interdisciplinary textbooks and curricula.

This first step concerns ensuring effective equal opportunities in education, combating inequalities, segregation in schools and equipping students with all the means in order to climb the social ladder. This is necessary in order to obtain a more egalitarian level of education in the EU[32], which has been achieved in countries such as Norway, Finland, Denmark, but has not yet been realized in other countries such as France and UK. Actually, the educational systems of the latter pose a double problem in relation to the public- private system debate (in Scandinavia there is no private system), and to the main differences between élites schools and the other schools, especially in suburbs and peripheries[33].

The second step is more related with the educational contents; within European educational systems, curricula's contents hardly contain modules devoted to the history, religions, literature, art of parts of the world other than Europe. Indeed, schools curricula seem to not take into account that the composition of schools

---

[32] All European data are collected by Europe 2020 indicators- education. Some important data can be found directly on this website:
http://ec.europa.eu/eurostat/statistics-explained/index.php/Europe_2020_indicators_-_education#Main_statistical_findings

[33] All European data are collected by Europe 2020 indicators - education. Some important data can be found directly on this website: (http://ec.europa.eu/eurostat/statistics-explained/index.php/Europe_2020_indicators_-_education#Main_statistical_findings)

cohorts is increasingly diversified in terms of cultural, ethnic and religious origins and migratory backgrounds of students. Thus, a second-generation student, with an Algerian, Nigerian or Ethiopian migratory background, has hardly ever the chance to study the history, literature or art of parts of the world different than Europe, during his or her schooling years. Frequently, second-generation boys and girls live in the outskirts of major European cities, where it takes more than an hour to reach the city center and find a well-stocked bookshop, and must face acts of discrimination and racism on a daily basis. Therefore, these youths' growing expectations as adolescents are thwarted by the consciousness that "the Europe of democracy and human rights" will always consider them as foreigners, and they must cope with very scarce possibilities to improve their social position[34].

Prevention of radicalization needs to start from integration at school, where the history, art, literature, music and religion of those who are perceived as "Others" are considered as relevant as that of the "old continent"; all the more so when significant proportions of classes' compositions are made up of students without a European cultural background. Such an approach does not intend to abolish traditions such as Christmas parties at school: integration takes place in a precise context, and the cultural traits of that context must be known and understood by children of immigrants. However, it aims at the interdisciplinary integration of "Others" humanities in a continent where out of 500 million inhabitants, 34,3 are composed by people that were born in a non-EU state[35]. The claim, here, is about the necessity of designing an integrative education policy with the goal of preventing violent radicalization, focusing on humanities – specifically, on the interconnections between history, literature, religion, history of art, music, etc.

For instance, each subject, regardless of the number of hours, has to be redesigned in relation to a less Eurocentric and more comparative approach. What happened in Europe or France in the 18th century, and in parallel in the rest of the world? Does Dante's

---

[34] Cf. Cyprien Avenel, *Sociologie des quartiers sensibles*, Paris, Armand Colin, 2010.
[35] http://ec.europa.eu/eurostat/statistics-explained/index.php/Migration_and_migrant_population_statistics#Migrant_population

Divine Comedy really have Islamic eschatological origins? Is it possible to study Music without exploring the history of black slavery? The Ottoman architect, Mimar Sinan and Brunelleschi-Michelangelo, a comparative approach in art-history, etc. The reconstruction of the history of religious coexistence, of cultural hybridizations and reciprocal influences, as well as of religious conflicts in Europe are crucial in this respect. Topics are unlimited. The university level is facilitated by a number of courses that are usually chosen by students out of personal interest, but what can be done in scientific faculties? Until 2015, to quote an example, the Polytechnic of Turin (Italy) organized free courses of Arabic and Middle Eastern history and culture, but also Chinese for students interested in studying foreign languages and humanities.

Such intercultural curricula could also contribute to solve the legacy of troubled colonial pasts, which often represent a cause of resentment among migrants and especially among their descendants, posing issues concerning their self-identification and sense of belonging. An unresolved colonial past (for instance, the one binding France and Algeria) is likely to emerge within educational institutions taking subtly oppressive forms, such as inadequate study of colonialism and of its consequences[36] or a complete disregard for former colonies' history and culture. This adds to more explicit acts of discrimination at school, which constitute a source of suffering and an obstacle for social mobility[37].

In any case, an important part of preventive work has to be planned in the field of the pre-university school system. In order to prevent the formation of oppositional identities, potentially

---

[36] For instance, in 2005 the French government passed a law by which school programs should have acknowledged "the positive role of the French presence overseas and in particular in North Africa". A period of vibrant protests ensued, with scholars and politicians expressing their harsh criticism against the State's decision to promote positive depictions of French colonialism. The law was eventually repealed in 2006. See: https://fr.wikipedia.org/wiki/Loi_portant_reconnaissance_de_la_Nation_et_c ontribution_nationale_en_faveur_des_Fran%C3%A7ais_rapatri%C3%A9s

[37] With reference to the French case, see for instance Gilles Kepel, *Banlieues de la République. Société, politique et religion à Clichy-sous-Bois et Montfermeil*, Paris, Gallimard, 2012, or Laurent Mucchielli, *Autumn 2005: a Review of the Most Important Riot in the History of French Contemporay Society*, in "Journal of Ethnic and Migration Studies", vol. 35, n. 5, 2009, pp. 731-751.

conducive to violent radicalization, it is necessary to start since the elementary level of education. Each education system has a multifunctional purpose, which is not only linked with acquiring "knowledge", writing skills and a basic culture; but to promote a first plural approach in a society *in itinere*. Every educational method that appeared in the 20th century, from Montessori to Steiner, from Feuerstein to Gordon, highlighted the balanced growth of the child between the acquisitions of competences respecting the individual maturation of the pupil[38].

Conclusive Reflections

The education system can certainly not make up for the absence of family ties, the presence of a healthy parenthood, and the recognition of the love of the parents by the child. However, school is the first "geography of integration" that every child will encounter during his life. While the family should be able to give the ability to face the outer world from an emotional point of view, education should to be able to give children a place in it as well as a clear and realistic expectation for their future.

It is usually proven that the good charisma of a teacher or professor during the formative age, at intermediate, high school or university levels, has the capacity not only to create interest in his or her subject, but to plan a training program for the student. An educational system that can integrate pupils and students from different social and cultural backgrounds is a school in which teachers and professors are trained and textbooks are prepared considering the ongoing problems of integration in society. The capacity to prevent different forms of radicalization, not only referring to the Islamic one, passes through the educational system's capabilities to rearrange programs and curricula, so as to be able to deliver notions and talents through a plural and diversified methodology. The solution is not to eliminate the history of the Roman Empire, or of Athenian democracy, Shakespeare or Jean-Jacques Rousseau, but to put every subject into relation with other geographies, writers, philosophers, and historical events. Fighting and preventing the ignorance of

---

[38] Jael Kopciowsky Camerini, *Il Metodo Feuerstein. L'apprendimento mediato,* Brescia: la Scuola editore, 2015.

religious radicalization should start from here. Such an approach would help counter the hypostatization of a binary vision of the world ("us" versus "them") that is central in every form of violent radicalization.

The role of schooling for countering the spread of violent extremist ideologies and attitudes and for containing forms of radicalization can thus prove crucial, as the years spent in education are pivotal for developing critical thinking and for acquiring the capability to go more in-depth and look beneath appearances, i.e. the only resources against bigotry, categorizations, simplistic accounts of global and complex phenomena, such as those heralded both by jihadists and xenophobes and supremacists. Broadly speaking, education should lay the foundations in order to build a wide cultural background; for the overwhelming majority of students, schooling is the only way for gaining notions and knowledge, which would not be otherwise accessible for them. If the curricula of European and North-American educational systems were in line with the times, they would include modules devoted to cultures and the history of other parts of the world, in order to better respond to the needs of an increasingly diversified student population – which includes more and more pupils with a migratory background.

However, we maintain that a humanistic approach to tackle radicalization – based on the teaching of intercultural knowledge and on the study of the history, literature and art of different cultures – works also for preventing the radicalization of young people with no migratory background (who now form a significant portion of the "new jihadists"). Indeed, due to ignorance or insufficient cultural knowledge, they could fall too into the trap of adopting Manichean vision of the world and to experience identity ruptures – and such an approach is aimed precisely at fighting labeling, categorizations and oversimplifications of reality.

These aspects – the exigency to develop more equitable education systems, the need to include in school curricula the teaching of notions concerning other cultures and religions, as well as a honest recognition of the colonial legacy – could all play a role in the symbolic integration of migrants and especially of those of Muslim religion within European societies, and could contribute to open the minds of those with no migratory background.

QUATRIÈME PARTIE : ÉTAT DE LA RECHERCHE SUR L'ISLAM EN EUROPE ET AU LIBAN

16- Religion – Violence – Communication – Ordre Mondial

Michaela Neulinger, Martina Kraml, Wolfgang Palaver, Roman Siebenrock

I. Reflecting upon Christianity and Islam in a Plural Context

An Overview on Research Projects in the Field of Christian-Muslim Relations and Islam in Europe at the School of Catholic Theology / Innsbruck

In Innsbruck research concerning Christian-Muslim relations and Islam in Europe is particularly located within the interdisciplinary research centre "Religion – Violence – Communication – World Order" (in the following: RVCW) at the School of Catholic Theology. The centre, headed by Roman Siebenrock, is part of a broader research area at the university entitled "Cultural Encounters – Cultural Conflicts".[39] Scholars especially involved in the above mentioned research are Martina Kraml, Michaela Neulinger, Wolfgang Palaver and Roman Siebenrock. The article first introduces into the historical and theoretical background of RVCW. Second, it offers an overview of current research projects concerning Islam and Muslims within the centre. Finally, there will be given some perspectives for future projects and possible cooperation.

II. The Research Centre "Religion – Violence – Communication – World Order" (RVCW)

1. Dramatic Theology

The origins of RVWC date back to the 1970s when Raymund Schwager[40] (1935–2004), then professor of dogmatic theology in

---

[39] For an overview of the research area's focus see https://www.uibk.ac.at/fsp-kultur/index.html.en.

[40] Raymund Schwager's collected writings have just been published: Schwager, Raymund, Frühe Hauptwerke. (Ed. Mathias Moosbrugger), Freiburg: Herder 2016 (Gesammelte Schriften 1) ; Schwager, Raymund, Brauchen wir einen Sündenbock?. Gewalt und Erlösung in den biblischen Schriften. (Ed. Mathias Moosbrugger, Karin Peter), Freiburg : Herder 2016 (Gesammelte Schriften 2); Schwager, Raymund, Der wunderbare Tausch. Freiburg: Herder 2015 (Gesammelte Schriften 3); Schwager, Raymund, Heilsdrama. Systematische und narrative Zugänge. (Ed. Józef Niewiadomski), Freiburg: Herder 2015

Innsbruck, came across the work of the French literary critic, philosopher and historian René Girard [41] (1923–2015). An intensive, critical dialogue grew between the theologian and the philosopher who particularly focused on the relation between religion and violence. On the one hand, Schwager started to read Girard's mimetic theory theologically, on the other hand, he inspired Girard to reflect and rewrite certain essential aspects of his theory.

Dramatic theology is grounded on the conviction that death and violence are not the final destination of human life. Theologically speaking, God is not violent, His nature is non-violent. However, violence is produced, experienced and suffered in everyday human life. Dramatic theology now refers to Girard's mimetic theory in order to reflect upon the origins of violence and its possible overcoming. Schwager and his theological school emphasize God's unconditional "yes" to Jesus and his destiny. His resurrection is seen as a confirmation of his life and his message. As one dies for all, the vicious circle of scapegoats, according to Girard the basic source of violence, is overcome by Jesus. Dramatic theology reads history as a dramatic dialogue between God and wo/men. God is experienced in different contexts, the whole human history and

---

(Gesammelte Schriften 4) ; Schwager, Raymund, Dogma und dramatische Geschichte. Christologie im Kontext von Judentum, Islam und moderner Marktkultur. (Ed. Józef Niewiadomski, Mathias Moosbrugger), Freiburg: Herder 2014 (Gesammelte Schriften 5); Schwager, Raymund, Briefwechsel mit René Girard. (Ed. Nikolaus Wandinger, Karin Peter), Freiburg: Herder 2014 (Gesammelte Schriften 6); Moosbrugger, Mathias, Niewiadomski, Józef (Ed.), Auf dem Weg zur Neubewertung der Tradition. Die Theologie von Raymund Schwager und sein neu erschlossener Nachlass. Freiburg: Herder 2015 (Gesammelte Schriften 7).

[41] His essential writings include i.a. Girard, René, La Violence et le sacré. Paris : Grasset 1972 ; idem, Des choses cachées depuis la fondation du monde. Paris : Grasset 1978 ; La Bouc émissaire. Paris : Grasset 1982 ; Idem, Je vois Satan tomber comme l'éclair. Paris : Grasset 2000 and Girard, René / Chantre, Benoît, Achever Clausewitz. Entretiens avec Benoît Chantre. Paris: Carnets Nord 2007. See also, Wolfgang Palaver, René Girard's Mimetic Theory. East Lansing: Michigan State University Press 2013. Innsbruck's School of Catholic Theology offers a comprehensive database on literature by and about Girard and his Mimetic Theory published globally: https://www.uibk.ac.at/rgkw/mimdok/suche/index.html.en. Furthermore, the Colloquium on Violence and Religion (COV&R) brings together researchers in the field of Mimetic Theory. For upcoming events and resources see http://violenceandreligion.com/.

particularly the life, death and resurrection of Jesus may be regarded as a drama of salvation.

Concerning the plurality of religions, mimetic theory and dramatic theology distinguish between sacrificial and non-sacrificial religions. While sacrificial religions stay within the scapegoat mechanism and reproduce violence and victims, non-sacrificial religions offer forgiveness and devotion. This distinction is basic both for the reshaping of Christian theology (ad intra) as well as for dramatic theology's criteriology ad extra.

2. *Communicative Theology*

The second theoretical pillar of RVCW is communicative theology, a research method based on Ruth Cohn's "Theme Centred Interaction" (TCI).[42] Communicative theology regards theology to be a process including four dimensions: biography, community, context and content. This process includes all steps from actual encounter to scientific reflection and must refer to empirical evidence. Hence, one of the challenges is to balance between normativity and empirical evidence.

Communicative theology is deeply convinced that dialogue and encounter between people of diverse cultures and religions are possible. Thus since 2008 there is a strong interest in Christian-Muslim encounters which resulted in supporting the introduction of a BA Islamic Religious Education at the University of Innsbruck.

The two methodological approaches, dramatic theology and communicative theology, offer different perspectives on religion(s), their contribution to violence and peace as well as interreligious and intercultural relations. As both approaches are originally rooted in anthropological and psychological theories, the research centre RVCW is very much interested in cooperating with researchers from various disciplines in order to better understand the role of religion in past, present and future.

---

[42] A basic introduction to communicative theology is offered by: Scharer, Mathias, Hilberath, Bernd Jochen (Eds.), The Practice of Communicative Theology. An Introduction to a New Theological Culture. New York: Crossroads 2008.

3. Research Areas

RVCW's deeper interest in Islam and Muslims has developed in the early 2000s. On the one hand, 9/11 definitely was a global landmark, both politically and scientifically. On the other hand, it was particularly local initiatives in and around Innsbruck which motivated the faculty to get more and more involved into Christian-Muslim encounters. Currently, there are four fields of practice and research. First, there are several concrete fields of dialogue where Christians and Muslims meet face to face. Second, mimetic theory is used as a theoretical framework both to understand the development of Islam as well as a common starting point for dialogue between Christian, Muslim and Jewish scholars. Third, scholars try to understand Islam as "locus alienus specialis", as suggested by Nostra Aetate and further developed by subsequent theologians. Finally, the project "Interreligious Religious Education" brings together Christian and Muslim religious educators who work on new methods in religious education in religiously and culturally plural contexts. It has to be underlined, that this outline of four areas does suggest a strict separation of practical dialogue and systematic reflection. RVCW is particularly interested in bringing together these four dimensions of dialogue and reflection which are necessarily intertwined.

III. Dialogue in Practice

Since 2013 Catholic theologians and Muslim theologians work in the same basement – the School of Catholic Theology. In the field of religious education, Christian and Muslim students attend common lectures and seminars. Hence, encounter is a reality and nourished and cherished by both. Regarding concrete events, the cooperative "Dies Facultatis" in 2015 and the regular Scriptural Reasoning evenings need to be mentioned in particular. The common research day brought together Christian and Muslim scholars as well as practitioners discussing the respective sources of faith. Since 2015 Fatima Cavis (Islamic Religious Education) and Michaela Neulinger (Institute for Systematic Theology) regularly invite for Scriptural Reasoning evenings. Guided by this method of interreligious dialogue particularly developed by Peter Ochs and David Ford, Christians and Muslims discuss verses surrounding a previously chosen theme from their respective Holy

Scriptures. Themes included so far were creation, Joseph and his brothers, Mary/Maryam or women covering their hair. In course of the meetings participants learn how to express their opinion authentically while deeply appreciating the faith of the other.[43]

A very special project is the Focolare dialogue group which brings together focolarini, Christian and Muslim theologians, mainly from Italy, Austria, Germany and soon Switzerland. Since 2012 the group meets once a year either in Austria or Italy and discusses theological questions within the spiritual framework of the Focolare movement. After a focus on divine acting (2012–2015) the group now discusses divine attributes (2016–2020). The dialogue group is also connected with the analytic theology project "The Nature of God", hosted at the University of Innsbruck and supported by the John Templeton Foundation.[44]

IV. Islam and Mimetic Theory

The research project on Islam and Mimetic Theory uses Girard's anthropology as a common starting point for understanding Islam. A first conference was held in Berkeley (2011) on Mimetic Theory and world religions in general. Two conferences focused directly on Islam in London (2013) and Innsbruck (2016) with a group of specialists in Mimetic Theory and Muslim theologians. The aim is to enhance mutual understanding and to deepen the knowledge of Islam, its history and presence from the point of view of Mimetic Theory. After a first volume in German from 2009 and the forthcoming papers from the Berkeley conference, a publication based on the papers presented in London and Innsbruck is planned too.[45]

---

[43] An article reflecting the experiences with Scriptural Reasoning in Innsbruck is currently prepared and shall be published in early 2017.
[44] For an overview of the whole project see: https://www.uibk.ac.at/analytic-theology/.
[45] Wilhelm Guggenberger, Wolfgang Palaver (eds.), Im Wettstreit um das Gute. Annäherungen an den Islam aus der Sicht der mimetischen Theorie. Wien: LIT, 2009; Wolfgang Palaver, Richard Schenk (eds.), Mimetic Theory and World Religions. East Lansing: Michigan State University Press 2017.

V. Interreligious Religious Education: Contributing to a Society Capable of Coping with Differences and Plurality

Austria as well as many other countries in Europe faces growing number of Muslims. These new and more plural contexts require the development of specific competences which can be supported by religious education. In the Austrian case, confessional religious education is part of school curricula and state supported for those religions which are officially recognised by the state including Islam. Cooperation in schools and other educational contexts thus is a necessity in present and future. However, this requires previous cooperation during education at university and the development of interreligious competences.

Hence, Martina Kraml and Zekirija Sejdini, heads of Catholic Religious Education and Islamic Religious Education at the University of Innsbruck, developed the project "Interreligious Education as contribution to a society capable of coping with differences and plurality" which is situated in the area of interreligious teaching and research at the University of Innsbruck. The project aims at reflecting and developing attitudes that productively deal with plurality in religious contexts. Therefore it is necessary to study these attitudes within different religious groups including Catholic and Muslim students and teachers both at university and school level.

The aim of the project is to look at what happens, when students and teachers of different religions meet and to develop our study program, our lessons and teaching trainings towards fostering interreligiosity. By means of social research methods (interviews, participant observation and ethnographic field work) the research group wants to make visible typical communication patterns between Muslim and Christian students and within their groups. This also includes university staff and teachers at schools. Consequently, it is possible to get a closer look at what is going on in interreligious communication, which challenges and conflicts need to be faced.

The broader goals of "Interreligious Religious Education", a model which is under process, include the reflection of one's own religion, encounter based on mutual appreciation and respect and the balancing of intra- and interreligious perspectives. Based on the method of communicative theology, interreligious religious education is particularly aware of the multi-perspectivity of education including the individual, community, the context and content. Thus, the four-eye principle (Christian-Muslim) is consequently implemented both in teaching and research.

Future projects and events are the evaluation of interreligious classes at university level, a deeper analysis of religious/interreligious concepts of teachers and the fostering of interreligious cooperation in schools.

VI. Islam as a "locus alienus specialis"

Within systematic theology, the Innsbruck approach takes seriously *Nostra Aetate* and its call for a deeper analysis and discussion of Islam from a Christian perspective. Peter Hünermann, a prominent German theologian and scholar of Vatican II, even speaks of Islam as a "locus alienus specialis" of Christian theology.[46] Consequently, projects in Innsbruck reflect upon Islam and Christian-Muslim relations from a theological perspective including essential political aspects like the freedom of religion, the dignity of the human person, democracy and the necessity of integrating into these considerations the reflection upon Jewish tradition and the State of Israel. This is particularly important, as the Holy See has recognised both Israel and Palestine.

At the moment, there are two concrete research projects on their way within systematic theology. Roman Siebenrock rethinks interpretations of the prophet. The current debate about Islam brings back into memory the continuing archetypes of rejection and polemics against Islam in general and the prophet Muhammad in particular. Without a historical purification of conscience these debates will be caught in their old tracks and there are no good results to be expected. Roman Siebenrock will come to terms with archetypical qualifications of the prophet. He asks, how a theological and secular appreciation of this world-historically important figure can result to productive encounters in between different traditions of memory today.

---

[46] See Hünermann, Peter, Dogmatische Prinzipienlehre. Glaube – Überlieferung – Theologie als Sprach- und Wahrheitsgeschehen. Münster: Aschendorff, 2003.

Secondly, Michaela Neulinger uses the Muslim anthropologist Talal Asad as a starting point for a political theology of vulnerability. Taking seriously Nostra Aetate and subsequent developments in catholic approaches to Islam, this research projects read Talal Asad's reflections on the secular, the religious and the role of Islam and Muslims in contemporary Europe as a *locus alienus specialis* of Christian theology. The analysis of Asad's work results in the development of a "Political Theology of Vulnerability" which aims to relocate religion in the political by discovering the possible contribution of religions to the common good in a secular-plural age.

VII. Perspectives

An important task for the upcoming months and years will be the publication of the "Islam and Mimetic Theory" conferences 2013 – 2016 and the results of the Focolare dialogue process 2012–2015. RVCW's research and practice is wide spread. Thus it will be necessary to evaluate and coordinate the respective areas and foster our cooperation within international networks like PLURIEL. RCVW has always aimed at conducting and communicating research that is theologically, socially and politically relevant. Hence migration and the Islam in Europe are two signs of the time that call for deeper reflection.

17- Islam en Europe
Jeunes musulmans en Italie : identités plurielles

Paolo Branca

I.   *In partibus infidelium*

Celui qui émigre porte avec lui sa langue maternelle, sa culture et sa religion d'origine. Tout d'abord la langue est rapidement secondée par une connaissance de l'idiome local à un niveau de simple survie ou de façon plus approfondie, selon différents facteurs : une disposition personnelle à l'apprentissage, un travail entrepris, le parcours migratoire traversé : un bref passage pour certains, une immersion totale pour d'autres.

La culture d'origine sera quant à elle plus difficile à évaluer dans sa persistance et ses transformations. Souvent les intéressés maintiennent les usages et coutumes de leur pays d'origine tout en adoptant de nouveaux comportements, de façon plus ou moins consciente et convaincue, jusqu'au jour où survient une situation imprévue, comme une jeune fille qui flirte avec un jeune homme local, mettant soudainement à l'épreuve le degré de valeur des nouvelles attitudes qui se sont petit à petit accolées, mais non pas substituées à celles du pays d'origine.

Enfin la religion et la foi, qui font partie de la culture, et dont les modalités d'expression sont encore plus diverses selon les caractères, les convictions et les pratiques de chacun. Lorsque les immigrés sont peu nombreux et isolés, l'expression de la religion reste plutôt implicite ; elle se manifeste davantage lorsque le temps passe et que se constitue une dimension communautaire. Dans ce cas aussi apparaît une diversité d'orientations : de la simple reproduction de lieux et formes d'expression de la religion apprise dans l'enfance, jusqu'aux tentatives d'en réinterpréter l'esprit et les formes dans un nouveau contexte.

Pour les générations d'immigrés nés en Italie ou arrivés à un jeune âge, ces trois points ne correspondent plus à leur situation. La langue et la culture d'origine sont essentiellement celles de leur lieu de naissance, là où ils ont grandi et où ils ont été scolarisés. Même si à la maison ils communiquent dans la langue de leurs parents, de même avec la famille restée dans la patrie d'origine (où ils passent souvent des vacances, plus ou moins fréquentes et longues), l'italien est l'idiome qu'ils maîtrisent le mieux, qu'ils approfondissent et développent dans leur parcours éducatif et dont ils deviennent les interprètes en diverses occasions: avec leur mère restée enfermée dans son rôle de ménagère ; avec leur père qui prononce de travers ou fait des erreurs de conjugaison, provoquant hilarité et embarras.

La culture, moins rigide qu'une grammaire, est un terrain de médiation étendu et variable. Au fond, toute famille italienne possède ses propres rites, habitudes, et tabous définis par l'environnement familial et que les enfants apprennent à accepter comme un fait, peu discutable car partagé au sein du groupe familial restreint, où l'affection réciproque donne son empreinte à l'acceptation et la reconnaissance partagée d'un *"way of life"*. Ce processus ressemble beaucoup au « *lessico familiare* » magistralement décrit par Natalia Ginzburg[47], qui n'est pas dépourvu d'aspérités, mais qui est progressivement assimilé et même regretté, simplement parce qu'il forme le bagage d'une identité collective qui se constitue et reste indélébilement nôtre, quel que soit le lieu et le parcours que le destin nous réserve à l'âge adulte.

La religion, surtout dans ses manifestations extérieures, visibles et reconnaissables par les autres, implique bientôt une décision, un choix personnel donc, ce qui dans le pays d'origine de la famille ne serait pas nécessaire, puisqu'être musulman est la condition normale de la majorité. Cela n'est pas remis en cause, c'est un acquis par tradition et/ou habitude que l'on honore durant plusieurs années voire même toute une vie.

Il ne s'agit pas ici d'une différence accessoire. Au contraire, vu le caractère traditionnel de la société d'origine, ce sont les articulations et les hiérarchies entre individus et groupes qui représentent le point de différenciation majeure par rapport au contexte laïc, sécularisé et moderne. Même s'il est relativement récent, ce point est désormais tellement développé en Occident, il s'est affirmé jusqu'à transformer des concepts tel que « l'autorité » et « l'obéissance », contribuant à mettre définitivement aux oubliettes des pratiques conformistes dépendantes du « qu'en dira-

---

[47] N. Ginzbug, *Lessico familiare*, Einaudi, Torino, 1963.

t-on » dans des cas où ces choix seraient partiellement ou totalement en dissonance avec l'environnement.

II. Certains disent non

Ce défi ne représente pas le choix de la majorité. L'option de rester attaché aux règles, aux us et coutumes du milieu d'origine et auxquels on veut rester malgré tout fidèle, peut conduire à se concevoir et à se poser en alternative ou en antagoniste face au nouveau contexte. Ce sera inévitablement une décision qui impliquera un renouvellement et une réaffirmation constante surtout comme individu, sauf dans des cas extrêmes et très rares d'auto-isolement total à l'intérieur d'un groupe autoréférentiel, vécus comme société parallèle ou corps étranger, appelé à un rôle résiduel et à une extinction progressive. Il est toutefois difficile de nier que certains adultes exigent, sous prétexte de respecter leur diversité culturelle et religieuse, non seulement de continuer à vivre comme dans leur village natal, mais aussi lancent des polémiques sur des faits qui seraient acceptés sans discussion dans leur pays d'origine. Ainsi certains pères de famille refusent de saluer les enseignantes à l'école où ils vont chercher leurs enfants, ils confinent leurs épouses aux tâches domestiques, leur interdisent de sortir pour apprendre la langue locale, ce qui les éloignent des soins et de l'éducation de leurs propres enfants. Elles restent donc enfermées dans un rôle purement affectif qui graduellement perdra sa valeur aux yeux de leurs fils, éduqués dans un machisme insolent et lâche. De même leurs filles ne verront dans l'exemple maternel qu'un modèle de faillite.

Cette situation risque de créer chez les jeunes une double morale : celle de la famille formellement respectueuse des traditions ataviques et jamais remises en cause. À l'extérieur, on adopte différentes formes de compromis, par exemple « assimilationnistes », pas nécessairement meilleures que les formes « conservatrices » : mettre ses habits dans un sac pour se changer loin du regard paternel, voici un prélude dont les conséquences peuvent s'avérer plus dramatiques que le port du voile, choisi de façon autonome et par conviction personnelle. Et dans ce cas il faudra affronter les réactions des copains à un âge difficile où l'esprit de bande prévaut avec l'uniformisation acritique de la dernière mode. Ainsi le port traditionnel du voile pourrait même avoir des effets positifs sur la formation d'un caractère indépendant, bien mieux que l'inconscience et le faux naturel qui accompagnent le port de la minijupe ! Le courage d'être différent, vraiment différent et pour cette raison devenir la cible de moqueries, accepter de se trouver en minorité (ethnique, linguistique, religieuse), n'est pas facile : se teindre les cheveux en vert, se mettre des piercings un peu partout, se tatouer comme un aborigène est au fond un choix plus facile.

Il ne s'agit donc pas d'une confrontation entre civilisations, il n'y a pas d'identités monolithiques irréductibles qui s'opposent en un clash apocalyptique.

Il s'agit plutôt d'un processus de métissage, de redéfinition, où chacun aurait quelque chose à offrir et quelque chose à apprendre. Contribuer à ce que cela se réalise dans les meilleures conditions est un engagement difficile et permanent. Naturellement, si l'alternative consistait à ne rien faire et laisser les choses évoluer vers une sorte d'automatisme, alors fort probablement l'on verrait surgir des problèmes difficilement remédiables. Entre ces deux voies, celle de la diabolisation et celle d'un laisser faire ingénu et irresponsable - malheureusement prédominantes comme le sont souvent les positions extrêmes, à première vue claires, mais en réalité stériles et nuisibles – il serait bon de faire émerger la voie d'une démocratie solide et efficace, fondée sur un pragmatisme sain, capable de décourager les mauvais comportements et surtout de valoriser les actions positives. Pour cela il faut du temps, des ressources, de la disponibilité, être prêt à se salir les mains, de la flexibilité, du courage et de la prudence... des actions concrètes qui ne donnent pas toujours des réponses immédiates et qui ne conduisent pas à des consensus faciles.

III.   Avant les femmes et les enfants

Agir face au phénomène de migration aujourd'hui signifie affronter les besoins les plus primaires : logement, travail, santé... les nombreuses et louables initiatives qui cherchent à répondre aux besoins primordiaux des immigrés tiennent rarement compte de la dimension culturelle nécessaire pour une orientation complète. Le strict nécessaire est accompli sans se préoccuper des suites à moyen terme. Le résultat global reste incertain, avec une naïve confiance que les choses s'ajusteront spontanément, comme si les bonnes intentions suffisaient à produire de bons résultats. Quelle réponse donner à ceux qui cherchent des conditions de vie meilleures, et sont porteurs d'autres questions que nous ne savons pas interpréter, sans doute parce que nous ne nous les posons même plus ? L'assistance aux nécessiteux est une très bonne chose, mais réellement n'avons-nous rien d'autre à offrir, mis à part un lit ou un repas chaud ?

Deux mille ans de christianisme, précédés par un héritage grec et romain encore plus ancien, ajoutés aux récentes et douloureuses conquêtes chèrement payées, mais qui nous ont émancipés des nationalismes exaspérés et des fureurs idéologiques du XXe, tout cela ne nous appartient donc si peu ? Ne pouvons-nous pas imaginer de partager ce patrimoine avec ceux qui frappent à la porte de l'opulente Europe ? Est-ce notre mesquinerie qui nous empêche de prendre l'initiative, qui nous condamne à subir celle d'autrui ? Nous pourrions répondre négativement aux sollicitations qui nous sont adressées, si elles sont d'absurdes prétentions - mais nous continuerons ainsi à rester passifs, nous jouerons sur la défensive et resterons inévitablement victimes de l'esprit d'initiative de nos interlocuteurs. Entre autres, parmi ces derniers, ceux qui occuperont les premières lignes ne seront pas nécessairement les plus raisonnables ou les plus représentatifs, mais - comme on l'a vu récemment dans la polémique relative au crucifix - ceux qui sauront avec plus de ruse s'insinuer dans les plis de nos misères, sans aucun respect pour les valeurs authentiques de deux grandes traditions religieuses, ceux qui sauront manipuler et créer un scénario dans lequel chacun exhibera le pire. Une partie mesquine faite de chantages et basée sur l'ambiguïté. Entre-temps, la réalité, sans se soucier de notre paresse, évolue et propose de nouveaux défis.

Après cette première phase migratoire qui a vu arriver des jeunes hommes seuls, nous avons ensuite été confrontés à la problématique de l'éducation. Un cap délicat, mais décisif a ainsi été dépassé. La question de la scolarisation n'est plus celle d'individus en précarité, mais celle de familles : pour envoyer ses enfants à l'école il faut pouvoir assurer une situation de stabilité affective, d'emploi et d'équilibre économique. Une société évoluée et responsable ne peut se désintéresser des besoins de ces familles, car elles représentent le potentiel d'intégration de la grande masse d'immigrés, et même le plus efficace anticorps contre les possibles dérives vers des phénomènes de marginalité et de déviance, y compris la criminalité où le militantisme de groupes subversifs. Offrir des réponses adéquates aux demandes de formation et d'éducation n'est donc pas un luxe, mais avant tout une œuvre de promotion humaine et de prévention sociale. L'idéal serait que les institutions scolaires publiques initient ce rôle, et qu'une valorisation des patrimoines culturels des nouveaux arrivés se mette en place, pour enrichir et inspirer l'enseignement et la méthodologie, grâce au cadre toujours plus pluraliste dans lequel ils sont insérés. En absence de ces alternatives, certains pourraient entreprendre la contestable voie du « je m'arrange tout seul », en dehors des lois en vigueur, créant une sorte de société parallèle ou même un corps étranger au pays hôte. La philosophie qui inspire un tel choix, même de bonne foi, représente un danger pour les acteurs d'une semblable entreprise et renforce une certaine idée selon laquelle en Italie on peut faire comme bon nous semble, dans l'attente d'un nouvel acte de régularisation…

La faible attention consacrée aux jeunes et aux femmes issues des communautés d'immigrés n'est pas une conséquence de la soi-disant hiérarchie d'exclusion propre aux cultures d'origine, mais une immaturité de notre système démocratique. Le système n'est pas prêt à offrir des opportunités à ceux qui, de par leur condition même, seraient les premiers intéressés car ils pourraient en tirer un avantage immédiat. On perd ainsi une précieuse occasion d'avantager ceux qui seraient en mesure de jouer l'indispensable et délicat rôle de médiateur, non pas sur un plan idéologique, mais dans la pratique quotidienne. Mais en fin de compte nos institutions semblent indifférentes aux réalités quotidiennes de l'ensemble de la population ; nos médias s'enflamment temporairement pour quelques scandales et faits divers, puis c'est l'indifférence, jusqu'à une prochaine urgence.

IV. Et pourtant … ils bougent

Il n'y pas que ceux qui cherchent à s'isoler. D'autres acceptent le défi de vivre en conscience une identité plurielle. Nés dans notre pays, ou arrivés en bas âge, ils ont fréquenté nos écoles et se sentent italiens. Ils cherchent les justes modalités pour rester fidèles à leur croyance, sans renoncer à être des jeunes comme les autres. Ceci signifie qu'ils sont placés, par leur âge, dans une position intermédiaire ; d'un côté le confort rassurant du milieu familial et de leur enfance, de l'autre l'inquiétude résultant des incertitudes de leur formation et de leurs perspectives d'avenir (choix du cursus scolaire, débouché professionnel, construire une famille …), le tout accompagné des tensions intergénérationnelles qui amènent toujours les adolescents à devoir trouver un point d'équilibre entre la simple et passive acceptation de ce qu'ils ont reçu de leurs parents et leur réappropriation personnelle d'un tel patrimoine. À ce défi, partagé avec les camarades de leur génération, s'ajoute le fait que les principes et les valeurs de la tradition culturelle et religieuse propres à leur famille ne correspondent pas exactement à ce qui les entoure. Ils sont même perçus comme des étrangers non intégrables et depuis ces dernières années, ils portent le poids d'une image négative à cause d'événements dont ils ne sont pas seuls responsables et qui semblent les diriger dangereusement vers des perspectives de confrontation.

Les revendications de ces jeunes nés en Italie semblent largement ignorées : le langage des centres islamiques dirigés par des conservateurs leur est inadapté, surtout pour ceux qui fréquentent nos écoles et qui se sentent plus proches de leurs copains italiens que de leurs cousins d'outremer. Ils suivent les traces de leurs pères et choisissent des spécialisations technoscientifiques (médecine, ingénierie) et sont par conséquent démunis de connaissances littéraires ; il en résulte pour eux une maîtrise insuffisante de la culture italienne d'un côté, et une connaissance limitée de la civilisation islamique de l'autre. Pourtant ces jeunes seraient les représentants naturels de cette culture, bien meilleurs que ceux qui se sont intégrés avec bien plus de difficultés dans le pays d'accueil ou qui ont adhéré à l'Islam tardivement et parfois suivant une voie bizarre. Il est évident que ces jeunes ont une forte demande de points de repère pour construire leur propre maturité, face à une perception de soi différente chez les membres de leur famille restés attachés aux coutumes de leur pays d'origine. La nécessité est d'autant plus évidente pour eux de clarifier leurs opinions sur les questions qui font débat entre Islam et modernité - la question de la femme, la politique, le rapport entre foi et raison - qu'ils désirent s'intégrer pleinement comme citoyens italiens de religion musulmane, capables de jouer un rôle actif dans la société, loin de l'image des communautés marginalisées et perdantes - certains parmi eux font du bénévolat dans les services d'ambulances, avec les handicapés et même dans les paroisses.

V. Vers où ?

La situation a donc beaucoup évolué depuis 20 ou 30 ans, quand lors de mes premiers rapprochements avec les mosquées de mon quartier, des leaders zélés, mais peu aptes (souvent des italiens convertis ou des immigrés qui exigeaient de vivre comme s'ils étaient dans leur pays d'origine) accueillaient mon offre de « dialogue » avec un sourire de compassion ou un franc refus. La patience et l'espoir qui ont soutenu une longue et laborieuse attente n'ont pas été déçus.

Les témoignages de reconnaissance et de satisfaction n'ont pas manqué : diverses institutions se sont activées et ont appuyé des projets novateurs, mais dans de nombreux cas, l'inertie et la crainte ont été la réponse de ceux qui se sont contentés de regarder ou qui ont tourné le dos. Où cette voie va-t-elle nous conduire ? Éviter cette question serait peut-être prudent, mais c'est dans la nature de l'homme de se demander ce que le futur lui réserve, surtout quand il se sent engagé avec responsabilité dans quelque chose qu'il perçoit comme décisif, pas seulement pour lui-même, mais pour l'ensemble de la société.

Je n'ai pas demandé à être parmi les protagonistes de quoi que ce soit, mais la situation d'immobilisme presque totale de la plupart des pays musulmans m'a conduit à croire que la partie qui se joue chez nous est décisive, même pour le devenir d'une grande tradition religieuse qui pourrait ici cueillir des opportunités inédites pour son évolution.

Pour cette raison surtout, je m'attriste de constater que le climat général dans notre pays est loin de favoriser un quelconque développement en cette direction.

L'opportunité de vivre plus étroitement avec les musulmans devrait nous inspirer pour faire naitre et renforcer des dynamiques positives grâce à ces jeunes.

Un premier point semble certain, ils ont décidé, du moins pour le moment, de rester croyants et pratiquants. Avant de considérer ce que cela signifie sur le fond et sur la forme actuelle, c'est un réconfort de savoir que la voie choisie n'est pas celle de la sécularisation, de l'indifférence ou même du refus de l'idée d'appartenir à une confession religieuse, ni de l'enfermer dans l'étroite limite de la sphère privée. Plus efficacement qu'avec mille heures de cours de catéchisme ou de prêches, de nombreux jeunes constatent que leurs camarades font quotidiennement ce choix, ce qui constitue une saine provocation pour ne pas déclasser sa propre identité chrétienne au rang d'une affaire privée, surtout si par ce terme on définit quelque chose de marginal, d'accessoire, sans conséquence.

Inutile de préciser que cette attitude est une condition indispensable afin que le rôle des musulmans ait quelque résonnance, à l'intérieur des communautés d'appartenance.

Mais il y a plus. À part les technicismes qui intéressent les experts du droit religieux, ce sont surtout les simples croyants musulmans qui vivent en Occident qui réfléchissent à une question d'importance capitale : vu la mutation des conditions sociales et culturelles, quelles formes de la tradition islamique et de ses institutions classiques garderont leur valeur et doivent donc être maintenues à tout prix ? Quels aspects sont par contre modifiables et à travers quel processus ?

Pour répondre à ces questions, il est nécessaire de reconsidérer le processus évolutif qui à l'origine de l'islam l'a conduit à la formation de ses doctrines et de ses structures fondamentales pour pouvoir reprendre, en une forme adaptée à nos temps, le fécond travail de ces premières générations de fidèles. Il est aussi salutaire de prendre conscience des différentes formes dans lesquelles s'exprime la foi dans le temps et combien les pratiques varient selon les latitudes. C'est dans les centres islamiques d'Europe même que les jeunes musulmans apprennent à connaître des musulmans d'autres ethnies, parfois de terres lointaines, avec une orientation religieuse différente, par exemple les chiites. Dans la pratique quotidienne, diverses médiations sont déjà en cours entre les usages et coutumes des parents et la sensibilité de ceux qui sont nés en Occident, des médiations qui investissent également et souvent le domaine religieux après tout, n'y a-t-il pas eu des évolutions chez nous ? Je me souviens des écoles catholiques et des églises rigoureusement divisées par sexe, je me souviens de la messe en latin, du catéchisme avec des questions et des réponses apprises par cœur, de l'obligation d'être à jeun depuis minuit le jour qui précède l'eucharistie, je me souviens de femmes assises d'un côté de l'église et des hommes de l'autre, de ma sœur qui ne pouvait pas porter de pantalons, des femmes qui étaient considérées comme « impures » jusque 40 jours après l'accouchement …. Sans parler de jeûnes, vœux et processions.

Tous ces aspects ne font plus partie de notre commune religiosité, certains aspects sont désormais très loin de notre sensibilité, mais dirions-nous que nous sommes moins croyants ou pratiquants ? Nous avons peut-être délaissé certaines choses trop rapidement, mais nous pouvons dire que nous y avons gagné en maturité : une foi moins formelle et une conviction plus profonde.

Pouvons-nous exclure que quelque chose d'analogue puisse arriver à d'autres ?

L'islam du peuple, ainsi que le christianisme de masse, s'est longtemps exprimé sous une forme de dévotion liée à des personnages et à des lieux associés à un sens surnaturel ou sacré, le propre de sociétés encore archaïques, rurales, peu instruites et peu enclines à des pratiques apocryphes, où la dimension de la superstition n'était pas totalement absente.

L'islam des savants est depuis longtemps sclérosé dans des formulations canoniques que la fusion avec l'intérêt politique rend pratiquement immuables. Parmi les immigrés subsiste donc la possibilité que l'un et l'autre soient dépassés, sans pour autant nier des valeurs et des fonctions, mais à l'intérieur d'une prospective finalement libérée.

Une immense richesse attend d'être valorisée, en évitant la déformation due aux institutions et aux médias distraits ou avides de nouvelles sensationnelles, incapables d'investir dans la formation, car obsédés par la quête de résultats immédiats, qui garantissent une quelconque forme de visibilité et de consensus, souvent dans une prospective « sécuritaire ». Or l'important est de comprendre que le meilleur antidote à la marginalisation de groupes sociaux entiers est l'inclusion positive des nouvelles générations.

18- Comparative studies on religious freedom across the two Mediterranean Shores: the perspective of a Research Centre

Antonio Angelucci

I. Premise

REDESM is the acronym of Italian translation of Research Centre "Religion, Law and Economy in the Mediterranean Area", in the location of Como[48].

The Research Centre studies are showing that « a widespread narrative assigns the monopoly of "religious freedom" to Europe and, in general, to the Western world, depicting the majoritarian Muslim side of the Mediterranean as backward in the matter ». Maybe we must change this perspective (and this is the significance of this contribution): « on the one hand, it is difficult for the Northern side of the Mediterranean to conceive of a "right to religious freedom" really open to non-traditional European religious forms and, on the other, on the Southern side, distinguishing between religious and political spheres because of a different history. If Europe is experiencing an autumnal retreat, the "Arab Springs", on the contrary, has set in motion a forward-looking constitutional process destined to deeply change the perspective of the "right to religious freedom" in this area »[49].

---

* This paper is the result of a speech given during a workshop at the Catholic University of Lyon on September 7th, 2016.

[48] Cf. http://www4.uninsubria.it/on-line/home/naviga-per-tema/ricerca-scientifica/centri-di-ricerca/centro-di-ricerca-religioni-diritti-ed-economie-nello-spazio-mediterraneo-redesm/research-centre-religion-law-and-economy-in-the-mediterranean-area-redesm.html.

[49] Alessandro Ferrari, *Il diritto di libertà religiosa nello spazio mediterraneo: primi appunti per una storia comune*, «Anuario de Derecho Eclesiástico del Estado», XXXI (2015), p. 243-246. Cf., id., *Dove va la libertà religiosa: percorsi comuni tra le due sponde del Mediterraneo*, in *Stato, Chiese e pluralismo confessionale*, Rivista telematica (*www.statoechiese.it*), n. 5/2014, http://www.statoechiese.it/images/stories/2014.2/ferraria.m_dove_va.pdf. Alessandro Ferrari is the Director of the Research Centre "Religion, Law and Economy in the Mediterranean Area": http://www4.uninsubria.it/on-line/home/naviga-per-tema/ricerca-scientifica/centri-di-ricerca/centro-di-ricerca-religioni-diritti-ed-economie-nello-spazio-mediterraneo-

II. REDESM across the two Mediterranean Shores: the job and the viewpoint of a Research Centre

In order to change this perspective, the Research Centre "Religion, Law and Economy in the Mediterranean Area" aims to foster and develop research, knowledge-exchange and education-projects related to religious-pluralism in the Mediterranean area.

The Centre has the objective of achieving a better mutual knowledge among different religions, cultures and societies living in this key geopolitical region. The Centre takes a special interest in the challenges of religious diversity in contemporary societies, both from a legal and a socio-economic perspective. It seeks to strengthen dialogue and cooperation, in pursuit of common-cultural-grounds and of peaceful-coexistence in the Mediterranean. The Centre also serves as a research forum for the discussion of current issues and as a gathering point for people interested– in– these topics.

Research projects, publications and educational projects like seminars, conferences, public debates, courses, and summer schools are among the main activities of the Centre, that aims to promote knowledge of implications and impacts of religious pluralism in the Mediterranean countries.

All the objectives of the Centre are pursued within a perspective of mutual understanding, respect and appreciation of diversity, seeking a shared interpretation of fundamental rights granted at the International level.

The Centre seeks also to create opportunities for business activities among different countries in the Mediterranean, offering a focal point for cultural and linguistic mediation and for a deeper knowledge of business and economic models in the Mediterranean area (in fact it speaks about Religion, Law and Economy in the Mediterranean Area).

About the research projects, the focus is on Law and Religion in Mediterranean Islam. So far researches have been oriented towards two main directions:

---

redesm/research-centre-religion-law-and-economy-in-the-mediterranean-area-redesm/articolo7722.html.

1. A precise description of the legal status of religious freedom in the MENA area;

2. A better comprehension of the dynamics that in the MENA region concern the relationships between the right-of-religious-freedom and the-wider-political and constitutional-framework;

3. A comprehension with the Northern shore in the conviction that the present globalization and immigration process makes necessary a common-reflection on religious freedom on the two Mediterranean shores.

So, here is the importance to collect laws about different countries of the MENA area: for example, Syria, Morocco, Egypt, Tunisia, Jordan, Turkey.

With regards to conferences, REDESM organized some seminars with a special-focus on Turkey in 2013, an international congress about "Religions and Constitutional Transitions in Muslim Mediterranean. The Pluralistic Moment" in 2014.

REDESM also organized a summer school about Religion and Family, Community and Criminal Mediation in 2015. This summer school aims to provide mediators and future-mediators with proper tools to better understand and tackle some of the most critical matters connected to intercultural conflicts with religious connotations. The school is divided into two modules: the first part focuses on the "internal" aspects of religious law; the second part is dedicated to the tools of family, community and criminal mediation. The first module analyses, among others, the following issues: education and the relationship between genders; aspects of schooling and hospitalization of men and women; arranged and forced marriages; marriages and divorces within the "new" religious communities in Italy; remedies for conflicts within the communities and families. The second module focuses on the study of family, community and criminal mediation as a space for discussing conflictual stories, with particular attention to both cultural and religious contexts and to the fundamental principles of Italian law.

REDESM organized other seminars about Islam and modernity, Islam and citizenship, Islam and integration in 2015; at last, in 2016, five years after the Arab Springs, another international conference about the MENA area with the intervention of Professor Antoine Messara of the Beirut St. Joseph University, who is also member of the Lebanese Constitutional Council and President of the UNESCO chair for Comparative religions, mediation and dialogue. After the meeting with Professor Antoine Messara, REDESM has signed a cooperation agreement for research activities with this UNESCO chair.

Regarding publications, five books have been so far published, two of them exactly about the MENA area: *Diritto e religione nell'Islam mediterraneo* (*Law and Religion in Mediterranean Islam*) edited by Professor Alessandro Ferrari [50] and *Religions and Constitutional Transitions in the Muslim Mediterranean* edited by Professors Alessandro Ferrari and James Toronto[51]. Both of them deal with law and jurisprudence of most of the Mena countries. The last book, of 2016, is the result of the international congress "Religions and Constitutional Transitions in Muslim Mediterranean: The Pluralistic Moment".

III. Conclusive reflections and scientific perspectives

The REDESM good experiences and studies show how the monopoly of "religious freedom" can no longer be entrusted only to Europe, while the majoritarian Muslim side of the Mediterranean is making progress on these issues even if it is an ongoing process that is obviously not yet finished.

It is necessary above all to continue to investigate, on one side, how the theme of an "inclusive" citizenship develops in Europe in relation to the religious factor and to the increasing immigration since « religious pluralism is constitutive order of citizenship »[52]

---

[50] Cf. Alessandro Ferrari (ed.), *Diritto e religione nell'Islam mediterraneo*, Il Mulino, Bologna 2012, https://mulino.it/isbn/9788815234018.
[51] Cf. Alessandro Ferrari, James Toronto (eds.), *Religions and Constitutional Transitions in the Muslim Mediterranean*, Routledge, London and New York 2017, https://www.routledge.com/Religions-and-Constitutional-Transitions-in-the-Muslim-Mediterranean-The/Ferrari-Toronto/p/book/9781472457561.
[52] Cf. Antonio Angelucci, *Cittadinanza e libertà religiosa: il caso emblematico della circoncisione rituale*, in Alessandro Ferrari, Michele Brignone (eds.), *Islam in Europa: la sfida della cittadinanza*, Marsilio, Venezia 2016, *passim* (forthcoming); cf. Roberta Ricucci, *Cittadini senza cittadinanza. Immigrati, seconde e altre generazioni: pratiche quotidiane tra inclusione ed estraneità*, Edizioni Seb 27, Torino 2015, p. 47.

and, on the other, how in Islamic countries « religious political forces have dealt [and continue to] with the challenges of pluralism, both at constitutional level and in ordinary legislation »[53].

It should be a good idea to continue to focus on three topics, as already done: « (1) the place of religion and religious freedom in constitutional evolution; (2) the role of Islamic political parties, and more generally, the extent to which religion is allowed to play a role in political processes; and (3) the treatment of religious minorities, both as an object and a subject of political and legal debate »[54]. The way shown by REDESM encourages to follow this path, especially in view of what will be the new Middle East balance.

---

[53] Ferrari, Toronto (eds.), *Religions and Constitutional Transitions in the Muslim Mediterranean*, cit., pp. XI-XII.
[54] *Ibid.*

19- Islam et société dans l'Espagne contemporaine

Jaume Flaquer, sj, Gonzalo Villagrán, sj, Juan Antonio Macías

I. Cadre Institutionnel

Notre groupe s'enracine dans l'activité de la Chaire Andalouse pour le Dialogue des Religions (CANDIR), un centre d'études interreligieux de la Faculté de Théologie de Grenade fondé en 1993. CANDIR cherche à promouvoir la recherche et la diffusion du dialogue interreligieux et la compréhension du pluralisme religieux en général. L'incorporation de la Faculté au réseau PLURIEL en 2014 a renforcé le travail réalisé, tout particulièrement en matière de recherche à CANDIR en soutenant la création de notre groupe.

Le groupe se compose actuellement de 6 chercheurs de différentes institutions : Faculté de Théologie de Grenade, Université Loyola Andalousie, Université de Grenade et Faculté de Théologie de Catalogne ; la Faculté de Théologie de Grenade étant l'institution qui soutient et anime ce travail de recherche. Étant donné la variété des institutions auxquelles nous appartenons, l'élément principal qui nous unit est l'engagement de chacun de nous pour soutenir la Compagnie de Jésus en Espagne dans son travail de développement du dialogue avec l'islam.

1. *Raisons du choix de la thématique*

Le choix de notre sujet de recherche a été décidé assez rapidement parmi ceux qui nous occupent actuellement : l'islam et la société dans l'Espagne contemporaine. Plusieurs éléments ont conditionné notre choix :

D'abord, notre groupe est délibérément pluridisciplinaire en vue d'appréhender correctement le phénomène complexe de l'islam. Ainsi, notre travail porte sur la présence de l'islam un regard plus large que la simple islamologie.

Deuxièmement, nous nous trouvons au début de l'établissement d'une ligne de travail à long terme. Cela nous conduit à une observation de la réalité de l'islam en Espagne pour ensuite approfondir les questions qui surgiront.

Troisièmement, nous abordons des sujets sociaux avec la perspective de pouvoir influencer les processus sociaux de la société espagnole contemporaine.

Finalement, nous avons déterminé le point commun de nos domaines de recherche (droit, histoire, philosophie politique, théologie morale et islamologie) comme étant l'intégration des minorités religieuses dans la société.

2. *Ainsi, le projet actuel vise « l'Étude de l'inclusion de l'islam dans l'Espagne contemporaine »* avec les lignes d'approche suivantes :

- Description du modèle d'inclusion de l'islam en Espagne à partir de sa formulation juridique (Constitution de 1978, Loi de liberté religieuse de 1980, accords avec la communauté musulmane de 1992...) (Prof. José L. Llaquet, Universidad Loyola Andalucía).

- Étude de l'activité de la Comisión Asesora de Libertad Religiosa (Commission Consultative sur la Liberté Religieuse), organisme créé au début de la démocratie qui rassemble des représentants du gouvernement et des différentes religions pour gérer les situations provoquées par le pluralisme religieux. Pour nous, cet organisme est une expression concrète de ce modèle espagnol d'inclusion de l'islam. (Prof. Pablo López Chaves, Université de Grenade)

- Évaluation du modèle d'inclusion de l'islam en Espagne à partir du point de vue de la philosophie politique, de façon à identifier où il se situe dans le panorama des positions actuelles. Pour nous, ce modèle est plus proche de la vision de Jürgen Habermas ou Charles Taylor que de celle de John Rawls. (Prof. Ignacio Sepúlveda, Universidad Loyola Andalucía).

- Évaluation du modèle d'inclusion de l'islam en Espagne à partir du point de vue de la pensée sociale chrétienne. Cette perspective nous permet de découvrir la forte influence de la pensée sociale sur la législation espagnole des années 1970, ainsi que d'ouvrir un champ de dialogue interreligieux avec l'islam sur les fondements de ce modèle d'intégration. (Prof. Gonzalo Villagrán, Faculté de Théologie de Grenade).

- Évaluation du modèle d'inclusion de l'islam en Espagne à partir des sources de la tradition musulmane. Cette perspective éclaire les efforts contemporains de la tradition musulmane pour appréhender la relation entre politique et religion, de manière indépendante (Ali Abdelraziq) ou de manière interconnectée (Hasan al-Banna). C'est depuis ce regard que l'on peut évaluer le modèle d'intégration espagnol. D'autres exemples contemporains, comme la déclaration de Marrakech, offrent de nouvelles ouvertures (Prof. Jaume Flaquer, Faculté de Théologie de Catalogne).

- Les modèles propres à la pensée politique musulmane actuelle sur l'inclusion des minorités religieuses, tels qu'ils sont en place dans des pays musulmans, et les enseignements que l'on peut en tirer (Prof. Juan Antonio Macías, Université de Grenade).

II. Méthodologie

Nous avons privilégié pour notre travail un point de vue phénoménologique : nous faisons attention aux manifestations du fait islamique pour comprendre sa véritable dimension publique. Suivant cette méthodologie de travail, notre idée est de publier des articles dans des revues importantes, fruits de notre dialogue et de notre collaboration. Le projet consiste donc en une approche du sujet de recherche commun par une entrée depuis nos domaines spécifiques de travail, pour passer à l'expansion des domaines de recherche et élargir le terrain commun. Il s'agit donc d'identifier les problèmes principaux de l'inclusion de l'islam en Espagne, pour étudier ensuite depuis les sources chrétiennes et musulmanes.

Ainsi, nous pouvons systématiser notre méthodologie en quatre étapes : point de départ, phase pluridisciplinaire, phase interdisciplinaire, aspects pratiques.

1. Point de départ

La première étape de notre recherche a consisté à faire une mise à jour (dans une certaine mesure) de la littérature académique sur l'islam dans l'Espagne contemporaine. Nous avons donc fait un examen et une analyse bibliographique en profondeur. Ce travail consiste dans le fond à voir comment le « fait » islamique en Espagne a été étudié.

Nous voyons ici qu'il y a une longue tradition académique en Espagne sur l'étude du « fait » islamique depuis différentes disciplines académiques, notamment : l'histoire et les études arabes, avec une place centrale pour l'al-Andalus dans l'histoire médiévale de l'Espagne ; et la sociologie avec une importance croissante à cause de l'immigration maghrébine en Espagne depuis les années quatre-vingt-dix. Donc, l'al-Andalus et l'immigration occupent une place centrale dans l'imaginaire collectif sur l'islam en Espagne.

Cependant, nous avons aussi vu que la tradition espagnole manquait à l'approche explicitement religieuse, étant donné qu'il n'y a pas beaucoup d'études sur l'islam à partir de la théologie et du dialogue interreligieux. C'est dans cette perspective que nous croyons pouvoir apporter une contribution plus importante.

2. *Phase pluridisciplinaire*

À partir de ce point, nous nous sommes approchés du sujet de recherche depuis différents domaines de travail de l'équipe de recherche. Ces domaines sont notamment : le droit public, l'histoire contemporaine, la philosophie politique, la théologie morale, l'islamologie et les études arabes contemporaines.

L'objectif principal de cette phase est d'identifier les principaux problèmes potentiels de l'inclusion de l'islam dans l'espace public en Espagne.

3. *Phase interdisciplinaire*

Dans cette phase pluridisciplinaire, la méthodologie privilégiée sera principalement le croisement des analyses à partir des différents domaines de recherche pour élargir dans ce sens le terrain commun des chercheurs de l'équipe.

Il s'agit donc d'une nouvelle approche : non seulement juridique, historique, sociologique ou théologique, mais également une approche avec une vision plurielle et - jusqu'à un certain point - avec une claire vocation pratique en vue d'influencer le milieu social.

L'objectif de cette phase est d'étudier les problèmes de l'intégration de l'islam en Espagne identifiés lors de la phase antérieure depuis les sources et perspectives chrétiennes et musulmanes, avec une approche comparative. Dans le fond, nous cherchons à bâtir un champ de dialogue pratique sur le rôle positif des religions dans l'espace public au sein des sociétés contemporaines, notamment en Espagne et en Europe. En même temps, nous souhaitons contribuer à l'identification d'une éthique publique commune autour de la démocratie et des droits de l'homme.

4. Aspects pratiques

La visibilité et l'unité de travail de notre groupe sont une priorité : nous lancé la conception d'un ouvrage collectif, mais ce projet a été freiné par des divergences avec les exigences académiques de certaines de nos institutions. En fin de compte nous publierons différentes contributions, notamment des articles, dans des journaux académiques renommés. Pour cela nous encourageons la publication des travaux collectifs de plusieurs auteurs. La langue de travail pour le dialogue à l'intérieur du groupe est l'espagnol ; cependant nous privilégions l'anglais pour les publications internationales.

III. État de la recherche

Nous en sommes maintenant à l'étape de publication des premières contributions. L'étape suivante consistera à travailler sur des articles qui regroupent plusieurs chercheurs (regard historique sur la perspective juridique, contributions des philosophes politiques modernes sur le modèle, contributions possibles des philosophies politiques musulmanes, comparaison des valeurs chrétiennes et musulmanes sur l'intégration des minorités religieuses…). Dans ce sens, nous travaillons déjà sur la publication d'un article comparatif entre le regard chrétien et musulman sur la dignité humaine comme source des droits de l'homme.

IV. Premières conclusions

D'après notre recherche dans chaque domaine et nos échanges et entrevues sur le sujet, nous pouvons déjà tirer les premières conclusions quant à l'inclusion de l'islam en Espagne :

Il faut tout d'abord identifier le modèle théorique d'inclusion de l'islam en Espagne depuis la Constitution de 1978 comme modèle mixte (entre assimilation et communautarisme) fortement influencé par les principes de la pensée sociale chrétienne d'après le Concile Vatican II.

Au niveau pratique, à partir des résultats des enquêtes sociologiques et de l'opinion générale, nous pouvons affirmer que le fonctionnement du modèle et sa perception jusqu'aujourd'hui ont été suffisamment acceptés.

Le premier problème que nous pouvons identifier est que le modèle espagnol d'intégration de l'islam a tendance à assimiler et à traiter l'islam de manière similaire à l'Église catholique. C'est probablement le résultat de la forte influence culturelle du catholicisme en Espagne, et de la méconnaissance de l'islam lui-même. Cela pose des problèmes pour l'organisation interne de la communauté musulmane et son insertion dans les organismes officiels. Les multiples conflits à l'intérieur de la communauté musulmane pour occuper des positions dans les commissions représentatives officielles en sont une bonne preuve.

D'autre part, il est évident que le modèle d'inclusion de l'islam a été conçu surtout pour formaliser une relecture plus pluraliste de l'histoire de l'Espagne en reconnaissant la place de l'islam et du judaïsme. On peut ici mesurer le poids de l'histoire lorsqu'il s'agit de l'islam en Espagne. Cependant le modèle n'a pas été pensé pour gérer l'inclusion de minorités religieuses de taille croissante comme la communauté musulmane espagnole actuelle.

Nous voyons ainsi dans quelle mesure la croissance de la communauté musulmane au cours des trente dernières années, du fait de l'immigration, pousse le modèle dans ses limites. Le manque de réponse aux situations actuelles entraîne un repli communautaire chez les musulmans, et la population demande aux politiques des mesures plus claires et plus pratiques.

Parce qu'il a été créé au début de la démocratie, avant le développement autonomiste du pays, le modèle a été conçu comme un modèle unique pour l'ensemble de l'État. Cependant, suivant la réalité de l'évolution politique espagnole, le modèle s'est développé plutôt de manière hétérogène selon les différentes communautés autonomes.

En général, on peut conclure que le modèle espagnol se montre aujourd'hui assez instable. Si le modèle original part de la valorisation positive de la présence publique des religions dans la société, néanmoins, à cause de la sécularisation croissante de l'Espagne depuis les années 1980, l'opinion publique s'est tournée vers une laïcité plutôt négative et exclusive. Ce contraste peut très bien conduire à une redéfinition du modèle à l'avenir.

Finalement, même si la communauté musulmane s'est montrée satisfaite quant au fonctionnement du modèle, il manque une réflexion fondée sur les sources musulmanes pour saisir les valeurs socio-politiques à la base du modèle. La satisfaction de la communauté musulmane est plutôt pragmatique, mais elle ne reflète pas les convictions plus profondes. Il y a un important travail à faire qui consiste à accompagner la communauté musulmane sur le chemin de la réception des valeurs profondes de la vie politique démocratique. L'Église catholique a un rôle important à jouer à ce niveau-là, étant donné son influence dans l'élaboration du modèle et l'approche religieuse qu'elle fait du sujet.

20- Dialogue des rationalités culturelles et religieuses

Emmanuel Pizani

Le Congrès Dialogues des rationalités culturelles et religieuses, qui a eu lieu à l'Institut catholique de Paris, le 27, 28, 29 et 30 juin 2016, est le fruit d'une réflexion collective initiée il y a cinq ans par un groupe de chercheurs du *Theologicum* – Faculté de Théologie et de Sciences Religieuses de l'Institut Catholique de Paris, dans le cadre de l'Unité de recherche « Religions, culture et société »[55].

I. Enjeux

Quels étaient les enjeux problématiques que nous avions définis au début de notre recherche, et comment se sont-t-ils trouvés modifiés ? Nous avions constaté un premier repérage de la problématique d'identité religieuse comme oscillant entre les deux pôles toujours en tension du dialogue et de la conversion. Ainsi, notre premier projet de recherche portait sur les pratiques et les doctrines relatives au dialogue et à la conversion, - d'abord comprise comme intégration à une nouvelle communauté religieuse -, dans les différentes traditions religieuses, et en lien avec leur environnement socio-culturel global. Vu la taille du champ potentiellement concerné, ce projet se limitait tout d'abord au judaïsme, au christianisme et à l'islam dans l'espace méditerranéen, un dossier qui nous avait semblé déjà imposant et d'actualité.

Notre objectif de recherche était de reconnaître, éclairer et penser, à partir d'exemples historiques ou contemporains précis, la tension existant entre les projets contemporains de dialogue menés par les groupes religieux et la propension profonde de ces derniers à s'agréger de nouveaux membres comme à éviter le départ des

---

[55] Les membres du laboratoire de recherche : Thierry Marie Courau, Emmanuel Pisani, Henri de La Hogue, Anne-Sophie Vivier-Muresan, Hervé Élie Bokobza, Xavier Gravend, Claudio Monge, Markus Kneer, Patrik Fridlund, Roberta Collu-Moran, Gabriel Hagai, Karim Ifrakk, Eric Vinson, Denis Villepelet, Agnes Kimmijung, Nasser Suleiman Gabryel, Ngo Dinh Si, Mi-Jeung Kim, Yoav Lévy, Gain Franco Saba, Elbatrina Clauteaux, Ysé Tardan Masquelier, As Boisliveau.

anciens. Jusqu'ici toujours implicite et le plus souvent inaperçue, cette contradiction entre la valorisation de la rencontre interreligieuse - très récente à l'échelle historique - et la permanence d'une visée conquérante ou défensive (plus ou moins fondamentale selon les cas) nous paraissait en effet l'une des clés de l'évolution :

- interne du Judaïsme, du Christianisme et de l'Islam
- des relations et interactions de ces religions les unes avec les autres
- des rapports de ces religions avec les différentes sociétés où elles se déploient
- des relations et interactions entre ces sociétés elles-mêmes.

La question des interactions contemporaines entre les communautés religieuses et du dialogue interreligieux est de plus en plus pertinente pour comprendre certains changements sociaux en France et en Europe. Elle devient une thématique majeure pour penser la pluralité religieuse et la laïcité dans ses déclinaisons nationales différentes.

Il nous est apparu indispensable d'interroger le sens donné à ces activités de rencontre et de dialogue qui n'impliquent pas un prosélytisme religieux, et véhiculent un nouvel imaginaire religieux, social et politique, orientant les rapports entre le religieux et l'État dans les sociétés européennes. Les nouvelles autorités religieuses, les réformismes, l'occupation de l'espace public, les enseignements religieux, les phénomènes de cumuls et d'individualisation religieuse, sont autant de thématiques que nous avons abordées selon une approche interdisciplinaire en anthropologie, sociologie, histoire. Car, d'un point de vue méthodologique, notre laboratoire a été dès le début, un groupe de recherche interdisciplinaire, composé de chercheurs issus de différentes disciplines et de confessions tout aussi diverses. Tous engagés personnellement dans le dialogue interculturel et interreligieux, nous avons tenté de conjuguer l'approche spécifique des théologies et celle des sciences humaines, dans l'espoir d'une compréhension plus adéquate, plus profonde et plus riche des phénomènes considérés.

Un premier colloque en 2013 posait la question cruciale de l'altérité et de sa nécessaire prise en compte dans le dialogue interreligieux. Comment penser un dialogue qui sache placer l'altérité au cœur de sa démarche tout en restant bienveillant et respectueux ? Comment articuler reconnaissance d'une irréductibilité radicale de convictions et de personnes en présence et quête d'échanges et de partage ? Quelle peut être la nature de l'unité de recherche ?

En effet, pratique de rencontres et réflexion théologique se fécondent mutuellement. Les théologiens engagés dans le domaine de l'interreligieux voient souvent leurs travaux évoluer au fil de leurs rencontres. Les rencontres ont été déterminantes pour l'élaboration d'une nouvelle théologie. Les théologiens du pluralisme religieux disent ressentir en profondeur le défi intellectuel d'adapter leur théologie aux nouvelles pratiques qu'ils considèrent comme découlant nécessairement de leur foi. Mais l'autre aspect de la corrélation existe également : le questionnement théologique peut modifier la manière dont on s'engage dans les rencontres et ce qu'on en attend de l'autre.

Et s'engager dans un dialogue, c'est faire un effort de rationalité. Notre cerveau se modifie ou évolue par l'apprentissage de la connaissance des choses apparemment insaisissables, par les expériences cumulées au cours des rencontres avec les autres. On peut donc parler de la dimension rationnelle nouvellement créatrice.

Une tradition religieuse est en effet une forme de vie spécifique avec un langage propre, une grammaire, un vocabulaire. Le croyant est formé dans et par une tradition religieuse, chacun a une perception du monde à travers cette religion, il s'agit d'un chemin interprétatif qui forme la vie d'une façon fondamentale, d'une vision du monde. Nous sommes toujours en acte d'interprétation, y compris dans la foi. Nous tenons un discours sur le discours, le mot, la vision de l'autre. La rationalité est un discours sur le discours émis par l'autre (par les mots, les attitudes, etc.).

Comment penser ce milieu ? Les événements qui surgissent dans cet espace de rencontre ? Il s'est imposé donc de redéfinir notre vocabulaire, de définir un champ sémantique de notions ayant trait à la rationalité afin de pouvoir, à partir de cet éclaircissement, dégager des outils pour travailler.

Il fallait aussi se doter d'un vocabulaire commun, définir les notions et les concepts mobilisés dans notre recherche. Au départ, les échanges ont porté sur la rationalité, et ses multiples définitions. Nous nous sommes heurtés à différents problèmes de langage : une difficulté de définition et d'usage des mots : le dialogue, la rationalité, la vérité, l'interculturel, le multiculturel. Vaste, ce questionnement s'est concrétisé à nos yeux par quelques interrogations interdisciplinaires cruciales. Qu'entend-on par « rationalités » religieuse et culturelles et par « dialogue » interculturel, interreligieux, aujourd'hui comme hier ? Mots polysémiques et donc ambigus, chargés d'affects et de pré-compréhensions multiples. Quelle est l'histoire de ces termes et des notions qu'ils recouvrent, comme celle des termes et notions connexes dans les trois religions et les sociétés en cause ? Dans un premier temps, nous avons cherché à définir ce qu'on nomme « rationalité » dans le cadre de cette réflexion. Pour parler de dialogue des rationalités, il faut sous-entendre des rationalités « contextuelles », en partie étrangères les unes aux autres. Comment définir ces rationalités en termes philosophiques ? Peut-on légitimement parler de « rationalité culturelle » ou de « rationalité religieuse » et qu'entendre exactement par-là ? Plus encore, chaque culture, chaque religion forme un système complexe, diversifié. Peut-on encore parler d' « une » rationalité culturelle ou religieuse qui transcenderait ces différences ? Et si oui, comment l'identifier ?

II. La journée d'étude : Interculturalité : quels défis pour la recherche ?

Une journée d'étude a été organisée le 03 février 2016. Il nous a semblé important de mieux cerner les avancées de la recherche actuelle sur l'interculturalité : les questions méthodologiques et épistémologiques comme les problématiques nouvelles soulevées au sein de chaque discipline. Cette journée d'études s'est inscrite dans la préparation du congrès « Dialogue des rationalités culturelles et religieuses ». Nous voulions explorer les modalités d'une rencontre fructueuse entre les religions et les cultures, en prenant pour point d'attention la nécessaire prise en compte des « rationalités », ou « systèmes de cohérence » mises en œuvre par chacune d'entre elles.

Chaque spécialiste a pu parler à partir de ses propres recherches pour présenter tant les principales conclusions que les nouvelles pistes euristiques auxquelles ces travaux l'ont conduit. Une première intervention de Jean Marie Pradier, professeur émérite de l'Université Paris 8, cofondateur de l'ethnoscénologie, une nouvelle discipline créée en 1995, nous a confortés dans notre choix méthodologique de travailler avec l'apport de différentes disciplines. L'intérêt de l'ethnoscénologie pour notre laboratoire est qu'il s'agit d'une discipline pluri et transdisciplinaire : elle mobilise toutes les disciplines qui explorent le comportement humain (sciences humaines et neurosciences), mais aussi les sciences de l'art, le point de vue des praticiens et des publics. L'ethnoscénologie s'intéresse à la corporéité de l'imaginaire. Pour rendre compte de cette dimension corporelle, il parle de *performativité*. L'avantage de l'approche en termes de performance : elle doit éviter la tentation de l'ethnocentrisme. Jean Marie Pradier identifie à cet égard trois 3 tentations :

- 1ère tentation : classer l'expérience d'autrui à partir de nos repères perceptifs, affectifs et conceptuels
- 2e tentation : la tendance au repli sur soi des disciplines ; c'est le cloisonnement et la mise en quarantaine de tout ce qui n'est pas dans nos frontières académiques
- 3e : déposséder les praticiens de leur objet. On s'érige comme spécialiste de quelque chose que l'on ne pratique pas. Ainsi, sur la danse, on n'écoutera pas le danseur mais l'expert en danse… ! Certes il y a une difficulté, celle de la traduction de l'expérience vécue. Il faut admettre que le savoir qu'une expérience porte n'est pas toujours verbalisable.

Jean Louis Fabiani professeur de sociologie à l'EHESS a abordé la question du pluriel et il nous a renvoyé à la contribution de Gérard Lenclud : « L'universalisme ou le pari de la raison. Note sur (et contre) le relativisme » dans le livre qui porte le même nom, *L'universalisme ou le pari de la raison, paru à* Paris, aux Éditions EHESS-Gallimard-Seuil, série Hautes études *en* 2013. Il s'agit de montrer l'incohérence de toute version forte du relativisme, culturel ou épistémologique. L'article part du principe de parité auquel l'ouvrage consacre une présentation et qui est intitulé :

« Pourquoi il faut traiter autrui à l'égal de soi-même ? » Ce principe a été énoncé par Donald Davidson. Il souligne l'importance du don comme posture initiale pour pouvoir rentrer en relation avec l'autre sujet. Dans le cas de la rencontre de deux rationalités, il s'agit pour l'interprète non seulement de postuler qu'autrui est une créature rationnelle, aussi rationnelle que lui-même juge l'être, mais aussi de décréter que la plupart de ses croyances sont vraies ou bien fondées, aussi vraies ou bien fondées que lui-même, l'interprète, estime être les siennes. Bref, aux yeux de Donald Davidson, « la réussite de l'interprétation exige de maximiser l'accord entre interprète et interprété. Cette exigence de prêt, en matière de raison et de véridicité a fait couler beaucoup d'encre philosophique sous le nom de principe de charité ou d'humanité ». Cette procédure est pour l'auteur le B.A BA de l'anthropologie. Conséquence : « Il ne s'agit pas de dire que l'on pense tous la même chose, mais qu'on est dans un même moule mental » (Marcel Mauss). Le génie du catholicisme est de considérer au sein même du catholicisme la diversité. Il y a dans le catholicisme des familles d'esprit d'une grande diversité, et pourtant, il y a une prétention universelle, et cela tient, cela marche.

Le titre de l'intervention de Jean-François Petit, était « Est-ce qu'il y a une rationalité spécifique aux philosophes de l'interculturel ? ». Il est parti d'un constat : la marginalité de l'interculturel en philosophie ; très peu de philosophes travaillent cette question. Qui est liée directement au problème aussi du relativisme. Parmi les philosophes de l'interculturel, Petit s'est arrêté sur la figure de Raul Fornet-Bettencourt, *La philosophie interculturelle : Penser autrement le monde* : nous sommes déjà dans un interculturel de fait. D'emblée, il montre que c'est une philosophie en chantier. Plus, c'est une *promesse*. La philosophie de l'interculturalité reste à venir. C'est une philosophie fondée sur l'inter, l'entre. Le noyau dur de la pensée n'est pas l'identité, la totalité, mais dans la différence entre les cultures. Ici, apparaît le concept de dialogue : l'éthique de dialogue est l'éthique qui renvoie à notre rapport à autrui et la fonde. Ce dialogue est libération et justice. Il écrit : « Le dialogue interculturel se présente comme un projet éthique d'accueil de l'autre comme un être avec qui partager la souveraineté et un avenir qui ne soit pas déterminé uniquement par notre manière à nous de penser la vie » (p. 150).

On trouve ici l'influence d'Emmanuel Lévinas : accueillir autrui par le dialogue, tel est la finalité de la philosophie interculturelle. Il reste qu'il s'agit d'un projet. Certes, les cultures coexistent, c'est un fait, mais le dialogue interculturel au sens fort est encore un projet. Ici, l'opposition, la résistance à ce projet est le modèle de la globalisation et de l'homogénéisation d'un modèle de civilisation occidental fondé sur une logique utilitariste et qui ne sert que ses intérêts. Conséquence d'une philosophie de l'interculturel : elle conduit à une transformation de la raison : « Notre objectif est la transformation de la raison, c'est-à-dire le souci d'introduire dans sa structuration les voix de ceux qui, jusqu'à présent, ont été « affectés » par les différents processus et qui malgré tout ne peuvent y prendre une part active. La transformation de la raison, ou de la rationalité, signifierait ici l'incorporation égalitaire du point de vue du Sud dans la perception du monde et de l'histoire. C'est-à-dire qu'il s'agirait d'un projet de développement d'une rationalité dans laquelle la manière de comprendre le Sud ne serait plus quelque chose d'étrange, mais juste une approche légitime du monde et de l'histoire ». (p.48)

Pour Serge Gougbemon, « Penser l'interculturel : entre analogie et *anadialectique* », la raison se manifeste dans une réalité incarnée, portée par un langage. Il n'y a de raison que culturelle. Toute culture est interculturelle car la culture est déjà capacité de dépassement : c'est un lieu critique de lui-même, elle forge des ressources pour se transcender ; en ce sens, elle est rationalité. Puis il nous a introduits à la pensée du philosophe latino-américain Enrique Dussel et à sa problématique : comment la pensée latino-américaine est-elle rejetée par l'impérialisme occidental ? Pourquoi est-elle marginalisée ?

Là aussi, il entre en dialogue avec la philosophie européenne pour montrer la pertinence de la philosophie latino-américaine mais aussi afin de promouvoir une réhabilitation de l'Autre latino-américain comme exclu, pauvre. Il s'agit par ailleurs de pouvoir affirmer que la pensée qui vient de l'Amérique latine a aussi une prétention universelle, « c'est-à-dire une pensée riche d'universaux tout comme la pensée européenne ». Dans la réflexion de Dussel, Lévinas a joué un grand rôle : il l'a aidé à découvrir les catégories de l'altérité et de l'extériorité. L'intérêt pour notre laboratoire de recherche est cette approche d'une philosophie de l'*anadialectique*. C'est d'abord une méthode philosophique. Elle entend se différencier de la dialectique. La dialectique est un passage au travers de... alors que le régime de l'altérité, de l'extériorité, commande d'aller surtout au-delà de (*Analectique* ou *Ana-dialectique*. Du grec ana-logos : ana vers le haut, mouvement qui tend au-delà de l'horizon ontologique, un au-delà transcendantal par rapport à l'être, et le mot logos : dire, parler, dialoguer, révéler). L'*analectique* est donc une parole qui est une révélation, un « dire » dont la présence rend présence l'absence du « signifié » qui, cependant attire et provoque : il s'agit de l'Autre même comme libre et comme projet, mais qui demeure incompréhensible, trans-ontologique. Cette méthode part donc toujours de la révélation de l'autre comme extériorité. Elle implique donc une écoute : « savoir écouter est le moment constitutif de la méthode *analectique* ; c'est le moment « disciplinaire » du philosopher ; c'est la condition de possibilité du savoir-interpréter pour savoir-servir » (p. 108).

L'autre est celui qui vient du dehors, de l'extérieur ; il est celui qui provoque, dérange constamment en remettant en question la totalité, en l'obligeant à s'ouvrir, à consentir au décloisonnement. Jacques Bouineau, historien du droit, dans son intervention « Tolérance et urbanité à la croisée des regards », il a abordé la question de l'altérité « soi et les autres » en politique : comment concevoir un système politique équilibré dans lequel on peut s'exprimer et rencontrer l'autre sans que ce soit un affrontement. À travers différents exemples tirés de l'histoire il a traité en outre de la citoyenneté, de la tolérance, de la foi et l'espace public, de la laïcité et l'urbanité.

III. Conclusion

Dans un premier temps, nous avons tenté de comprendre les mécanismes nécessaires à ce qu'on nomme « dialogue des rationalités ». Dialoguer ne signifie-t-il pas ici entrer dans un effort de rationalité tout particulier ? Il s'agit en effet de renoncer tout d'abord à sa propre démarche rationnelle habituelle. Alors que nous avons naturellement tendance à vouloir penser l'autre à partir de nos concepts et de notre façon de lire le monde, il faut ici commencer par accepter de ne pas comprendre, accepter qu'il existe des limites à notre propre rationalisation. Il s'agit ensuite de rentrer dans des catégories de langage et de pensée totalement autres. Comment les saisir et surtout comment les traduire ? Car, à l'arrivée, pour qu'il y ait réellement dialogue, il est nécessaire que fasse suite au dessaisissement premier un « retour » vers notre propre langage culturel et/ou religieux.

Dans un deuxième temps, nous avons tenté de déterminer les conditions dans lesquelles un tel dialogue peut se dérouler. S'agit-il nécessairement d'un dialogue de spécialistes ? Implique-t-il l'acquisition préalable approfondie des langages de notre interlocuteur (sur le plan linguistique, culturel, religieux) ou, au contraire, est-ce dans le dialogue que cette acquisition doit se faire (du moins pour les deux derniers points) ? Il a fallu également cerner la place de la rencontre personnelle – et plus largement du facteur « espace-temps » dans une telle démarche. Un tel dialogue peut-il avoir lieu dans un cadre strictement formel, universitaire par exemple ou demande-t-il aussi un « partage de vie » ? Pouvons-nous par ailleurs parler d'un dialogue « intra-personnel », au sein d'une même personne à cheval sur deux cultures ou deux religions ?

Dans un troisième temps, nous avons exploré les questions sous-jacentes à notre démarche. En effet, la notion même de « dialogue des rationalités » interroge deux concepts cruciaux : ceux d'universalité et de vérité. Peut-on continuer à poser l'universalité de la raison humaine ? D'un côté, parler de rationalités au pluriel pourrait laisser penser qu'on y renonce d'emblée. Mais de l'autre, pour que le dialogue soit possible et fécond, ne faut-il pas qu'ultimement, les « rationalités » en présence se rencontrent dans un universel ? Une telle réflexion demandera de penser étroitement le lien entre raison et langage. La raison est-elle entièrement construite par le langage – qu'il soit linguistique, culturel, religieux - ou le dépasse-t-elle ? Et si l'on renonce à l'idée d'une universalité de la raison, où chercher un universel propre à rendre compte de la possibilité même du dialogue ?

La question de la vérité se pose tout autant et de façon particulièrement cruciale dans le cadre d'un dialogue entre rationalités religieuses ou entre rationalités culturelles au sein d'une même religion. Cette démarche dialogique nous oblige-t-elle à repenser notre rapport à la vérité, et si oui, dans quelle mesure ?

Dans un quatrième temps, nous avons cerné les enjeux posés par cette démarche pour la mission de l'Église. Principalement trois champs sont envisageables : inculturation, dialogue interreligieux et nouvelle évangélisation. Dans chacun de ces champs, nous avons cherché à déterminer dans quelle mesure cette question du dialogue des rationalités a déjà été prise en compte. Pour les cas positifs, nous avons tenté d'en soupeser les fruits. Dans les cas contraires, nous avons souligné les limites, voire les échecs que cette absence de prise en compte a entraînés. À partir de là, nous pourrions déterminer l'importance de cette démarche et les enjeux qu'elle recouvre. Notre réflexion s'est située tant au niveau de la pratique pastorale que de la réflexion théologique.

Lors de la session plénière finale du Congrès la question était posée d'une communion possible des rationalités singulières irréductibles, et comme l'a très justement rappelé Thierry-Marie Coureau, doyen du *Theologicum*, à cette occasion : « finalement est-ce qu'on peut vraiment parler de rationalités singulières irréductibles ? »

Bien que le terme de rationalité ne soit pas univoque et qu'il reste difficile à déterminer, surtout parce qu'il n'évoque pas pour tous la même chose, notamment parce qu'il n'est pas véritablement traduisible dans d'autres langues que le français, ceci manifeste justement par cette résistance, l'irréductibilité des rationalités. En d'autres termes, nous appartenons à des systèmes de pensée, d'approches et de compréhension du monde qui sont singuliers. Les outils pour rendre compte du monde sont différents même au sein d'une même culture ou langue. Ceci nous reste difficile à accepter que l'autre, les autres populations, soient véritablement des civilisations singulières élaborées dans et par leur rationalité, mais alors ces rationalités aussi singulières et irréductibles soient elles, sont-elles des monades figées ? Nous devons toujours envisager ces systèmes comme dynamiques. Il s'agit toujours de partir ailleurs afin de connaître et rencontrer l'autre à partir d'un point de vue nouveau. Ce déplacement vient apporter à cette rationalité première une richesse inattendue. Ainsi apparaissent des modes d'appréhension du monde qui sont toujours dans des possibilités et des activités d'appropriation nouvelle et au même temps qui sont définitivement singuliers. Nous n'avons pas tous les mêmes outils pour rendre compte du monde, partager une même langue ne suffit pas. La conclusion du colloque a montré que des nombreuses questions restent ouvertes. L'une des réponses possibles pouvant être de vivre la complexité du monde contre l'uniformisation, la standardisation, la volonté de susciter d'abord du même qui est dû à l'oubli du tiers et au désir de l'unité qui précéderait toute diversité. Les singularités culturelles et religieuses avec leur vision propre et cohérente du monde (leur rationalité), bien qu'irréductibles les unes aux autres, représentent des atouts pour cheminer vers une connaissance plus juste de soi et d'autrui, pour décider la construction d'un projet de société en commun.

21- Le fait religieux dans un contexte mixte islamo-chrétien.

Thom Sicking et Jocelyne Gérard-Adjizian

Plusieurs éléments composent cet atelier, correspondant à six projets distincts.

I. Les lieux de culte de Beyrouth et de sa proche banlieue.

Une localisation précise de tous les lieux de culte de Beyrouth et de sa proche banlieue, chrétiens et musulmans, sur une carte permet de voir comment les diverses communautés religieuses se situent dans cet espace urbain.

Les données recueillies - histoire, fonctions, appartenance, etc. - rassemblées dans une base de données, permettent différentes analyses. Ainsi une comparaison de cartes établies par tranches d'années fait apparaître la rapidité de l'évolution des constructions. Vers 1850, il y avait 16 lieux de culte, et en 1900, une soixantaine. En 1950 ce chiffre a doublé et en 2015 il y en avait 280.

La municipalité de Beyrouth (sans la banlieue) regroupe sur un territoire d'environ 20 km² avec 171 lieux de culte. Soit 8,5 lieux par km². Sur les 171 lieux il y a 107 lieux chrétiens et 62 musulmans.

Parmi ces derniers, il y a seulement 6 lieux chiites et donc 56 lieux sunnites. Les lieux chrétiens appartiennent aux différentes communautés chrétiennes : maronites (23), grecques orthodoxes (16) et catholiques (11), protestants (22), latins (21), arméniens (7) et syriaques (7). Il y a souvent plusieurs mosquées sunnites les unes à côté des autres ce qui signifie que le nombre de mosquées ne traduit pas le nombre de sunnites. Une mosquée est souvent construite pour honorer une personne, et pas toujours pour satisfaire le besoin d'un lieu de prière en plus dans le quartier. Une autre caractéristique des lieux sunnites est qu'ils se trouvent à deux exceptions près tous groupés dans la partie ouest de la ville tandis que les églises se trouvent aussi à l'ouest, au milieu des mosquées. Durant la guerre un bon nombre de chrétiens habitant à l'ouest ont fui et se sont installés ailleurs. Cependant, leurs églises n'ont pas été abandonnées et lorsqu'elles furent endommagées elles ont été restaurées, même si elles ne sont aujourd'hui fréquentées que par un petit nombre de chrétiens.

Quant aux mosquées chiites, elles se trouvent groupées dans la banlieue sud, dans les municipalités de Ghebeyre et de Haret Hreik. Seulement trois mosquées se trouvaient à l'est, à Borj Hammoud et à Sin el Fil. Elles aussi ont subi des dégâts et ont été restaurées.

La présentation du projet, avec illustrations, a montré quelques types d'analyses rendus possibles par la base de données, combinée avec la carte géographique.

L'ensemble, cartes, données et analyses fait l'objet d'une publication en cours de réalisation. Ce volume comprendra également une analyse géographique des cartes, qui donnera un autre regard sur cette réalité complexe. Durant l'atelier une démonstration montrant ce qu'une telle analyse peut apporter en plus a été faite.

II.   4 projets présentés par Houda Kassatly

1.   Le messianisme Chiite à la lumière des guerres contemporaines.

Ce projet propose d'étudier des signes avant-coureurs de la parousie du douzième imam des chiites duodécimains à la lumière des événements contemporains. Il présentera l'interprétation et l'analyse des événements politiques, sociaux, économiques annoncés par les textes et vécus comme la preuve du rapprochement de l'Heure. L'étude sera complétée par des récits et témoignages des combattants du Hezbollah lors de la dernière guerre israélo-libanaise concernant l'appui reçu pour soutenir le combat des « aplanisseurs » de la venue du Mahdi, qui préparent la venue de l'État de justice et de droit.

2.   Les lieux de visite « mazar »

« *Mazar* » est le terme utilisé pour désigner ces structures particulières aux formes très diverses, disséminées dans les quartiers urbains des villes, les localités et les villages du Liban. Érigées au bord des routes, à l'entrée des habitations, à proximité d'un lieu de culte…, ces sortes d'oratoires sont dédiés aux grandes figures du christianisme : Christ, Vierge, saints tutélaires du panthéon chrétien avec une prévalence pour certaines figures « œcuméniques » comme Saint-Georges ou Saint-Élie et à quelques figures maronites locales comme Saint Charbel ou Sainte Rafka…, dont l'aura dépasse parfois les frontières communautaires. Ce projet propose d'analyser la genèse, les fonctions multiples et le devenir de ces lieux de visite dans différentes régions du Liban notamment dans le casa du Koura au Liban Nord.

3. *Les récits de fondation de lieux de culte*

De nombreux récits de fondations de lieux de culte révèlent l'existence d'une contribution transcommunautaire à l'édification d'un site religieux. Des chrétiens participant au projet des musulmans et des musulmans participant au projet des chrétiens par différents canaux, mais principalement par le don de terre. La pratique se vérifie surtout lorsque des sites sont dédiés à des figures « partagées » comme Saint Georges ou Sitt Shehwaneh. La recherche est en cours pour tenter d'analyser le mécanisme de cette collaboration dans d'autres sites présentant cette même participation commune.

4. *Les rites funéraires*

À partir d'une recherche effectuée sur les rites funéraires en milieu shiite dans les années quatre-vingt, le projet poursuivra cette recherche par une approche diachronique de ces rites dans le but de souligner les transformations et changements intervenus depuis le premier terrain effectué. Un mouvement d'épuration mis en place par les nouvelles forces sociopolitiques en présence a été à l'origine de la disparition d'un grand nombre de rites et particulièrement de ceux en relation étroite avec le monde rural. En l'espace d'une trentaine d'années, le changement est draconien et de nouvelles formes d'accompagnement des défunts ont été mises en place.

III. "Touqous.net" : une plateforme internet pour l'étude et la documentation audiovisuelle sur les rituels.

Nour Farra Haddad (coordinatrice du projet) et Antoine Meyer (réalisateur)

En 2011, le Centre d'études et d'interprétation du fait religieux (CEDIFR), laboratoire de recherche de la Faculté des sciences religieuses de l'Université Saint Joseph (Beyrouth) engage un projet de recherche intitulé « Rituels religieux, entre partage et cloisonnement au Liban ». Un programme qui a regroupé dix chercheurs de trois universités différentes, l'Université Saint Joseph (USJ), l'Université Libanaise (UL) et la « Lebanese American University » (LAU) ainsi que des chercheurs de l'Institut Français du Proche Orient (IFPO).

En regroupant des spécialistes travaillant sur des terrains différents, le projet a cherché à cartographier la géographie religieuse du pays dans une perspective résolument comparative. Bien que principalement ethnographique, le projet s'est positionné comme un projet interdisciplinaire : archéologues, spécialistes du tourisme, politologues et économistes ont été invités à se joindre à ce programme pour analyser les différents enjeux des rituels religieux. Dans le cadre de ce projet un petit groupe de chercheurs a adopté une démarche filmique, réalisant des images de diverses pratiques dévotionnelles.

En 2016, ce programme touche à sa fin, mais les différents enregistrements réalisés sur le terrain appellent à être partagés, analysés, comparés. Ainsi a pu émerger une idée qui était en germe depuis le début : celle d'une plateforme publique, proposant une bibliothèque de médias de niveau scientifique, sur la thématique des rituels.

Une maquette de la plateforme a été développée sur internet pour une première présentation au public lors du Colloque « Rituels en évolution : acteurs, interactions, objets, espaces, sanctuaires. » (Du 3 au 6 mars 2016, USJ, Beyrouth). Dès lors une équipe se mobilise autour du projet et réfléchit à son fonctionnement, ses défis techniques et ses différentes dimensions. La plateforme héberge ainsi principalement une bibliothèque médias (vidéos, photos, sons), mais aussi un atlas répertoriant les études réalisées, un annuaire de chercheurs et de liens, ainsi qu'un fil d'actualité sur les rituels.

1.   Un projet en devenir

Le titre que nous proposons pour le projet « *touqous* » est une transcription en lettres latines du mot arabe pour « rituels » (طقوس). Le choix de cette sonorité arabe est motivé par l'ancrage du projet au Liban et au Moyen Orient, mais sa transcription montre une ouverture vers la francophonie chère au Liban et à notre institution mère, l'Université Saint Joseph.

Le projet s'intéresse à tous les rituels, sans barrière de religion, de confession, de groupe social. Les travaux déjà effectués au sein du projet ont montré que nombreux sont les rituels partagés par différentes communautés religieuses. Ainsi l'un des principaux enjeux de *touqous.net* est sa capacité à stimuler le dialogue interreligieux, et c'est pourquoi nous sommes fiers de présenter ce projet dans le cadre de la participation du CEDIFR aux activités du réseau PLURIEL. En effet, notre collecte de contributions audiovisuelles s'intéresse uniquement à des relevés de terrain récents, et ce sont ces regards actuels sur la réalité de nos pratiques religieuses qui font parfois défaut, laissant ainsi la place à l'ignorance qui ne peut que nuire à des communautés déjà tourmentées par la menace (plus ou moins réelle, mais non moins médiatisée) des extrémismes.

Le recours aux outils d'enregistrement et de diffusion audiovisuels constitue pour nous un moyen de produire une documentation ethnographique sur des processus en mutation. Le fait de fixer les images et l'environnement sonore de ces rituels permet d'en conserver la trace et de développer une analyse comparative plus approfondie. Le tournage permet aussi au chercheur de questionner son positionnement vis à vis de son objet et ainsi d'assumer son mode d'observation (participante, flottante, distanciée...) comme un critère essentiel lors de l'analyse des données collectées. Le souhait de tout cinéaste documentaire de vouloir capter le réel posera toujours la question de la définition du réel. La collecte sur *touqous.net* de différents styles de productions audiovisuelles permet de nourrir ces questionnements en invitant les chercheurs et étudiants à témoigner de leur expérience de terrain sur la relation entre observant et observé.

Provenant de différentes disciplines et de diverses aires géographiques, les contributions à la plateforme sont un outil pour favoriser la recherche comparée. Elles se déclinent néanmoins selon la typologie suivante : la contribution « Chercheur » est une séquence filmique de type analytique proposant le regard formulé du chercheur, la contribution « Observateur » est une séquence filmique brute ou « sans commentaire » laissant plus libre la possibilité d'interprétation du spectateur ; enfin la contribution « Étudiant » permet aux travaux d'études d'être diffusés sur la plateforme en précisant le contexte et le rôle de la démarche filmique dans la recherche.

2. *Un projet à la recherche de partenaires et de collaborateurs*

À ce stade le projet cherche à intégrer des partenaires et des collaborateurs qu'ils soient des mécènes, des laboratoires de recherche ou des universités. Tout apport au projet qu'il soit financier, filmique, photographique ou académique serait le bienvenu. Les relations déjà existantes entre le CEDIFR et des partenaires institutionnels étrangers, notamment la plateforme PLURIEL, favoriseront les collaborations internationales.

Touqous invite aussi des enseignants de différentes disciplines, principalement en Sciences religieuses, en Audiovisuel, mais également en Sciences humaines en général, à contribuer à la plateforme en proposant aux étudiants dans le cadre de leur travaux pratiques, thèses, mémoires, d'adopter une approche filmique et/ou photographique. Ainsi des encadrants, chercheurs, réalisateurs, contributeurs de notre plate-forme assureront une formation en anthropologie filmique aux étudiants afin de les aider à utiliser les outils audio-visuels et produire des séquences susceptibles d'être présentées sur *touqous.net*. Ayant participé par leurs contributions, les étudiants seront invités à parcourir la plate-forme pour mettre leur travail en relation avec les autres séquences disponibles. L'intérêt pédagogique se poursuit donc par l'analyse et la comparaison de contenu audiovisuel.

22- Catholic theology in dialogue with Islam
Catholic theology in the light of Islam – some steps towards a cooperative theology

Tobias Specker

The following presentation will approach the broad topic, Catholic theology in relation with Islam "by giving a short overview over the main idea and some methodological aspects of the new established chair, Catholic theology in the light of Islam" at the Graduate School for Philosophy and Theology Sankt Georgen in Frankfurt/Germany. It ends by pointing at some possible topics of a cooperative theological work between Muslim and Christian theologians.

I. Underlying idea and context:

Although the discussion and perception of Islam is actually dominated by questions of security and terrorism, the context of the chair is mainly characterized by a new dynamic in the educational field: on the one hand, Islamic religious education in state run schools became a regular subject parallel to Protestant, Catholic and Jewish religious education. Furthermore, the new established institutes respective faculties of Islamic Theology in Germany are of utmost importance as they demand qualified and informed Christian counterparts. On the other hand, one must not overlook non-governmental players in the field of education as the activities of the Gülen Movement, but also some activities of Sufi tarikats as the Naqshebandi in Mannheim. The questions, the critique but also the supposed commonalities from an educated Muslim perspective will thus become more and more the natural context of our students who will work as Catholic theologians in pastoral, media or academic contexts. Therefore, more and more profiled and professional presence of Muslim theological thinking need an adequate reflection on the Christian part. There is still a lot to be done if one thinks of the fact that the students of Islamic theology at least in both places have to follow obligatory modules of a non-Islamic theology (Protestant, Catholic or Jewish) whereas in Christian theology the study of other religions is still more or less kept for additional studies and mostly an area for specialists.

While reflecting on Islam in the context of Catholic theology one has to take into account a double contexts: On the one hand, Muslim theology in the context of Catholic theology, on the other hand the Islamic theology is itself undergoing the challenge of a new contextual development, namely to establish itself in the context of the academic framework. This is not only a question of adapting classical teaching to the lived reality of Muslims in the West (fiqh al-aqallīyāt) but of reestablishing and transforming classical teaching.

The underlying idea is that Catholic theology relates to Islam in three respects, on three levels:

a. In a short and middle term, one has to establish and strengthen a common theological reflection on questions of citizenship, common good and cohabitation. In addition to prevention programs a reflection on a religiously motivated civic engagement for a plural society is needed. The activities and intellectual resources of the Adyan foundation in Lebanon are groundbreaking in this respect.

b. The question of citizenship requires a long-term reflection and transformation of religious beliefs so that the respective believers can not only live in a plural society but can actively participate and support a plural context. In a long-term range one should aim at a cooperative theology which really works together to inseminate the respective theologies by working on theological topics. The counterpart for a "theology in the light of Islam" is therefore both the academic institution of Muslim theologians and Muslim movements which express the lived reality of Muslim faith – insofar as they are able to reflect their approach on a theological level.

c. The specific approach of Catholic theology in the light of Islam wants therefore more than just to inform the students about some fundamentals of Islamic faith. It tries to reflect on its own faith tradition in relation to the other. The main task is not to explain "Islam" to Christians and even much less to explain to Muslims what "real Islam" is – but to reflect on Catholic theology in the context of Muslim thinking and vice versa. The main decision in establishing the new chair therefore was to integrate it in the regular courses. Thus, the teaching is integrated in the Masters-program of Catholic theology with two courses: one on theology of creation and the other on critique of religion – both "in the light of Christian-Muslim understanding".

As a conclusion to the first point, it should be pointed out that there have been also prevailing factors on a practical level that urged to establish Catholic theology in the light of Islam in Sankt Georgen:

    a. First Sankt Georgen is also the place of CIBEDO which is the library and contact office of the German Bishops conference's institute for Christian-Muslim relations. Therefore a lot of work is done on a practical level concerning pastoral questions (pastoral care in hospitals or prisons; interreligious marriages) and concerning questions of Islamic institutions and organizations. The consequence is that the chair is also involved in the needs and structures of the church in Germany through counseling and formation. For example, Prof. Troll has set up a web page called "Muslims ask, Christians answer" which aims at basic information on the Christian faith for interested persons from a Muslim background or who are engaged in Christian-Muslim dialogue. The page is run in 11 languages (Urdu, Arabic, Turkish, Russian, Bahasa) and is dealing with religious questions only.

    b. Since more than ten years Sankt Georgen runs an additional program of Islam and Christian-Muslim relations"which addresses students and professionals. It is a two years course consisting of a lecture and a tutorial in each semester. Additionally, each student must realize a project in the course of the four years which brings him/her into contact with "real and contemporary Muslim life".

    c. The state university of Frankfurt is the place of one of the new established institutes of Islamic theology. It focuses especially on hermeneutics of the Qur'ān.

d) In Sankt Georgen the Institute of World Church and Mission is located. This gives the possibility for cooperation and helps in the efforts to establish relations with Jesuit institutions in Sub-Saharan Africa concerning Christian-Muslim relations.

II. Some methodological remarks

The methodological approach can be outlined in the following way: Catholic theology – in the light of – Islam.

1. *"Islam":*

   Despite the fact that it is inaccurate to speak about "Islam" as an unified reality the expression is kept as some sort of "umbrella term", even with an article (the): "Islam" means neither just the sum of the multiplicity of religious practices by each individual Muslim nor a completely abstract system of unchanging dogmatic propositions. It is a dynamic reality of a system or a network of signs, in which an ordinary Muslim expresses and reflects his/her practices and convictions with the claim of coherence and cohesion. "Islam" therefore does not mean an essentialized and petrified character, but a theological claim for cohesion and coherence which is always expressed from a specific faith viewpoint and religious practice but which aims at representing fundamental insight on "the Islam". It was exactly this systematical claim which leds me to study "Muslim Theology" and not "Islamic sciences" at one of the newly founded centers for the formation of teachers and Imams.

2. *"Catholic theology":*

   Due to its history and beliefs Islam has a special meaning – a religious and theological meaning – for Christianity. Although Christianityself-understanding and structure of theological reflection is deeply rooted in the twofold structure of the Christian bible – the Old and the New Testament – and therefore sees the Jewish–Christian dialogue as *sui generis*, Islam is more than one of the remaining "other religions". The theological reflection on Islam is thus more than a specific application of a general theology of religion.

In addition both religions experienced in each other the limitation and failure to realize their claim of universality on territorial grounds. God knows better, but as far human experience can reach there will always be Muslims and Christians. Islam teaches Christianity to understand better what the universality of its mission can mean – going from quantity to quality and understanding in a deeper sense what "catholicity" means. Not only because the histories of Christianity and Islam are closely related and linked, and that both articulate a universal and definitive claim of truth this is true for other religions, too. The special character of the encounter with Islam for Christianity is that Islam is constitutively referring to Christianity and Christians – by perceiving them (biblical persons and stories as well as real Christians), addressing them (the counterpart of Qur'an are Jews, Meccan pagans but also Christians) transforming Christian tradition in an original way of language and belief and also criticizing them for their deformations and misapprehensions.

3. *"In the light of":*

To summarize the relation of Catholic theology to Islamic theological thinking I'd choose three key words, which I will just name and explain with one sentence: To compare, to transform, to criticize. To Compare: "Catholic theology in the light of Islam" agrees on some of the of its basic assumptions of comparative theology, for example the micro-logical approach (that relates to specific traditions, texts as well as spiritual experiences, and tries to find a fitting and functional equivalent) or the dynamic approach (that suggests that comparison is not a schematic confrontation of pre-established differences and commonalities, but a creative and associative undertaking).

This leads to transformation which has two orientations: first, it refers to religion itself and second, to society. On the one hand, interreligious encounters will be fruitless in the long run and become a mere competition of juxtaposed but unchangeable religious systems without the openness to transformation in religion itself. On the other hand, transformation may also be a common objective of Christian-Muslim relations regarding to society: at least the Christian objective in interreligious encounter is not just comparison or even competition, but transformation of the world with regard to the Kingdom of God.

Up to now, the integration of critique is a path not well trodden in comparative or interreligious theology. But a genuine interreligious theological criticism without a hegemonic discourse is only possible if both religions attempt at discovering and applying their respective traditions of theologically-based criticism of religion. It is the vital tradition of *intra*-religious criticism of religion, which prevents the *inter*-religious criticism from being a fruitless exchange of mutual reproaches.

III. Possible topics

This leads to the last part of the statement: What are possible topics and challenges to be dealt with by Catholic theology in the light of Islam in cooperation with the newly established Islamic theology?

1.   The first topic is the relation of sacred text and literature.

The discussion on Qur'an and Qur'anic exegesis actually focuses on the question of historical contextualization and historical-critical methodology. Without denying its importance one must not forget the contextualization with literary sciences. Together with a Muslim theologian we just taught a seminar on theories of narration and their possible application to the story of Joseph in the Bible, the Qur'an (the *qiṣaṣ*). At the same time we are working on theories of *iʿǧāz* and their perception of Qur'anic language between transcendence and immanence and thus the possibility of relating Qurʾān to literature or not.

From a theological Christian perspective this reflection can also be fruitful for a theology of the Word of God – a theological tradition which has been up to now more reluctant to interreligious dialogue.

2.   A question of high importance would be the theological reflection on the terms of belief and disbelief.

On the one hand, we experience the horrible increase and consequences of *takfirism*, on the other hand we notice the pressure of secularist tendencies to give up the theological distinction itself completely or at least to restrict it to a functionalized understanding of religion. The Islamic perception of Christianity is of utmost importance. A recently finished project in this field was the exploration of the figure of Saint Paul in Turkish "religious science" and in chosen classical texts. This approach could be an overview of contemporary positions in

Turkish-Muslim theology concerning its attitude towards Christianity.

3. The last topic would be the integration of critique of religion: is an objective approach necessarily a critique?

How can a fair critique be distinguished from an excessive criticism of the other religion? How can islamophobia be distinguished from a critical questioning of positions of Muslim thinking and how can the stigmatization of every critical approach as islamophobia be avoided? Is the modern tradition of philosophical critique of Religion also fruitful for interreligious dialogue? This was the aim of the annual Christian-Muslim convention in Stuttgart which was in 2016 specially dedicated to the topic of critique of religion.

IV. Questions

To conclude and to demonstrate the openness of Catholic theology in the light of Islam some following questions – which are a mixture of theoretical and quite practical ones – should be added:

1. How can the articulation of difference also be understood – and be expressed as – an esteem in the sense of *Nostra Aetate* 3 – to avoid a split-up between an estimation which focuses on commonality and a *ceterum censeo* which just adds some remaining differences?

2. What role does philosophy as a "third" in between Catholic and Muslim theology play? What kind of philosophy is suitable as point of reference for a mutual understanding? (Metaphysics? Phenomenology?)

3. How can one react to the more and more offensively expressed link between "religion" and "identit" – from Muslims as well as from Christians? What could be the answer to a more and more culturalized understanding of Christianity, which tends to take the difference to "Islam" as an identity-marker?

4. How can real face-to-face contact between our students and Muslims be enabled?

5. What can graduate students in theology coming from countries with an intensive relationship between Christians and Muslims offer?

6. Is it possible to build a bridge between the research on the theological heritage of Oriental Christianity and the ecumenical approach to Oriental Churches on the one side and the Christian-Muslim dialogue and the research on Christian-Muslim relations on the other side?

Further Reading:

Comparison – Transformation – Critique. Some remarks on methodology and objectives of a "Catholic theology in the light of Islam". *In*: Islamochristiana (2017) (will be published).

Im Gegenüber - Skizze einer „Katholischen Theologie im Angesicht des Islam". In: Engin, Havva/ Reder, Michael (Hg.): Wandel durch Dialog. Gesellschaftliche, politische und theologische Aspekte des Dialogs zwischen Islam und Christentum. Interreligiöser Dialog in gesellschaftlicher Verantwortung. Band 2. Stuttgart 2014, 173-187.

Starke Subjekte. Debattenbeitrag zum Positionspapier „Islamische Theologie in Deutschland". *In*: Frankfurter Zeitschrift für islamisch-theologische Studien 2 (2015), 187-197.

23- Éthique de la paix islamique – Esquisse du projet de recherche

Dirk Ansorge

I. Arrière-plan historique

Au cours des dernières années – très précisément après les attentats terroristes du 11 septembre 2001 – le rapport entre religion et violence, religion et politique, religion et guerre a fait l'objet de la plus grande attention au niveau scientifique et théologique. Il est important de préciser que toutes les religions sont concernées ; l'islam, mais aussi l'hindouisme, le judaïsme, le christianisme et même le bouddhisme.

En ce qui concerne le christianisme, le rapport entre religion et violence a fréquemment été traité dans le contexte des théories de la « guerre juste ». Saint Augustin, dans l'Antiquité tardive, et pour la première fois dans l'histoire du christianisme, présentait une théorie de la « guerre juste ». Au Moyen-âge, des grands théologiens comme Saint Thomas d'Aquin ont élaboré les idées de Saint Augustin. Au début des Temps modernes, des théologiens Chrétiens comme le Dominicain Francisco de Vitoria et le jésuite Francisco Suarez ont approfondi les théories de la « guerre juste ».

Il faut souligner que ces théories sont bien à distinguer des théories de la « guerre sainte » que l'on trouve dans certaines cultures et religions. Car dans le cadre des théories de la « guerre juste » il ne s'agit pas de justifier la violence militaire par des raisons religieuses ou même de motiver la violence militaire, mais plutôt de l'interpréter d'un point de vue religieux – soit en la justifiant, soit en la critiquant. En particulier, les théories de la « guerre juste » traditionnelles cherchent à identifier la puissance légitime qui peut provoquer une guerre, la cause juste autorisant une guerre et l'intention derrière une guerre. Au vingtième siècle, les théories de la « guerre juste » ont fourni les principes de base qui ont permis d'élaborer plusieurs conventions internationales visant à délimiter des conflits armés, soi dans la phase préliminaire, soit dans le déroulement du conflit.

Actuellement, personne ne peut nier qu'on est confronté au problème du rapport entre religion et violence particulièrement au sujet de l'islam. C'est pourquoi il est apparu logique de se demander si la théorie de la « guerre juste » existe en Islam également. La réponse est incontestablement oui. Car pendant la période de l'expansion de l'islam, il y avait un grand nombre de savants musulmans qui élaboraient des théories de la « guerre juste ». D'ailleurs, ces théories ressemblent aux théories élaborées par des chrétiens. Elles traitent des sujets capitaux comme la nécessité d'une cause juste pour déclencher une guerre, la manière de la mener et de se comporter et la manière de la terminer.

Particulièrement après la Seconde Guerre mondiale, et au regard de ses conséquences horribles pour l'humanité, des Églises chrétiennes s'efforçaient d'établir des théories d'une « paix juste » comme alternative aux théories de la « guerre juste ». La question de la prévention se substituait à celle d'une « guerre juste ». Quelles conditions – qu'elles soient politiques, sociales, ou économiques, utiles ou bien obligatoires – existent pour prévenir ou éviter une guerre ? Reconnaissant la position clé de la justice pour la paix, les théories de la « paix juste » mettent l'accent sur la liaison entre justice et paix. Elles s'efforcent de présenter des perspectives en vue d'une paix globale – une paix qui est beaucoup plus que l'absence de conflits armés mais qui offre une chance réelle pour toute l'humanité de revendiquer effectivement ses droits fondamentaux à vivre dans des conditions réellement humaines.

II. Base institutionnelle

Devant cet arrière-plan, l'objectif du projet de recherche « Éthique de la Paix Islamique » est de poser des questions de la façon qui suit : est-ce qu'il y a dans le monde islamique des débats en vue d'une éthique de la paix qu'il serait possible comparés à ceux qui existent en occident ? Est-ce qu'il y a des débats qui se consacrent aux affaires de justice et de paix au niveau académique et systématique ? La Faculté de théologie des jésuites à Frankfort et l'*Institut pour la Théologie et la Paix* établi à Hambourg ont décidé d'étudier ensemble le monde islamique pour répondre aux questions de ce type. L'*Institut pour la Théologie et la Paix* est une institution de recherche au service de la pastorale militaire catholique mise en place en 1978 par l'Assemblée des Évêques allemands. Dans le passé *l'Institut* a achevé d'intéressantes études sur l'histoire des théories de la « guerre juste » dans le cadre du Christianisme et sur le plan des théories de la paix juste.

Le projet de recherche « Éthique de la Paix Islamique » vise à mieux comprendre les débats sur la violence au sein du monde islamique. Soutenu par un chercheur d'origine iranienne qui maîtrise le farsi, le turc et l'arabe, le projet a été lancé en août 2012. Au regard des langues disponibles, l'objectif de recherche est limité aux régions arabe, iranienne, et turque. Il n'analyse donc pas les grandes régions islamiques d'Afrique centrale, d'Asie centrale, ou d'Indonésie, par exemple. Malgré tout, un congrès international organisé à Hambourg en octobre 2015 a réuni des chercheurs du monde entier. Un deuxième congrès a eu lieu à Qom en 2017.

III. Conditions - cadre théoriques

Quelles hypothèses fondent l'arrière-plan théorique des recherches ? Au début du nouveau millénaire, la fin de la guerre froide a démontré la fragilité de la paix au-lendemain de la seconde Guerre Mondiale. Après 1989, le monde entier cherchait à trouver son chemin pour établir un nouvel ordre. Particulièrement, le « printemps arabe » et son échec ont démontré les bouleversements politiques et les changements radicaux auxquels le monde doit encore s'attendre. Cependant, et quelles que soient les conditions politiques et économiques, les bouleversements à venir ne se dérouleront de manière relativement pacifique que si nous élaborons une compréhension plus globale et adéquate des cultures et des religions dans le monde entier.

La recherche d'un consensus global en vue de la *délégitimation* de la violence est une des conditions pour une paix durable. Actuellement, la charte des Nations Unies interdit aux États membres d'exercer la violence (Art. 2, 4). C'est le Conseil de Sécurité qui est seul autorisé à mandater des sanctions (Art. 42) alors qu'un État membre n'est autorisé à exercer la violence que pour l'autodéfense individuelle ou bien collective jusqu'à ce que le Conseil de Sécurité intervienne (Art. 51).

Formellement, à cet égard, il existe (comme conséquence de la signature de la Charte des Nations Unies) une obligation globale en vue de renoncer à la force armée au niveau intergouvernemental. Cependant, on peut se demander si l'on a accordé suffisamment d'attention aux fondements normatifs de cette obligation. Telles obligations existent dans toutes les traditions culturelles et religieuses du monde – mais elles sont à chaque fois très diversement justifiées. En même temps, le renoncement global à la force armée et violente ne peut fonctionner de manière satisfaisante que s'il existe un consensus général entre les différentes cultures et religions pour savoir quand des actions militaires sont légitimes et quel type de force est justifié ou bien à condamner.

Actuellement il est évident que le monde se trouve bien éloigné d'un consensus en vue de la (dé-)légitimation de certains types de violence. C'est pourquoi ce serait un très grand progrès si l'on arrive à une compréhension mutuelle entre cultures et religions au sujet des questions suivantes : quels *types* de force sont approuvés comme légitimes par les autres religions ? Et *comment* approuvent-elles – ou bien renoncent-elles – à ce type de force ?

IV. Fondements normatifs

A propos des discours éthiques, on peut distinguer entre des « positions normatives finales » et les raisonnements qui les soutiennent. Le terme « position normative finale » signifie un jugement éthique par lequel on caractérise un certain acte humain ou bien un certain comportement politique comme étant permis, conseillé, ou interdit. Cependant, quand on étudie les discours éthiques de la paix, il est beaucoup plus important d'identifier le raisonnement en arrière-plan d'une « position normative finale » que d'identifier la position elle-même.

C'est pourquoi les fondements normatifs sont les objets principaux du projet de recherche. Dans quelle mesure l'analyse descriptive de la réalité, les arguments prescriptifs sur la raison humaine générale, et les références aux sources normatives de l'islam contribuent à la diversité des positions qui peuvent être identifiées dans les débats académiques qui se déroulent dans le monde islamique ? Comment les autorités religieuses, les leaders spirituels, et même les politiciens, se réfèrent aux sources de la tradition islamique ?

Très souvent des prises de position dans le monde islamique semblent être justifiées par le raisonnement suivant : des solutions aux défis éthiques contemporains seront trouvées en relançant un temps passé, idéalisé et considéré comme normativement toujours valable. Cependant, il est évident qu'il n'y a pas de plan ou de puissant levier dans la tradition islamique en vue de surmonter les défis provenant de la manière contemporaine de conduire des guerres. Comment traiter par exemple des questions comme celles-ci : est-il permis de construire des armes nucléaires ou chimiques et quelles sont les conditions pour leurs utilisations ? La tradition islamique n'offre pas de réponses aux questions concernant la légitimité de construire et d'utiliser des drones armés. Quelles positions les États musulmans doivent-ils adopter face au nouveau phénomène de cyberguerre ?

Le Coran est clairement silencieux à propos des armes nucléaires ou chimiques, des missiles de croisière et d'Internet. C'est pourquoi la tradition islamique doit être mise à jour, de la manière la plus créative et innovante possible. Mais comment cela se déroule dans le monde islamique ? Est-ce possible d'identifier des débats sur ces thèmes et questions similaires dans le monde islamique ? Dans quels media ce débat est-il mené – sur Internet, dans des cercles académiques, parmi des élites politiciennes ? Et finalement : quel raisonnement peut-on identifier à l'intérieur et en l'arrière-plan des divers discours ?

Le projet de recherche vise à reconstruire l'architecture interne des différentes positions dans le monde islamique. Pour cela il est instructif de souligner comment un dialogue entre des positions divergentes à l'intérieur des débats islamiques est possible. Mais pour qu'un dialogue entre des positions divergentes soit possible, il doit aussi procurer des vues communes. En quoi consiste ce discours commun ? Peut-on généraliser ce discours commun afin qu'il serve de base commune entre des positions islamiques et des positions non-islamiques ?

V. Objectifs du projet

Actuellement, le projet de la recherche académique fournit une analyse préliminaire des débats pertinents dans le monde musulman. Son but final est d'identifier les contours des débats sur une éthique de la paix dans le monde musulman particulièrement dans le temps présent. Car dans le passée, la littérature Islamique sur l'éthique de la guerre et de la paix se concentrait principalement et presque exclusivement sur la tradition du *fiqh* et de la *sharia* (droit, jurisprudence) – et non sur le plan de l'éthique. Cependant, si on regarde les littératures *adab* (miroirs de princes), l'on s'aperçoit d'un bon nombre de traités, en dehors de la littérature juridique, qui s'occupent également des normes du comportement en rapport avec la violence, la paix et la guerre. Au de ce genre, on peut se demander une fois de plus : Quelles-sont les contributions spécifiques de tels traités en lien avec la problématique de la violence ? Quelles ressources et quelles méthodologies sont utilisées ? Quelles-sont les positions prises sur les thèmes abordés dans les divers domaines ? Peut-on identifier une évolution historique de l'engagement de ces domaines à enrayer la violence ?

L'objectif de telles investigations historiques est de fournir des compétences méthodologiques qui rendent capable d'analyser et de discuter des débats contemporains dans le monde islamique sur la violence et sur une éthique de la paix. Finalement, dans un monde de plus en plus fragile et violent, le projet vise à contribuer à fournir une base fiable pour un dialogue interculturel et interreligieux au service de la paix globale.

VI. Littérature (choix) :

- Maurice Borrmans, « L'Islam et la Paix », *in* : *Islamochristiana* 13 (1987), p. 9-29.

- Michel Legarde, « Violence et Vérité. Étude des textes islamiques », in : *Pontificium Consilium pro Dialogo inter Religiones*. Bulletin n. 81 (1992), p. 282-327.

- Sohail H. Hashmi, "Interpreting the Islamic Ethics of War and Peace", in: *Islamic Political Ethics: Civil Society, Pluralism, and Conflict*, ed. Sohail H. Hashmi, Princeton 2002: Princeton University Press, p. 194-216.

- İbrahim Kalın, "Islam and Peace. A Survey of the Sources of Peace in the Islamic Tradition", in: *Crescent and Dove. Peace and Conflict Resolution in Islam*, ed. par Qamar-ul Huda, Washington D.C. 2010: United States Institute of Peace, p. 3-37.

- Dirk Ansorge, "Friedensethik im islamischen Kontext", in: Ines-Jacqueline Werkner / Klaus Ebeling (Ed.), *Handbuch Friedensethik*, Wiesbaden 2017: Springer VS, p. 583-604.

Présentation du projet sur Internet (en allemand) :

http://www.sankt-georgen.de/hochschule/friedensethik

https://ithf.de/forschung/aktuelle-problemfelder/islamische-friedensethik/

24- Le fondamentalisme religieux

Bénédicte du Chaffaut et Samir Amghar

Voici une dizaine d'années, une équipe de chercheurs s'est constituée au sein du Centre d'Études des Cultures et des Religions de l'Université Catholique de Lyon, sous la direction de Michel Younès. Spécialisée dans le domaine de l'islamologie, elle s'est donné comme objectif de cerner les modalités d'adaptation du monde musulman à la réalité européenne et française. Elle a opté pour une méthodologie d'analyse de discours, en s'attachant à travailler sur des thématiques susceptibles d'interroger cette réalité mouvante d'un monde confronté à la modernité occidentale.

Le premier programme de recherche qui portait sur la diversité des courants internes à l'islam a donné lieu à une journée d'étude en 2008, puis à une publication en 2009[1], aux éditions Profac de l'Université Catholique de Lyon. Interrogeant la réalité actuelle des musulmans en France, l'influence des écoles juridiques d'hier à aujourd'hui, les discours féministes musulmans contemporains ou la diversité des approches musulmanes dans le dialogue avec les chrétiens, il a rendu compte de sa réalité plurielle constitutive.

Une équipe plus large a travaillé ensuite sur la question de la *Fatwâ* en Europe à partir des publications du Conseil européen des *fatwâs* et de la recherche. Ce deuxième programme a donné lieu à une journée d'étude, suivie d'une publication en 2010 aux éditions Profac[2].

Ce travail a permis de rendre compte de la réalité de l'islam qui émerge à partir de ces avis juridiques, avis juridiques qui ont pour vocation d'orienter les musulmans en Europe sur des sujets très divers : pratique cultuelle, interrogations sur la famille, implication dans le processus politique, problématique relatives à l'économie, à la finance ou à la bioéthique ou encore le regard porté sur les non-musulmans. En ouvrant la voie à une *Sharî'a* de minorité, ces avis

---

[1] Michel Younès (dir.), *Les courants internes à l'islam*, Lyon Profac-CECR 99, 2009
[2] Michel Younès (dir.), *La Fatwâ en Europe, droit de minorité et enjeux d'intégration*, Lyon, Profac-CECR 105, 2010

peuvent-ils ouvrir la voie à une nouvelle approche de la Loi et du droit, c'est une des questions qui se pose à l'issue de ce travail.

Notre laboratoire s'est ensuite penché sur la production d'une maison d'édition qui entend toucher un public francophone, les éditions Tawhid, nées à Lyon dans les années 1990. Cette recherche a fait l'objet d'une publication en 2004, toujours aux éditions Profac[3]. De ce travail d'analyse des ouvrages de type cultuel, ou ayant trait à la santé ou à l'affiliation sociale et citoyenne, ou consacrés aux femmes, ainsi que de la littérature enfantine s'est dégagée l'image d'un islam affirmé et confiant, basé sur une identité religieuse conservatrice n'offrant pas de position critique ou interrogative.

Le dernier programme s'est centré sur le décryptage de la logique du fondamentalisme islamique. L'extrémisme d'inspiration musulmane ne se réduit pas à des conjonctures sociales ou internationales. Il s'inscrit dans un fondamentalisme religieux particulier ou plus exactement dans un faisceau d'idéologies politico-religieuses qui depuis un siècle ont circulé dans les sociétés du monde musulman, surtout dans sa partie arabe, en réponse à une série de crises internes et externes. Et c'est à ce travail que s'est attelé notre équipe en tentant d'aller au fond de logiques inhérentes à la réflexion théologique, en montrant les étapes de construction d'une idéologie, en analysant divers indicateurs de ce discours fondamentaliste et le sens de ces dérives. Les résultats de ces recherches viennent d'être publiés en 2016, aux éditions Kathala[4]. Y ont contribué Samir Amghar, Maurice Borrmans, Malek Chaieb, Philippe Dockwiller, Ali Mostfa, Emmanuel Pisani, Haoues Seniguer, Bertrand Souchard, Michel Younès et moi-même Bénédicte du Chaffaut.

Cette année, cette recherche s'est ouverte plus largement au fondamentalisme religieux des autres traditions bibliques en s'intéressant aussi au protestantisme, au catholicisme, au judaïsme et en cherchant à analyser les ressorts de l'attrait pour le

---

[3] Michel Younès (dir.), *L'islam en France, au miroir des éditions Tawhid*, Lyon, Profac-CECR 121, 2014
[4] Michel Younès (dir.), *Le fondamentalisme islamique, décryptage d'une logique*, Kathala, 2016

fondamentalisme. Ces résultats ont donné lieu à une journée d'étude en mars 2016, sans encore de publication.

Notre programme à venir sera consacré à l'analyse des discours ou des contre-discours salafistes. Nous ne pensions pas au départ nous tenir si proches de l'actualité. Cela rend d'autant plus nécessaire le lien et la collaboration avec les autres laboratoires du réseau Pluriel. C'est à travers la prise de conscience que les réflexions sur le fondamentalisme musulman constituent un angle mort de la recherche française, alors qu'il est à la fois une question sociale et un enjeu scientifique, qu'est née l'idée de proposer un programme sur cet aspect de l'islam contemporain islamique. Le laboratoire « fondamentalisme islamique » a été créé en trois années. Sous la direction de Michel Younès, il a pour objectif de mener des réflexions et des analyses sur un courant qui entend retourner aux « principes originels » de la religion.

Pour comprendre ce fondamentalisme, Michel Younès s'est donné l'ambition de composer une équipe pluridisciplinaire regroupant à la fois des islamologues, des historiens, des sociologues, des politistes, des linguistes, des théologiens et des philosophes. En décloisonnant les disciplines, le but est d'aborder la question du fondamentalisme islamique par toutes ses facettes. En croisant les regards d'universitaires de différents horizons disciplinaires, méthodologiques et épistémologiques, il s'agit de dépasser les cadres habituels d'analyses et de confronter des pistes de réflexion qui ont l'habitude de s'ignorer. Travailler de façon pluridisciplinaire et transdisciplinaire offre une perspective intéressante en questionnant de manière plurielle le fondamentalisme lui-même. Ce laboratoire a pour but de compléter l'analyse sociopolitique du phénomène qui domine le champ universitaire sur l'islam contemporain. Le laboratoire abrite certes des sociologues et des politologues, mais il est persuadé que l'analyse sociopolitique n'est pas en mesure, à elle seule, de rendre compte du fondamentalisme. Il n'est donc pas possible de faire l'économie de la nature théologique, historique et philosophique du phénomène.

L'islam au pluriel
Pensée, foi et société

INTRODUCTION (7)

Première partie : APPROCHE GÉOPOLITIQUE (17)

1. Dénoncer les manipulations du religieux dans les conflits géopolitiques, Georges CORM (19)

2. Religion et conflits politiques, un rapport dissymétrique, Ali MOSTFA (35)

3. Perceptions européennes de l'islam contemporain : radicalisation de l'islam ou islamisation de la radicalité ? Jaume FLAQUER (45)

4. La galaxie néo-salafiste quiétiste : un apolitisme en trompe l'œil ? Haoues SENIGUER (61)

Deuxième partie : APPROCHE THÉOLOGIQUE (85)

5. De la violence en islam et dans le Coran en particulier. Défis théologiques islamiques en postmodernité, Emmanuel PISANI (87)

6. Vers une théologie islamique dialogique et a-polémique, Adnane MOKRANI (101)

7. Pour une théologie systémique du dialogue islamo-chrétien, Michel YOUNÈS (117)

8. From Apology to Dialogue with the Other in Islamic Shiʿa Studies: The Case of Muhammad Jawād al-Balāghī. Muhammad Hasan ZARAKET (129)

9. Qur'anic Approaches to Jesus in the Perspective of Comparative Theology. Word and Spirit of God as Categories of Mediation between God and Man. Cornelia DOCKTER (151)

Troisième partie : APPROCHE SOCIÉTALE (163)

10. L'islam, la norme démocratique et le radicalisme religieux, Yadh BEN ACHOUR (165)

11. La norme juridique et la puissance subversive de la pluralité, Leïla BABES (179)

12. Pluralité et fondation des normes : quelle proposition pour l'islam ? Michel TERESTCHENKO (189)

13. La codification moderne du blasphème, Hamadi REDISSI (197)

14. Is Islam in Europe becoming European? Characteristics, perceptions, tendencies and transformations, Stefano ALLIEVI (207)

15. The dynamics of Islamic radicalization in Europe and their prevention: a humanistic approach, Marco DEMICHELIS and Giulia MEZZETTI (225)

Quatrième partie : ÉTAT DE LA RECHERCHE SUR L'ISLAM EN EUROPE ET AU LIBAN (243)

16. *Religion – Violence – Communication – Ordre Mondial.* Michaela NEULINGER, Martina KRAML, Wolfgang PALAVER, Roman SIEBENROCK (245)

17. *Islam en Europe.* Jeunes musulmans en Italie : identités plurielles. Paolo BRANCA (253)

18. Comparative studies on religious freedom across the two Mediterranean Shores: the perspective of a Research Centre. Antonio ANGELUCCI (263)

19. Islam et société dans l'Espagne contemporaine. Jaume FLAQUER, SJ, Gonzalo VILLAGRÁN, SJ, Juan Antonio MACÍAS (269)

20. Dialogue des rationalités culturelles et religieuses. Emmanuel PISANI (277)

21. Le fait religieux dans un contexte mixte islamo-chrétien. Thom SICKING et Jocelyne GÉRARD-ADJIZIAN (289)

22. Catholic theology in dialogue with Islam. Catholic theology in the light of Islam – some steps towards a cooperative theology. Tobias SPECKER (295)

23. Éthique de la paix islamique – Esquisse du projet de recherche. Dirk ANSORGE (303)

24. Le fondamentalisme religieux. Bénédicte du CHAFFAUT et Samir AMGHAR (311)

Présentation des auteurs

ALLIEVI Stefano est professeur à l'Université de Padoue où il dirige les Masters de Sociologie et de l'islam en Europe. Il est Chercheur sur les communautés islamiques en Europe, membre co-fondateur de l'Interuniversity Centre Culture, Religions and Law – FIDR (International Forum for Democracy & Religions). Ses recherches portent notamment sur la production du savoir islamique en Europe, sur l'islam et les musulmans en Europe et les conversions religieuses les lieux de culte islamiques en Europe. Parmi ses dernières publications en italien, *Le burkini comme métaphore. Conflits symboliques sur l'islam en Europe*, en 2017 et *Conversions : vers une nouvelle façon de croire ? Europe, pluralisme, islam*, en 2017.

BABÈS Leila est sociologue des religions, Professeur de sociologie (HDR) à l'Université catholique de Lilles. Elle est l'auteur de plusieurs ouvrages consacrés à la déconstruction de l'idéologie salafiste, au statut des femmes et au rapport entre foi et normes dans l'islam contemporain. Parmi ses publications, *L'islam intérieur. Passion et désenchantement aux* Éditions Al-Bouracq, *Loi d'Allah, loi des hommes. Liberté, égalité, et femmes en islam* (avec T. Oubrou) chez Albin Michel, *L'utopie de l'islam. La religion contre l'État chez* Armand Colin.

BEN ACHOUR Yadh est professeur en droit public et spécialiste des idées politiques de l'islam. Ancien doyen de la Faculté des Sciences juridiques, politiques et sociales de Tunis, membre de l'Institut de droit international et président de la "Haute Instance pour la réalisation des objectifs de la révolution, la réforme politique et la transition démocratique. Il est l'auteur en 2011 de *La deuxième Fâtiha. L'islam et la pensée des droits de l'homme*, en 2016 de la *Tunisie : une révolution en pays d'islam*, éd. Cérès, Tunis, 2016*Quel islam pour l'Europe ?* avec François Dermange.

CORM Georges est diplômé de l'Institut d'études politiques de Paris en 1961 et docteur en droit public de la Faculté de droit et des sciences économiques de Paris en 1969. Il a enseigné dans diverses universités du Liban depuis 1969. Il a été ministre des

Finances du Liban (1998-2000) et il est professeur depuis 2001 à l'Institut de sciences politiques de l'Université Saint-Joseph de Beyrouth. Auteur de très nombreux ouvrages sur l'histoire du Proche-Orient et de ses relations avec l'Europe, ainsi que sur les questions de développement. Son dernier ouvrage paru en 2017chez la Découverte, *La nouvelle question d'Orient*.

DEMICHELIS Marco est docteur en Histoire de la Pensée et de la Théologie Politiques Islamiques, de l'Université de Gênes (Italie) et d'une thèse consacrée à l'analyse politique et théologique de la pensée Mu'tazilite. Il est chercheur titulaire de la bourse Marie Curie à l'université de Navarre en Espagne, son projet porte sur la violence contre l'autre dans une perspective critique de la déradicalisation. Il a publié plusieurs articles en anglais et en italien sur l'islam dans sa dimension politique et théologique, par ses articles récents : *The Struggle to Define a Nation. Rethinking Religious Nationalism in the Contemporary Islamic World*, Piscataway NJ: Gorgias Press, 2017, *L'Islam contemporaneo. Sfide e Riflessioni tra modernita e modernismo* (Islam in the contemporary.Challenges and reflections between modernity and modernism). Torino: Anankelab, 2016. A paraitre en 2018 *Salvation and Hell in Classical Islamic Thought: Allah may save us all?*, London: Bloomsbury Publishing.

DOCKTER Cornelia est assistante de recherche au département de théologie catholique de l'université de Paderborn en Allemagne. Elle est membre du groupe de recherche «Approches coraniques de Jésus-Christ dans la perspective de la théologie comparée» aux universités de Münster et de Paderborn. Dans sa thèse de doctorat, elle a mené une étude comparative des concepts de Logos et d'Esprit christologique à partir des catégories coraniques de la Parole et de l'Esprit de Dieu.

FLAQUER Jaume est professeur de Dialogue Interreligieux à la Faculté de Théologie de Catalogne à Barcelone. Il est vice-directeur de "Cristianismo i Justicia", un centre jésuite de réflexion social et théologique et responsable de la section théologique "Cristianismo i Justicia". Sa thèse en cours de publication intitulée porte sur « Jésus dans la prophétologie d'Ibn ´Arabî ».

MEZZETTI Giulia est diplômée en philosophie politique de l'Université de Milan et titulaire et en Sciences des Affaires Internationales de Sciences Po - Paris, spécialisée dans les questions liées à l'immigration. Depuis 2014, elle collabore avec la Fondation ISMU (Initiatives and Studies on Multiethnicité) dans la gestion de projets de recherche internationaux. Auparavant, elle a travaillé à l'UNESCO et au Centre d'études politiques, pour lequel elle a mené des recherches sur les migrations, les multinationales et la responsabilité sociale des entreprises.

MOKRANI Adnane est Professeur associé des études arabes et islamiques à l'Institut pontifical pour les études arabes et islamiques, Rome. Professeur agrégé à l'Université Pontificale Grégorienne (Rome), docteur en théologie islamique de l'Université al-Zitouna (Tunis 1997), docteur en Relations islamo-chrétiennes de l'Institut pontifical pour les études arabes et islamiques (Rome 2005). Ses travaux portent sur la théologie islamique et l'application de l'analyse rhétorique sémitique sur le Coran. En tant que membre du comité scientifique du ministère italien de l'Intérieur, il a rédigé la Charte sur l'importance de la citoyenneté et de l'intégration.

MOSTFA Ali est linguiste, docteur en langue et cultures anglophones. Il est Maître de conférences à l'université Catholique de Lyon, où il dispense deux cours sur les analyses interculturelles et l'analyse du discours de l'influence. Ses travaux portent principalement sur l'analyse du discours politique, littéraire et informationnel. Il est chercheur associé au CECR. Parmi ses dernières publications « Communauté et communautarisme. Parcours terminologiques et destins historiques », *in* Michel Younès (dir.) *L'entreprise au défi des religions Comment faire communauté à distance du communautarisme*, Chronique Sociale, 2017, 18-26. « Le Maroc, État fondamentaliste ? » *in* Michel Younès (dir.) *Le fondamentalisme islamique. Décryptage d'une logique*, Karthala, janvier, 2016, 131-154.

PISANI Emmanuel est Maître de conférences au *Theologicum* où il dirige de l'Institut de Science et de Théologie des Religions (ISTR). Il est diplôme de l'Institut d'Études Politiques de Bordeaux, docteur en philosophie (Lyon III) et en théologie (UCLy). Directeur du l'IDEO dont il dirige la publication scientifique (le

MIDEO). Sa thèse portant sur la pensée d'Al-Ghzali a reçu le prix Mohammed Arkoun en 2016. Engagé dans le dialogue islamo-chrétien, il a produit de nombreux articles dans ce domaine. Sa dernière publication, *Le dialogue islamo-chrétien à l'épreuve*. Père Anawati - Dr Baraka, Une controverse au vingtième siècle, Paris, L'Harmattan, 2014.

REDISSI Hamadi est islamologue, Professeur à science politique à l'université de Tunis et Président d'honneur de l'Observatoire tunisien de la transition démocratique. Il est l'auteur de nombreux ouvrages, parmi lesquels, *La tragédie de l'islam moderne*, Seuil, 2011, *Le Pacte de Nadjd. Comment l'islam sectaire est devenu l'islam*, Seuil, 2007, *L'exception islamique*, Seuil, 2004, *La république des clercs : l'Assemblée nationale constituante tunisienne* (avec Hafedh Chekir et Asma Nouira), éd. Diwan, Tunis, 2015. Son dernier livre publié en 2017, *L'Islam incertain : révolution et islam post-autoritaire*, éd. Cérès, Tunis a reçu le prix des rencontres philosophiques d'Uriage du meilleur livre de philosophie.

SENIGUER Haoues est maître de conférences en sciences politiques à Sciences Po Lyon; Directeur de CODEMMO (Coopération et Développement en Afrique du Nord et au Moyen-Orient); chercheur à Triangle (UMR 5206); membre de l'ISERL (Institut Supérieur d'Études Religieuses et de Sécularité); et chercheur associé à l'Observatoire du radicalisme religieux et des conflits en Afrique (ORCRA) à l'Université Saint Louis au Sénégal. Ses travaux portent sur la politique l'islamisme, la question de la laïcité, de la laïcisation et de la sécularisation dans le monde musulman. Sa dernière publication *Confluences Méditerranée*, n° 95 L'islam de France : nouveaux acteurs, nouveaux enjeux, L'Harmattan, 2016.

TERESTCHENKO Michel est philosophe, Maitre de conférences (HDR) à l'université de Reims et à l'IEP d'Aix-en-Provence où il enseigne la philosophie morale et politique. Ses travaux portent notamment sur la philosophie politique et morale et sur la contestation du paradigme de l'utilitarisme. Il publie régulièrement à La Revue du M.A.U.S.S (Mouvement anti-utilitariste dans les sciences sociales) il est l'auteur d'*Un si fragile vernis d'humanité : banalité du mal, banalité du* en 2005. Son dernier ouvrage, *Ce bien qui fait mal à l'âme. La littérature comme expérience moral,* apparaitra en janvier 2018 Éditions Don Quichotte.

YOUNÈS Michel est Professeur de Théologie, Coordinateur de la Plateforme Universitaire de Recherche sur l'Islam en Europe et au Liban (PLURIEL) et au Liban, directeur du Centre d'Études des Cultures et des Religions (CECR) - Université Catholique de Lyon et codirecteur du Diplôme d'Université « Religion, liberté religieuse et laïcité ». Parmi ses publications : *Pour une théologie chrétienne des religions*, Paris, DDB, 2012, (Prix du livre théologique décerné par l'Association Européenne de théologiens catholiques, année 2011-2012) et *Révélation(s) et parole(s). La science du "kalâm" à la jonction du judaïsme, du christianisme et de l'islam*, (Studi arabo-islamici del Pisai ; 18), Rome, Pontificio Istituto di Studi Arabi et d'Islamistica, 2008. Il a dirigé de nombreux ouvrages dans les domaines de l'islamologie, religions et entreprises parmi lesquels *Dialogue interreligieux, quel avenir ?* (avec Pierre Diarra) Marseille, Publications Chemins de dialogue, 2017, et *Le fondamentalisme islamique. Décryptage d'une logique,* Paris, Karthala, 2016.

ZARAKET Mohammad est Professeur invité à l'Université Saint-Joseph de Beyrouth. Il est Directeur de publication pour le développement du Centre de Civilisation pour la Pensée Islamique. Antérieurement, il était rédacteur en chef des revues al-Ḥayāt aṭ-Ṭayyibah et *al-Maḥajjah spécialisées en pensée religieuse et philosophique.*

Collection
« PENSÉE RELIGIEUSE ET PHILOSOPHIQUE ARABE »
www.penseearabe.com
dirigée par Antoine Fleyfel

Cette collection est un espace de réflexion qui traite des problématiques religieuses et philosophiques majeures du monde arabe contemporain. Elle considère que la complexité de ces questions suppose, pour leur compréhension, un abord critique qui s'appuie volontiers sur une interdisciplinarité nécessaire pour une meilleure intelligence des mutations humaines actuelles.

Cette collection publie des études qui ont comme objet le monde arabe, dans toutes ses constituantes culturelles, religieuses, politiques et sociales, ou des œuvres écrites par des penseurs arabes qui réfléchissent le monde à partir de leurs acquis contextuels.

Ne voulant être limitée par aucune école de pensée mais favorisant la réforme et le renouveau, cette collection mise sur la valeur scientifique et sur l'originalité des œuvres qu'elle publie, sur les ouvertures d'horizons proposées et sur l'échange interculturel pouvant être occasionné.

1- Antoine FLEYFEL, *La théologie contextuelle arabe. Modèle libanais*, 2011.
2- Paul KHOURY, *Islam et christianisme*, 2011.
3- Mouchir AOUN, *Heidegger et la pensée arabe*, 2011.
4- Clémence HÉLOU, *Symbole et langage dans les écrits johanniques*, 2012.
5- Paul KHOURY, *Pensée arabe contemporaine, Tradition et Modernité*, 2012.
6- Mouchir AOUN, *Une pensée arabe humaniste contemporaine, Paul Khoury et les promesses de l'incomplétude humaine*, 2012.
7- Jean-Pierre NAKHLÉ, *La reconquête de l'être, Essai sur la marginalisation de la conscience dans l'œuvre de Joseph Abou Rizk*, 2012.
8- Joseph ABOU RIZK, *Conscience et vide d'existence*, 2013.
9- CMDR - FRANCE, *La France et les maronites, Colloque organisé le 19 novembre 2011 au Palais du Luxembourg*, 2013.
10- Paul KHOURY, *Tradition et modernité, Thèmes et tendances de la pensée arabe contemporaine (les années 60 et 70)*, 2013.
11- Carole DAGHER, *Réflexions libanaises*, 2013.
12- Shafik JARADI, *La religion, une question humaine ?*, 2013
13- Antoine FLEYFEL, *Géopolitique des chrétiens d'Orient, Défis et avenir des chrétiens arabes*, 2013.

14- Joseph MAALOUF, *Amin Maalouf, Itinéraire d'un humaniste éclairé*, 2014.
15– Alioune BAH, *La réception théologique et philosophique de l'islam en Europe à l'époque moderne*, 2014.
16– Mohamed OURYA, *Religieux dans les citadelles du Politique, Le cas Qaradawi, théologien et prédicateur*, 2014.
17– Paul KHOURY, *Le jeu de la vie, Méditations*, 2014.
18– Jean-Pierre NAKHLÉ, *Le criticisme dans la pensée arabe*, 2015.
19– Ibrahim TABET, *Le monothéisme, le pouvoir et la guerre, De la conversion de Constantin au jihad islamiste*, 2015.
20– Thierry BENOTMANE, *Le kérygme coranique, Un défi lancé à la raison historienne*, 2015.
21– Thierry BENOTMANE, *La réhistoricisation du kérygme coranique*, 2015.
22– Mouchir AOUN, *Fils et vicaire, Pour une anthropologie islamo-chrétienne comparée*, 2015.
23– Sarra LOUATI KOUBAJI, *L'esthétique de l'abstrait et les enjeux mystiques dans l'art musulman*, 2015.
24– Paul KHOURY, *Aporétique, ou « Que sçay-je ? »*, 2016.
25– Saeid JAZARI MAMEOI, *Le chiisme, quête de la fidélité aux imams*, 2016.
26– Bassem RAI, *Le Pacte national libanais de 1943. Genèse et appropriation*, 2016.
27– Mohamed OURYA, *La pensée arabe actuelle. Entre tradition et modernité*, 2016.
28– Gérard JÉHAMY, Aïda JÉHAMY, *Farid Jabre. Éclatement et renouveau de la pensée arabe*, 2016.
29– Paul KHOURY, *Le problème de l'homme*, 2016.
30– Sayed MATAR, *Charles Malik. Un défenseur des droits de l'homme*, 2017.
31– Farid JABRE, *Essais et articles*, 2017.
32– Jean-Pierre NAKHLÉ, *Le déclin du discours métaphysique dans la pensée arabe contemporaine. Essai sur le positivisme logique de Zakî Najîb Maḥmûd*, 2017.
33– Sahra GHOZI, *Le concept de mécréance en terre d'islam. Kufr / kafir*, 2017.
34– Paul KHOURY, *Religion et monde arabe en question*, 2017.
35– Emmanuel PATAQ SIMAN, *Itinéraire d'un chrétien d'orient citoyen de Mésopotamie*, 2018.

Religion
aux éditions L'Harmattan

Dernières parutions

DE L'AMITIÉ À L'EUCHARISTIE
Un aller-retour
Gainsi Grégoire-Sylvestre
L'amitié reste le meilleur don que les êtres puissent s'offrir. Mais les questions principales qui se posent sont bien celles-ci : Qu'est-ce qui fonde réellement l'amitié et la rend durable et éternelle ? Qu'est-ce qui fait que l'amitié demeure cette relation humaine qui porte les autres relations sociales à un niveau plus assumé et plus fort ? Il a fallu aller chercher la réponse dans deux cultures du Bénin en Afrique de l'Ouest. Une étude sociologique, anthropologique, philosophique et théologique de l'amitié fait alors découvrir le lien fort de l'amitié chrétienne avec l'Eucharistie.
(Coll. Religions et Spiritualité, 21.00 euros, 206 p.)
ISBN : 978-2-343-13416-1, ISBN EBOOK : 978-2-14-005401-3

HOMÉLIES (1952-1973)
Textes rassemblés et présentés par Denise Enjalbert Maucler et Philippe Oliviéro
Préface de Jean-Louis Bancel
Cet ouvrage présente les homélies et quelques textes de circonstance écrits par Albert Enjalbert, prêtre chrétien du temps de Vatican II, tout au long de sa formation et de son ministère de prêtre catholique, de prêtre ouvrier, puis de prêtre marié. Ces textes font la mémoire de ce qui fut le sens de toute une vie au service de l'Évangile, quelles qu'en soient les formes qu'elle a successivement prises.
(30.00 euros, 296 p.)
ISBN : 978-2-343-12527-5, ISBN EBOOK : 978-2-14-005297-2

L'ISLAM FACE AUX PRÉOCCUPATIONS DES MUSULMANS
Points de vue
Dème Ismaila - Préface du Pr Abdoulaye Elimane Kane
Intellectuel prudent et attaché à sa foi, Ismaila Dème propose une réflexion sur quelques sujets qui constituent une préoccupation des Sénégalais tels que le terrorisme, la mendicité... De plus, il nous invite à redécouvrir l'héritage de deux illustres hommes de Dieu, fiertés du Sénégal : Cheikh Ahmadou Bamba et Cheikh Ahmed Tidiane Sy Al-Maktoum.
(Harmattan Sénégal, 12.00 euros, 90 p.)
ISBN : 978-2-343-13311-9, ISBN EBOOK : 978-2-14-005260-6

DISCÍPULOS DEL VIVIENTE – Crónicas de una Invitación a la Vida
Tomo 8
Trubert Yvonne - Prefacio de Maria Isabel Waddington Achatz
Este libro constituye el octavo tomo de las entrevistas que Yvonne Trubert concedió al "Libro de Invitación a la Vida", revista de esta asociación epónima. A través de temas como el Cuerpo, el Regreso de Cristo, el Invisible, Servir, la Transformación, la Muerte, Yvonne Trubert nos invita a emprender el camino de la transformación interior. Invitándonos a encontrarnos con nosotros

mismos y con los demás, ella nos incita a la conversión, es decir, a cambiar de estado de espíritu, para que el amor y la alegría se conviertan en los signos exteriores de nuestra fe.
(15.50 euros, 142 p.)
ISBN : 978-2-343-13714-8, ISBN EBOOK : 978-2-14-005319-1

LA LAÏCITÉ EN QUESTION
Ake Patrice Jean
Le mot laïcité est une nouveauté pour la conscience moderne et qui apparaît dans les débats parlementaires, sous la dénomination d'école laïque, d'attitude laïque, de morale laïque. Ce néologisme est nécessaire, comme l'est aussi la crise que subit le concept. L'histoire intérieure de la France n'est-elle pas l'histoire d'une incessante sécularisation, la longue histoire de la laïcisation où sont séparés l'Église et l'État ? Mais pouvons-nous concevoir une école sans Dieu ou une école sans morale ?
(Coédition CRISHS Univ. F. H. Boigny, Coll. La palabre, 16.50 euros, 150 p.)
ISBN : 978-2-343-13441-3, ISBN EBOOK : 978-2-14-005057-2

LA JUSTICE ADMINISTRATIVE DE L'ÉGLISE CATHOLIQUE
Vue de la France et de l'Afrique
Ducass Alain
Après que le Concile précise les droits et obligations des fidèles catholiques, le pape Paul VI crée la seconde section du Tribunal suprême de la Signature apostolique le 15 août 1967. L'année 2017 marque donc le jubilé de la justice administrative de l'Église catholique, mais qui la connaît ? Cet ouvrage a pour objectif de rappeler à la hiérarchie de l'Église et aux fidèles catholiques leurs droits et obligations respectifs ainsi que de contribuer à la justice sociale en promouvant la justice administrative de l'Église.
(29.00 euros, 372 p.)
ISBN : 978-2-343-13407-9, ISBN EBOOK : 978-2-14-005115-9

ET SI DIEU ÉTAIT NOIR ?
Nkulu Kabamba Olivier
Dans cet essai, avec les outils intellectuels qui sont les siens, l'auteur répond à la question soulevée par une jeune étudiante africaine : «Et si Dieu était noir ?» Il se positionne comme chrétien noir-africain, philosophe croyant, prêtre et théologien catholique, et conclut en disant : «humblement, j'ai toujours cru et imaginé que Dieu est noir». Pour l'auteur, il appartient à chaque croyant de se faire une représentation de Dieu qui le rapproche le plus de Lui Dieu.
(16.50 euros, 152 p.)
ISBN : 978-2-343-13216-7, ISBN EBOOK : 978-2-14-005160-9

OUVRIR DES PISTES À L'INFINI DE DIEU
Mélanges pour François Kabasele Lumbala
Kalamba Nsapo et Miki-Marcel Anganga
Cet ouvrage est un collectif d'hommage à Fr. Kabasele Lumbala, prêtre du Congo RDC et théologien spécialiste en liturgie, pour ses 70 ans et sa retraite d'enseignant d'université. Ces Mélanges retracent, en 15 contributions, les parcours pastoral, intellectuel et scientifique de ce chercheur africain, ainsi que son apport à l'Église d'Afrique et d'ailleurs en Anthropologie des rites, Catéchèse, Enseignement, Histoire des religions, Liturgie et Inculturation. Ils sont une attestation formelle de l'infini de la recherche scientifique.
(Coll. Églises d'Afrique, 37.00 euros, 366 p.)
ISBN : 978-2-343-12603-6, ISBN EBOOK : 978-2-14-005047-3

THÉOLOGIE AFRICAINE FACE AUX SECTES
Défi lancé à la société et aux grandes Églises africaines
Mushipu Mbombo Dieudonné - Préface de François-Xavier Amherdt
Le pullulement des sectes en Afrique devient un défi. En même temps qu'il interpelle les grandes Églises par rapport à leurs méthodes pastorales d'évangélisation, qui se rapprochent encore

difficilement de la culture du peuple africain, ce foisonnement de sectes inquiète. Non seulement elles tirent l'homme africain vers le sous-développement, mais elles le manipulent. L'auteur propose plusieurs solutions pour procéder à l'encadrement des «Églises» qui naissent en Afrique.
(Coll. Églises d'Afrique, 24.00 euros, 226 p.)
ISBN : 978-2-343-12481-0, ISBN EBOOK : 978-2-14-004985-9

«APPARITION» DE LA VIERGE MARIE AU CAMEROUN
Une spiritualité pour notre temps
de Frileuze Louis Marie - Préface de Mgr Victor Tonye Backot
Le 13 mai 1986, la Vierge Marie serait apparue à Nsimalen au Cameroun durant neuf jours. Comme à Kibeho au Rwanda et dans différents autres lieux en Afrique, la Vierge Marie se fait éducatrice. Elle choisit de se rendre présente à travers des messagères. Ayant été témoin direct de ce phénomène, l'auteur a voulu analyser théologiquement ce que représente cette longue présence de Marie.
(Coll. Religions et Spiritualité, 29.00 euros, 284 p.)
ISBN : 978-2-343-13286-0, ISBN EBOOK : 978-2-14-004950-7

L'ÉGLISE ET LES QUESTIONS DE SON TEMPS
Onomo Etaba Roger Bernard
L'Église catholique romaine a décidé d'opérer une mue au sortir du concile œcuménique Vatican II. Au lendemain de cette grande messe, l'Église est désormais au rendez-vous des questions de son temps. Et face à ces questions, si elle hésite à en parler, le monde le fait à sa place ou, au moins, l'interpelle vivement. L'ensemble des questions inventoriées ici portent sur la lutte contre le réchauffement climatique, l'homosexualité, la pédophilie, la crise des vocations, le mariage des prêtres, l'ordination des femmes, etc.
(Harmattan Cameroun, 25.00 euros, 234 p.)
ISBN : 978-2-343-13294-5, ISBN EBOOK : 978-2-14-005051-0

LE CHRISTIANISME À L'ÉPREUVE DES DÉFIS SOCIO-POLITIQUES DE LA RÉGION DES GRANDS LACS
Nsal'onanongo Omelenge Claude - Préface de Benoît Awazi Kungua
La région des Grands Lacs africains passe l'un des moments les plus sombres de son histoire. Dans un tel paysage sociopolitique morose, le christianisme doit être pensé comme force d'engagement et de libération, gage de la dissidence novatrice dans la re-construction d'une «nouvelle» région des Grands Lacs qui puisse prendre en compte les défis du présent pour construire le futur. Il apparaît urgent d'éduquer les peuples à l'éthique du changement social pour qu'advienne une nouvelle socialité de convivialité, base de la paix et du co-développement.
(Coll. Églises d'Afrique, 35.00 euros, 346 p.)
ISBN : 978-2-343-12948-8, ISBN EBOOK : 978-2-14-004997-2

THÉOLOGIE DU DÉVELOPPEMENT INTÉGRAL (Tome 1)
Herméneutique pratique de la charité
Sombel Sarr Benjamin
Cet ouvrage est une réflexion théologique sur le développement intégral. La théologie du développement y est proposée comme une herméneutique pratique de la charité. Dans une démarche analytique et historique, l'auteur montre la place et la spécificité de l'herméneutique de la charité.
(Coll. Croire et savoir en Afrique, 17.50 euros, 164 p.)
ISBN : 978-2-343-11021-9, ISBN EBOOK : 978-2-14-005167-8

THÉOLOGIE DU DÉVELOPPEMENT INTÉGRAL (Tome 2)
Fondements théoriques, praxéologie et praxis de la charité
Sombel Sarr Benjamin
Cet ouvrage jette les bases théoriques spéculatives de la théologie du développement intégral. Cette dernière s'appuie sur une théologie de la création dont il faut percevoir le lien avec l'écologie

intégrale. La théologie du développement intégral appelle un travail de déconstruction et de reconstruction des paradigmes philosophiques de l'économie et du développement dans une perspective «d'enveloppement». Elle propose aussi l'humanisme africain comme fondement philosophique en vue d'un humanisme intégral.
(Coll. Croire et savoir en Afrique, 18.00 euros, 168 p.)
ISBN : 978-2-343-11022-6, ISBN EBOOK : 978-2-14-005192-0

THÉOLOGIE DU DÉVELOPPEMENT INTÉGRAL (Tome 3)
Herméneutique des champs imaginaires du sous-développement dans la culture et la religion populaire
Sombel Sarr Benjamin
Cet ouvrage étudie les champs imaginaires à l'œuvre dans la société africaine sénégalaise. L'étude des mythes de la paganomodernité sénégalaise permet de comprendre la tension sous-développement/développement telle qu'elle se pose dans la religion populaire africaine. Cet ouvrage montre que la déstructuration des champs imaginaires observables dans l'Afrique contemporaine appelle un autre lieu de reconstruction voire de refondation de l'imaginaire.
(Coll. Croire et savoir en Afrique, 17.50 euros, 160 p.)
ISBN : 978-2-343-11023-3, ISBN EBOOK : 978-2-14-005193-7

DESTIN ET VOCATION DU PEUPLE JUIF
Réflexions sur les célébrations de Hanouka et de Pourim et sur le destin du peuple juif depuis la destruction du Temple
Botbol Elie
Ce qui caractérise le destin du peuple d'Israël à travers l'histoire, c'est la persécution, l'exil et la calomnie dont il fut victime. L'adversité à laquelle il a dû faire face n'a pas été le lot des autres minorités ethniques ou religieuses. L'histoire biblique nous apprend que ce peuple a été iconoclaste, révolutionnaire et résistant. La persécution est peut-être alors le lot naturel de ceux qui dérangent l'ordre établi. Voilà la thèse défendue ici pour expliquer l'antisémitisme de tous les temps.
(Coll. Religions et Spiritualité, série Judaïsme, 25.00 euros, 236 p.)
ISBN : 978-2-343-13339-3, ISBN EBOOK : 978-2-14-005182-1

LES JUIFS OUBLIÉS DE MANTES-LA-JOLIE (1940 - 1944)
Colombier Roger - Préface de Michel Sevin et de Muriel Klein-Zolty
Cette histoire tragique s'est déroulée loin des grandes rafles perpétrées par les nazis contre les Juifs de France. Pourtant, les persécutions antisémites s'exécutèrent dans tout le pays, conduisant vers la déportation et la mort des hommes, des femmes et des enfants. Ces trois familles juives de Mantes-la-Jolie, les Zolty, les Mittelchtein, les Schimianski, furent persécutées par la même barbarie nazie. Cet ouvrage révèle ainsi cette histoire oubliée afin de mieux agir sur le présent.
(Coll. Mémoires du XXe siècle, 19.50 euros, 186 p.)
ISBN : 978-2-343-13305-8, ISBN EBOOK : 978-2-14-005038-1

L'ÉVANGILE SELON SAINT LUC
Actes et discours
Lapierre Francis, Watremez Pierre
Lorsque Matthieu, Luc et Marc décident de s'adresser en grec chacun à sa communauté, ils disposent déjà d'un texte commun comprenant 265 versets en araméen décrivant la passion de Jésus et sa prédication en Galilée et 250 versets de commentaires grecs commentant paragraphe par paragraphe le canevas araméen primitif. Luc est ainsi chargé de déjudaïser et d'universaliser le texte primitif destiné à l'origine à la communauté de Jérusalem.
(Coll. Religions et Spiritualité, 26.00 euros, 250 p.)
ISBN : 978-2-343-12965-5, ISBN EBOOK : 978-2-14-004823-4

Structures éditoriales du groupe L'Harmattan

L'Harmattan Italie
Via degli Artisti, 15
10124 Torino
harmattan.italia@gmail.com

L'Harmattan Hongrie
Kossuth l. u. 14-16.
1053 Budapest
harmattan@harmattan.hu

L'Harmattan Sénégal
10 VDN en face Mermoz
BP 45034 Dakar-Fann
senharmattan@gmail.com

L'Harmattan Mali
Sirakoro-Meguetana V31
Bamako
syllaka@yahoo.fr

L'Harmattan Cameroun
TSINGA/FECAFOOT
BP 11486 Yaoundé
inkoukam@gmail.com

L'Harmattan Togo
Djidjole – Lomé
Maison Amela
face EPP BATOME
ddamela@aol.com

L'Harmattan Burkina Faso
Achille Somé – tengnule@hotmail.fr

L'Harmattan Côte d'Ivoire
Résidence Karl – Cité des Arts
Abidjan-Cocody
03 BP 1588 Abidjan
espace_harmattan.ci@hotmail.fr

L'Harmattan Guinée
Almamya, rue KA 028 OKB Agency
BP 3470 Conakry
harmattanguinee@yahoo.fr

L'Harmattan Algérie
22, rue Moulay-Mohamed
31000 Oran
info2@harmattan-algerie.com

L'Harmattan RDC
185, avenue Nyangwe
Commune de Lingwala – Kinshasa
matangilamusadila@yahoo.fr

L'Harmattan Congo
67, boulevard Denis-Sassou-N'Guesso
BP 2874 Brazzaville
harmattan.congo@yahoo.fr

L'Harmattan Maroc
5, rue Ferrane-Kouicha, Talaâ-Elkbira
Chrableyine, Fès-Médine
30000 Fès
harmattan.maroc@gmail.com

Nos librairies en France

Librairie internationale
16, rue des Écoles – 75005 Paris
librairie.internationale@harmattan.fr
01 40 46 79 11
www.librairieharmattan.com

Lib. sciences humaines & histoire
21, rue des Écoles – 75005 Paris
librairie.sh@harmattan.fr
01 46 34 13 71
www.librairieharmattansh.com

Librairie l'Espace Harmattan
21 bis, rue des Écoles – 75005 Paris
librairie.espace@harmattan.fr
01 43 29 49 42

Lib. Méditerranée & Moyen-Orient
7, rue des Carmes – 75005 Paris
librairie.mediterranee@harmattan.fr
01 43 29 71 15

Librairie Le Lucernaire
53, rue Notre-Dame-des-Champs – 75006 Paris
librairie@lucernaire.fr
01 42 22 67 13